中國第二历史档案館

館藏檔案精粹

马振犊　王俊明　主编

南京出版传媒集团　南京出版社

图书在版编目（CIP）数据

中国第二历史档案馆馆藏档案精粹 / 马振犊, 王俊明主编
. -- 南京 : 南京出版社, 2021.6
ISBN 978-7-5533-3159-1

Ⅰ. ①中… Ⅱ. ①马… ②王… Ⅲ. ①中国第二历史档案馆 - 档案资料 - 汇编 Ⅳ. ①G279.21

中国版本图书馆CIP数据核字（2021）第002629号

书　　名　中国第二历史档案馆馆藏档案精粹
主　　编　马振犊　王俊明
出版发行　南京出版传媒集团
南京出版社

社址　南京市太平门街53号　　**邮编**　210016
网址　http://www.njcbs.cn　　**电子信箱**　njcbs1988@163.com
联系电话　025-83283893、83283864（营销）　025-83112257（编务）

出 版 人　项晓宁
出 品 人　卢海鸣
责任编辑　徐　智
装帧设计　王　俊
责任印制　杨福彬

排　　版　上海雅昌艺术印刷有限公司
印　　刷　上海雅昌艺术印刷有限公司
开　　本　889毫米 × 1194毫米　1/16
印　　张　13.75　插页2
字　　数　231千
版　　次　2021年6月第1版
印　　次　2021年6月第1次印刷
书　　号　ISBN 978-7-5533-3159-1
定　　价　298.00元

用微信或京东 APP扫码购书　　用淘宝APP 扫 码 购 书

编委会

前　言

如果说，奔腾的长江象征着中国悠久的历史，那么，湍急的三峡就是其中的民国片段。这短暂的38年，既充满着战乱灾荒、内忧外患的晦暗岁月，又有着开天辟地、万众奋起的壮丽篇章。中国共产党驾驭着从南湖起航的红船，引领着中国革命的航向，中流击水，乘风破浪，带领着中国人民，历经千辛万苦，付出了巨大牺牲，终于走出了九曲险滩，云帆高挂，驶向了民族复兴的光明彼岸。

在中国浩瀚的历史档案中，民国档案作为那段峥嵘历史的真实记录，有着不可或缺的地位与鲜明特色。战火连绵、社会动荡的历史背景使民国档案饱受迁徙与摧残，留存至今殊为不易。

中国第二历史档案馆（以下简称二史馆）是集中典藏民国档案的中央级国家档案馆，自 1951 年成立迄今，已走过了 70 年的辉煌岁月。这里，凝聚了一代又一代兰台人的汗水、努力与智慧，继承延续了历史档案的文脉，源远流长。

2021 年，正值中国共产党百年华诞之际，二史馆也迎来了建馆 70 周年庆典。为展现在党的正确领导下，民国档案事业经过几代档案人的艰苦努力所取得的历史成就，我们从馆藏档案中精心挑选了 70 件（组）档案珍品，拍摄了百余帧图画，佐以释文，汇成《中国第二历史档案馆馆藏档案精粹》（以下简称《馆藏档案精粹》），作为庆祝建党百年华诞及纪念建馆 70 周年献礼之作。

二史馆典藏民国时期历届中央政府及其直属机构档案达 1354 个全宗，258 万余卷。面对如此巨量的馆藏，亟须采选其中的精华，才能反映出在那段艰苦岁月中，中国共产党领导人民内抗压迫，外御侵略，为挽救民族危亡，不畏牺牲，百折不挠，凝聚民心，团结奋斗，终于赶走日本侵略者，推翻三座大山，建立新中国的历史。

特别是在中国共产党倡导的抗日民族统一战线旗帜下，中国人民付出巨大牺牲而取得的抗日战争的伟大胜利，充分体现了中国在世界反法西斯战争中的重要地位，更鲜明地凸显了中国共产党在抗日战争中的中流砥柱作用。档案反映的史实响亮回答了中国共产党为什么能、马克思主义为什么行、中国特色社会主义为什么好的时代命题。坚持正确的历史观，让历史说话，用史实发言，真正讲好民国档案中的红色故事，客观真实地反映史实，这就是本书的意义和价值所在。

自《春秋》以降，我国史书编纂开编年体例，惯以时间为序演绎历史。《馆藏档案精粹》虽非史书，然亦如此，本书所录档案分为文献档案和实物档案两大部分，参照编年体例编撰。其中，文献档案所涉及的重要人物和重大历史事件，以每件档案形成的时间为序，依次排列；实物档案则按革命文物、金石书画、珍邮宝钱等将珍品分门别类，再以各件档案形成的时间为序编排。本书不求完整地记录历史全貌，但求真实地反映出每件档案、每篇文字背后鲜为人知的故事。

希望这本《馆藏档案精粹》能成为我们从民国档案海洋中撷集珍贝穿缀之彩链，使读者们能够从这五彩斑斓之中体会到史料海洋的无限风光，领悟到民国档案的珍贵以及档案人的辛勤劳动与成就。

“以史为鉴，可以知兴替。”我们坚信在中国共产党的坚强领导下，经过“十四五”的持续努力，民国档案事业将迎来更大的跨越发展，圆满实现中华民族伟大复兴“第二个百年”的奋斗目标。

编委会

目　录

文献档案

实物档案

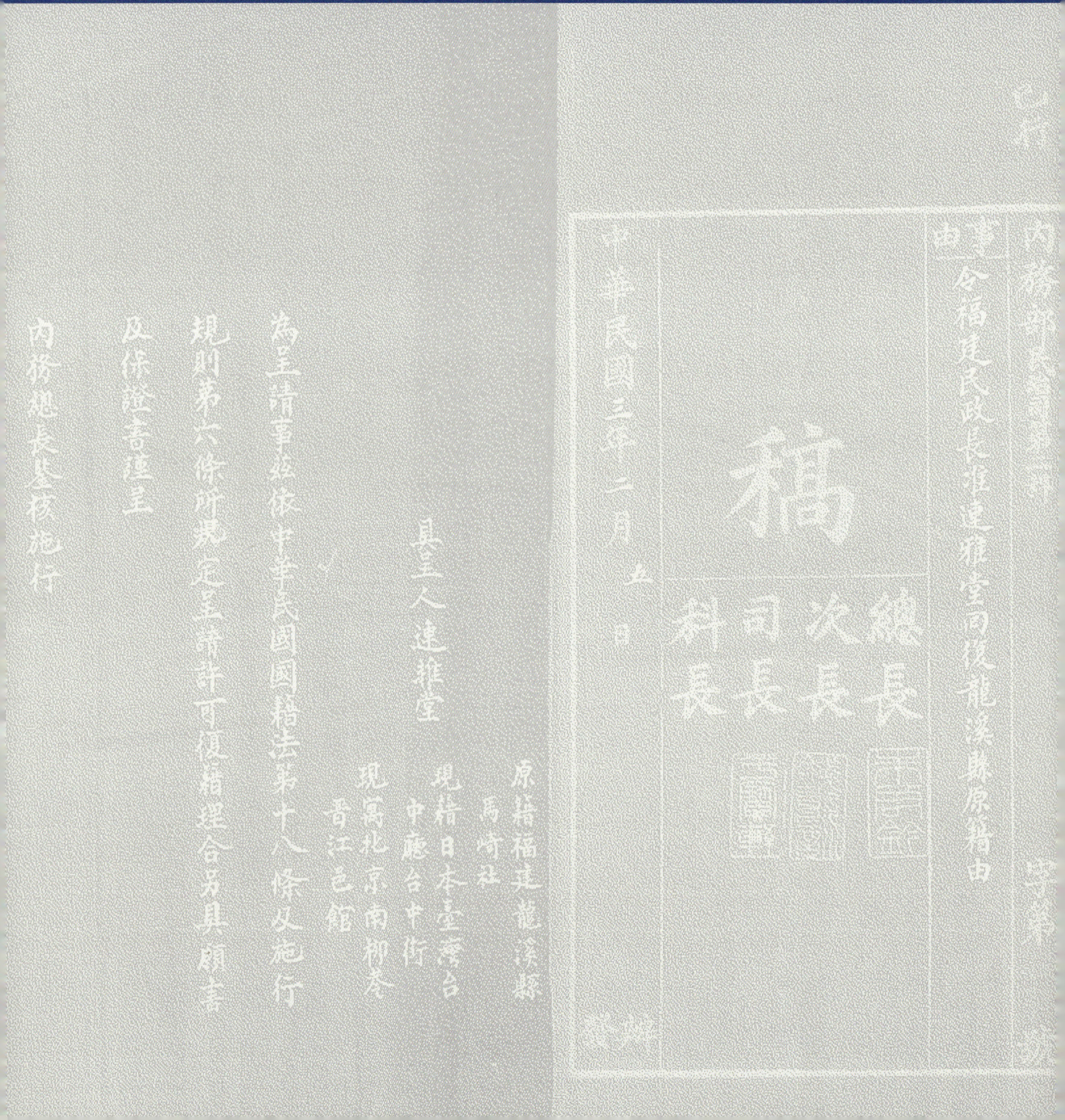
已行

內務部民……第 號

事由 令福建民政長准連雅堂司復龍溪縣原籍由

稿

總長 次長 司長 科長

中華民國三年二月五日

字第 號

發

原籍福建龍溪縣馬崎社

現籍日本臺灣台中廳台中街

現寓北京南柳巷晉江邑館

具呈人連雅堂

為呈請事茲依中華民國國籍法第十八條又施行規則第六條所規定呈請許可復籍理合另具願書及保證書連呈

內務總長鑒核施行

中国第二历史档案馆
馆藏档案精粹

文献档案

孙中山『博爱』题词

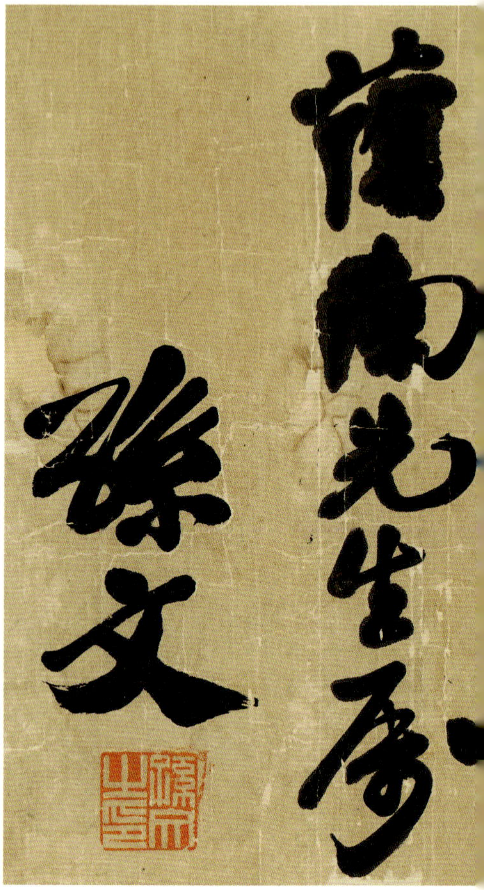

孙中山（1866—1925），名文，字载之，号日新，又号逸仙，幼名帝象，化名中山樵，常以中山为名，广东省香山县（今中山市）翠亨村人，中国民主革命的伟大先驱，中华民国和中国国民党的缔造者。

孙中山在波澜壮阔的革命生涯中留下了诸多墨宝，其中“博爱”题词是最为多见的。据刘望龄在《孙中山题词遗墨汇编》一书中统计，孙中山一生所题“博爱”有64次之多，而本馆所藏孙中山为邓荫南所题“博爱”，据考证应为所有题词中存世较早的一件，亦是本馆档案中的“镇馆之宝”。

邓荫南（1846—1923），原名松盛，字荫南、有相，广东开平人。邓早年随家人到美国檀香山谋生，白手起家，先后经营农场、蔗园及糖厂，因慷慨大方、乐善好施，成为当地颇有威望的富商，深得华侨敬重。1894年中日甲午战争后，经孙中山兄长孙眉介绍，邓荫南与孙中山结识。他对孙中山宣传倡导的反清革命理想颇为赞同，便与这位比他年轻20岁的青年领袖结为莫逆之交。从此，邓荫南便一生追随孙中山投身革命，矢志不渝。

1894年11月，孙中山在檀香山创立兴中会，所需经费完全依靠华侨的捐资支持。邓荫南带头拥护，慷慨解囊。1895年，邓荫南应孙中山之召回国从事革命，临行前他又毅然将在檀香山经营多年的工厂、农场等家业全部变卖，用来充当起义军费。这一大义之举，被近代革命家陈少白特意写入撰写的邓荫南生平中：“孙君乙未回国，函招之回。君挟数千金归，

孙中山书赠邓荫南“博爱”题词（1907年）

尽以助吾党。”回国后的邓荫南更加积极地投身革命，他频繁奔波于香港、广州之间，联络人员，购买枪械，积极参与筹划广州起义。起义失败后，邓荫南为避开清廷的追捕，匿居澳门。起义的失败并未击垮邓荫南的革命斗志，他依然秘密地开展各种反清活动。同时，他还资助了包括陈少白在内的多名同志转移避难，以保存革命力量。1899年，陈少白奉孙中山之命到香港筹资创办《中国日报》，邓荫南再次出资大力协助，才使孙中山领导的革命党的第一份报纸得以于次年正式出版，成为策划革命起义的宣传阵地。在之后的惠州起义等行动中，邓荫南均参与谋划、响应，虽几经失败，终不改其志。

“博爱”二字集中体现了孙中山毕生所追求的革命理想，那就是“天下为公，世界大同”。孙中山以“博爱”二字题赠邓荫南，言简意赅，即高度赞誉了邓荫南的博爱精神。

这件“博爱”题词以唐楷为本，风格舒展大方，气息淳厚自然，笔画圆融，尽显孙中山书法风格。谭延闿曾评曰：“故时贤谓总理之书，深得唐人气韵，流美自然，非力学所能工。至其矜慎厚重，不诡不随，又适如其人焉。”书虽小技，可以通道。鉴赏此幅“博爱”题词，我们可从中领略孙中山高远的革命志向和坚定的革命信念。

此幅“博爱”题词因其珍贵的历史价值和特殊意义，于2002年入选首批《中国档案文献遗产名录》。

孙中山广州大元帅府留影

1924年1月20日至30日，在中国共产党的帮助下，孙中山排除阻力，在广州召开了国民党第一次全国代表大会。这次会议完成了对中国国民党的改组，并制定了“联俄、联共、扶助农工”三大政策，从而实现了第一次国共合作。

国民党一大召开后，孙中山心情甚为愉悦，春日暖阳，他欣然在广州大元帅府的阳台上留影。照片中，孙中山身着条纹布长衫，面带微笑，端坐于阳台走廊圆桌前，正在审阅文件，展现出他对国共合作后推进中国革命取得成功充满了希望与信心。

广州大元帅府坐落于广州市海珠区纺织路东沙街18号，此处原为号称全国第二大水泥厂的广东士敏土（cement，音译）厂所在。1917年7月，孙中山南下广州，组织非常国会，于9月10日就任军政府大元帅，将此处征用为大元帅府。自此，孙中山的诸多重大政治活动，如护法运动、筹备北伐、改组国民党、确立国共合作、筹建黄埔军校，均在此决策部署。广州大元帅府见证了孙中山一生中的重要革命历史阶段，在中国民主革命史上留下了深刻印迹。

孙中山广州大元帅府留影（1924 年）

本馆所藏孙中山广州大元帅府留影是目前留存于世的孙中山照片中为数不多面带笑意的照片，后被作为 100 元面值“新台币”之主图。

南京临时政府档案

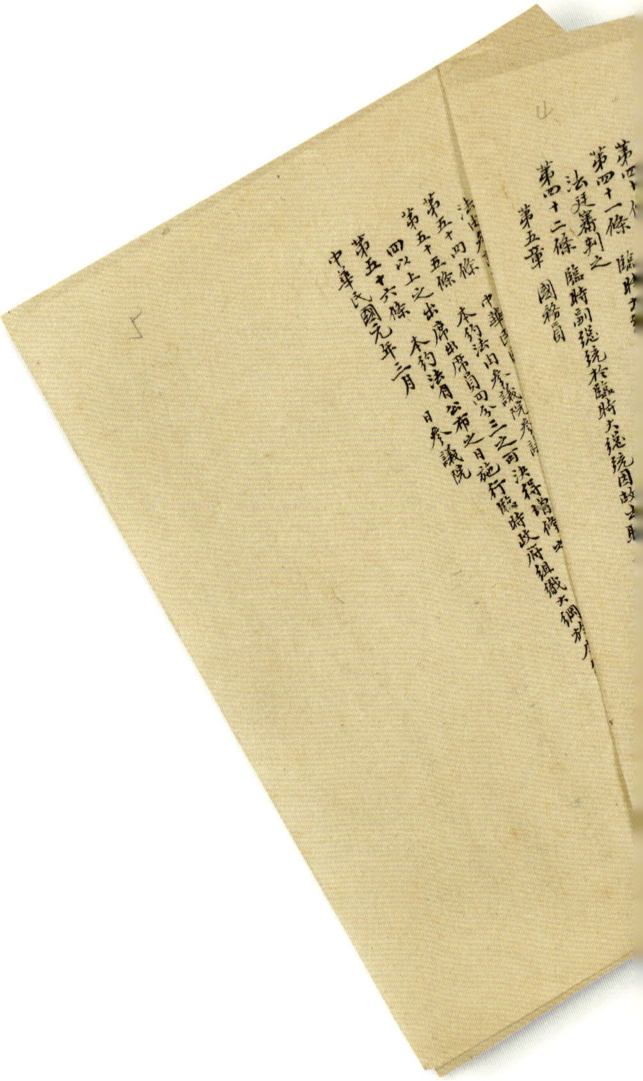

1911年辛亥革命爆发后，亚洲第一个共和政体——中华民国临时政府于1912年1月1日在南京成立，孙中山出任中华民国临时大总统。1912年4月1日，孙中山根据“南北议和条件”让位于袁世凯，以换取南北统一，政权北迁，南京临时政府遂告结束。

南京临时政府存在时间仅92天，其形成的档案历经战火，几经辗转，多有散失，现本馆收藏仅有百余卷。南京临时政府档案根据内容可概括为孙中山亲笔签发的命令、批文，以及政治和内务、经济、军事、外交、教育文件等。

（一）孙中山亲笔签发的命令、批文。主要有《临时大总统颁布严加约束兵士令》《临时大总统关于陆军编制表着即准此颁行令》《临时大总统关于内务部请颁发文官试验令批文》《临时大总统关于财政部所拟造币厂章程应即照准批文》《临时大总统关于慎选用人令》《临时大总统辞职令》等。

（二）政治和内务方面。主要有南京临时政府参议院草拟的《中华民国临时约法》抄本，内务部关于保护人民财产致各省都督、各军政分府电稿，内务部承政厅及各司办事规则，参议院关于选黎元洪为临

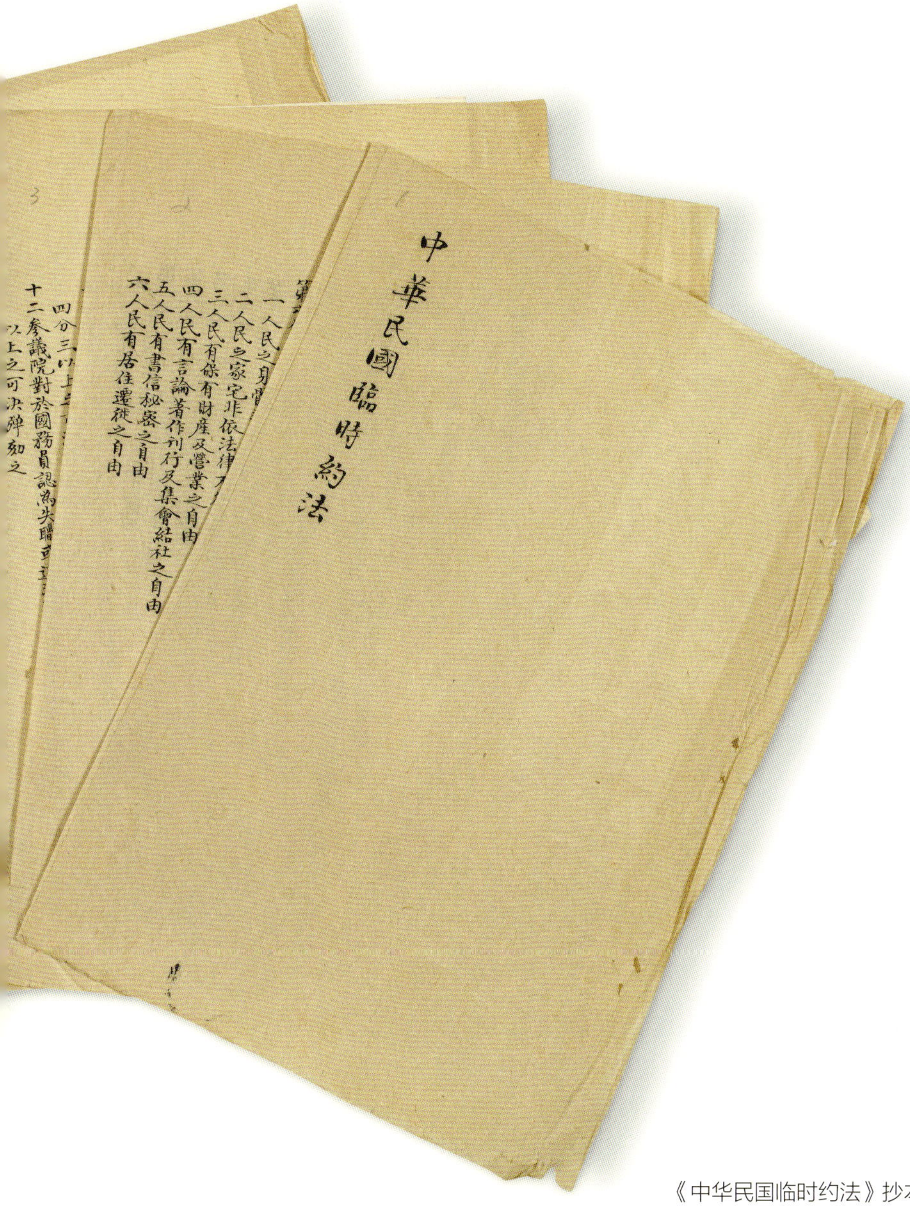

《中华民国临时约法》抄本

时副总统等文件，袁世凯接任临时大总统后内务部全体员司联名辞职的文稿，参议院、司法部北迁的电文。

（三）经济方面。包括经费、赋税、货币等方面。主要有陈锦涛有关军费问题的电文，财政部抄送各省发行公债办法咨，刘锦藻请偿还南京临时政府借款文件，盐务税收的文件，关于发行军用钞票及货币流通、统一币制等文件。

（四）军事方面。主要有陆军部陆军军官学校章程、教育方针、暂行条例，陆军部及所属各部队、学校组织编制和官佐任命的文件，陆军部颁布宪兵暂行服务规则令稿，陆军各部队、学校领发粮饷、械弹、被服的文件，南京留守黄兴为剿办土匪等情致江北各军事将领电稿。

（五）外交方面。主要有外交部为保护外人致各省都督电、云南都督府关于中华民国对于租界应守之规则札、有关各方处理荷兰虐待印尼华侨事件的电文、外交部交涉海关税收的往来函件、外交部办理军火等项货运事务与英日等国的来往文书。

（六）教育方面。有蔡元培对于新教育之意见（石印本）、陈婉衍等设复心女子学堂请拨发经费有关文件、陆军部发给尹志锐等出国川资学费缴稿、中国公学经费文件。

本馆所藏南京临时政府档案虽然数量不多，但极为珍贵。这些档案不仅反映了南京临时政府时期政治、经济、军事、教育等方面的执政情况，而且就其载体本身，以及新颖的公文文体及革新变化，对于研究民国档案公文文种及体例也具有较高史料价值。本组档案已于 2003 年入选第二批《中国档案文献遗产名录》。

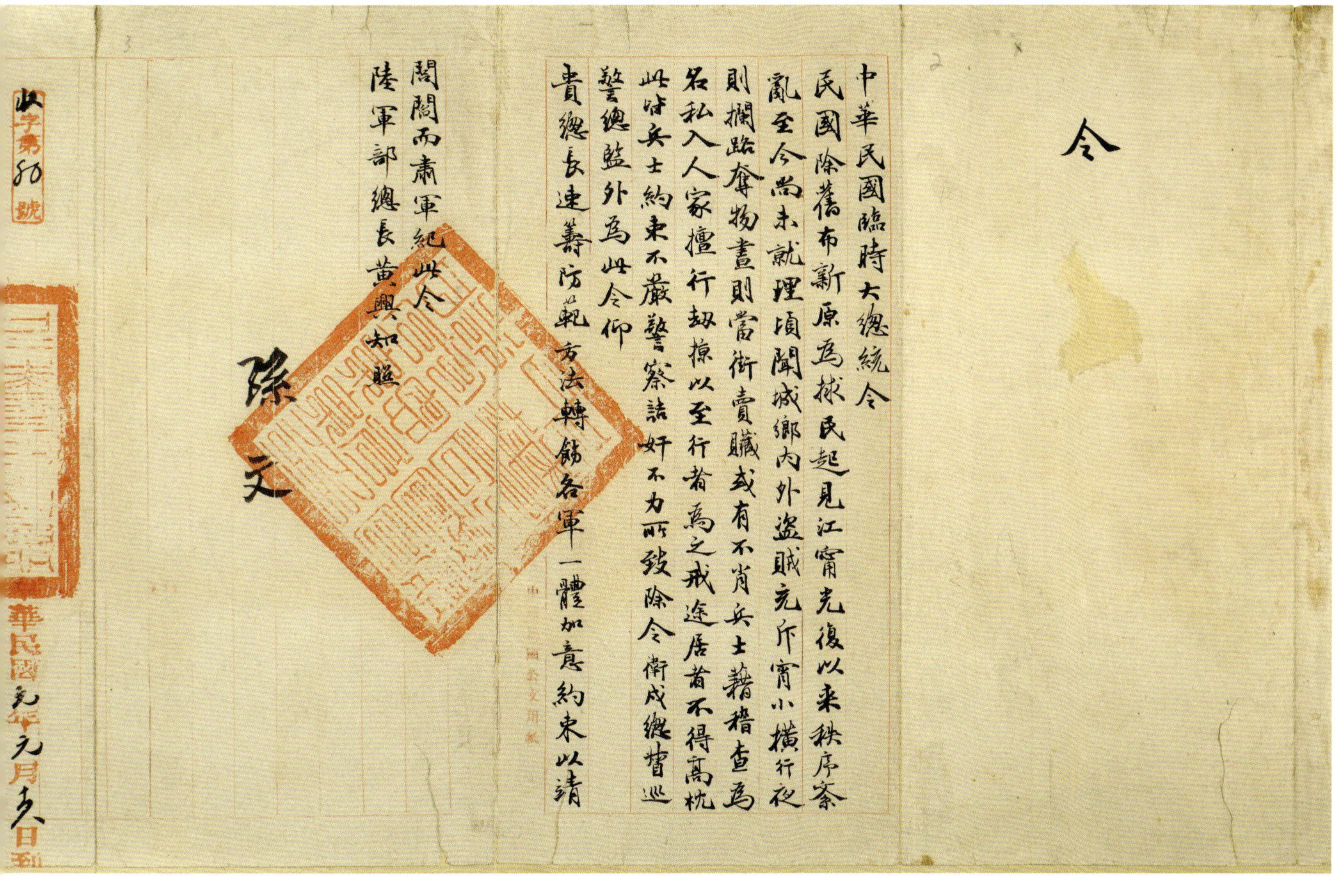
令

中華民國臨時大總統令
民國除舊布新原為救民起見江甯光復以來秩序紊
亂至今尚未就理頃聞城鄉內外盜賊充斥宵小橫行夜
則攔路奪物晝則當衢賣贓或有不肖兵士藉稽查為
名私入人家擅行刧掠以至行者為之戒途居者不得高枕
此皆兵士約束不嚴警察詰奸不力所致除令衛戍總督巡
警總監外為此令仰
貴總長速籌防範方法轉飭各軍一體加意約束以靖
閭閻而肅軍紀此令
陸軍部總長黃興知照

孫文

孙中山关于严加约束兵士致陆军部总长黄兴令（1912 年 1 月 16 日）

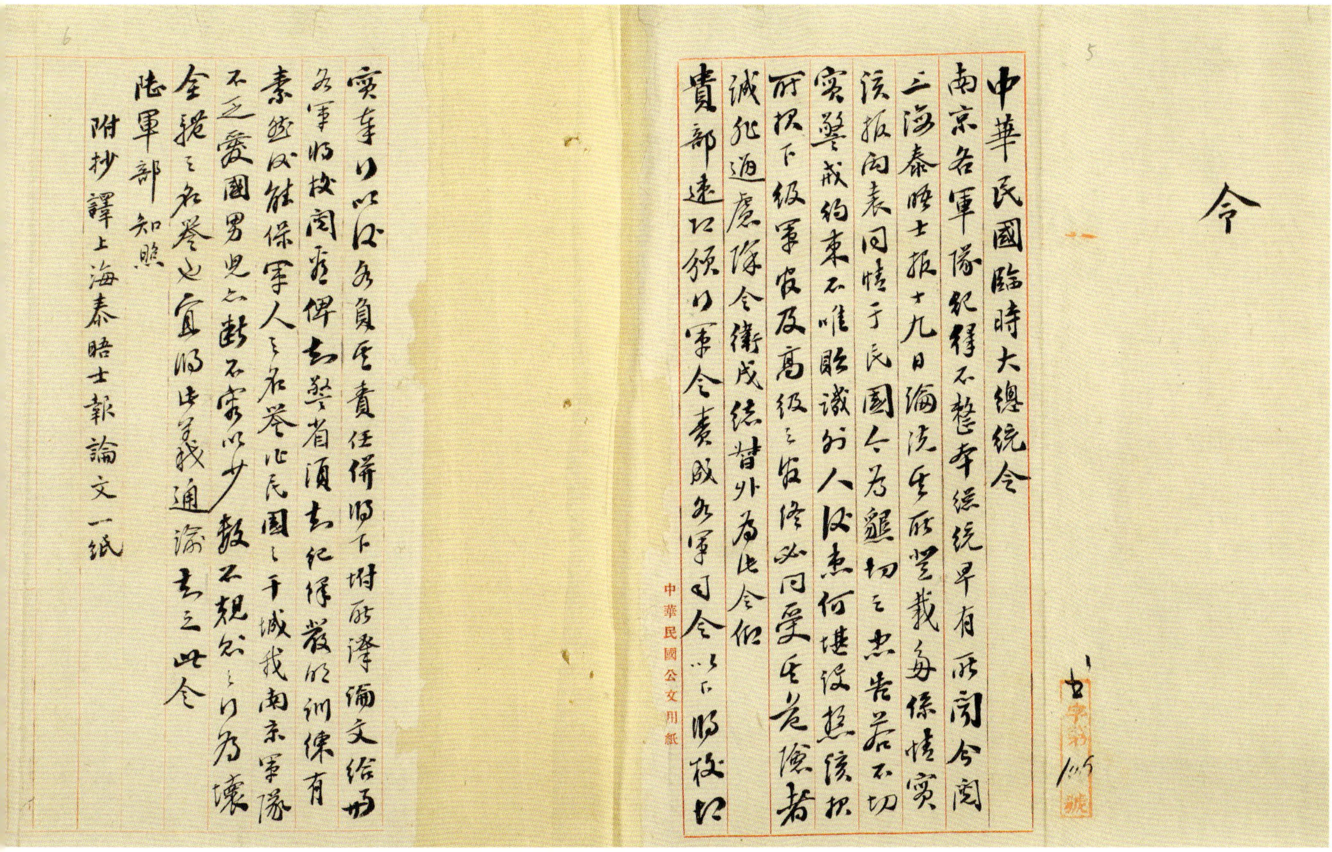
令

中華民國臨時大總統令
南京各軍隊紀律不整本總統早有所聞今閱
上海泰晤士報十九日論說所譏切實每條情實
該報同表同情于民國今為鑿切之忠告若不切
實整飭約束不唯貽譏於人致患何堪設想該部
所屬下級軍官及高級之官俱必同受其危險者
誠非淺鮮除令衛戍總督外為此令仰
貴部速以嚴切軍令責成各軍司令以下將校切
實奉行以後各負其責任俾將下樹所譯論文給與
各軍將校閱看俾知整飭首須訓練嚴明訓練有
素然後能保軍人之名譽非民國之干城我南京軍隊
不乏愛國男兒亦斷不容以少數不規則之行為壞
全體之名譽也宜將此義通諭知之此令
陸軍部知照
附抄譯上海泰晤士報論文一紙

孙中山关于切实奉行军令各负责任致陆军部令（1912 年 1 月 20 日）

连雅堂复籍更名档案

1895年中日《马关条约》签订后，清政府将台湾割让给日本，台湾居民的国籍从此被迫改为日本。为彻底斩断台湾与祖国大陆的联系，日本在台全面推行“皇民化”政策，在文化教育方面也彻底实行奴化教育政策，此举引起了台湾民众激烈反抗。在长达50年的日据时期，台湾涌现了无数坚持民族气节，忠心爱国，传承中华民族文化的仁人志士，连雅堂便是其中较具代表性的人物之一。

连雅堂（1878—1936），著名爱国诗人，史学家，祖籍福建龙溪，其先人于清康熙年间移居台湾。1878年2月，连雅堂生于台南县马兵营。1895年清廷割台时，连家参加了抗日护台战役，其父连得政是一位具有爱国精神的地方士绅，出任台南“护台会”会长，其兄连城璧任“护台会”副从（相当于秘书）。连得政为抗日护台，终日奔走，积劳成疾，忧愤而逝，连氏祖居也毁于抗日战火。这一年，连雅堂18岁，他毅然决定内渡大陆，一边求学，一边搜集、整理抗日文稿和檄文，积累台湾史料。1897年底，连雅堂返回台湾，继续搜集整理台湾史料。

1912年，民国北京政府拟定了《国籍法》。台湾许多民众不愿做日本“皇民”，纷纷向中国政府提出强烈要求，申请恢复中国国籍，连雅堂便是其中之一。1914年1月31日，连雅堂具文呈报民国北京政府内务部，要求脱离日本“台湾台中厅台中街”之户籍，恢复原福建省龙溪县马崎社的中国国籍，并附《愿书》《保证书》各一件。2月5日，内务部依照中国《国籍法》第十八条的规定，批准了其复籍请求。2月11日，连雅堂再次向内务部呈文，请求更名为连横，取“凌云健笔意纵横”之意，以此新名抒发报国之志。14日，内务部即按手续批准，令福建民政长转饬福建龙溪县备案。

本馆所藏连雅堂复籍更名档案，详细记载了连雅堂向民国北京政府申请恢复中国国籍并更名为连横的经过，是连氏家族爱国情怀的生动体现与历史见证。

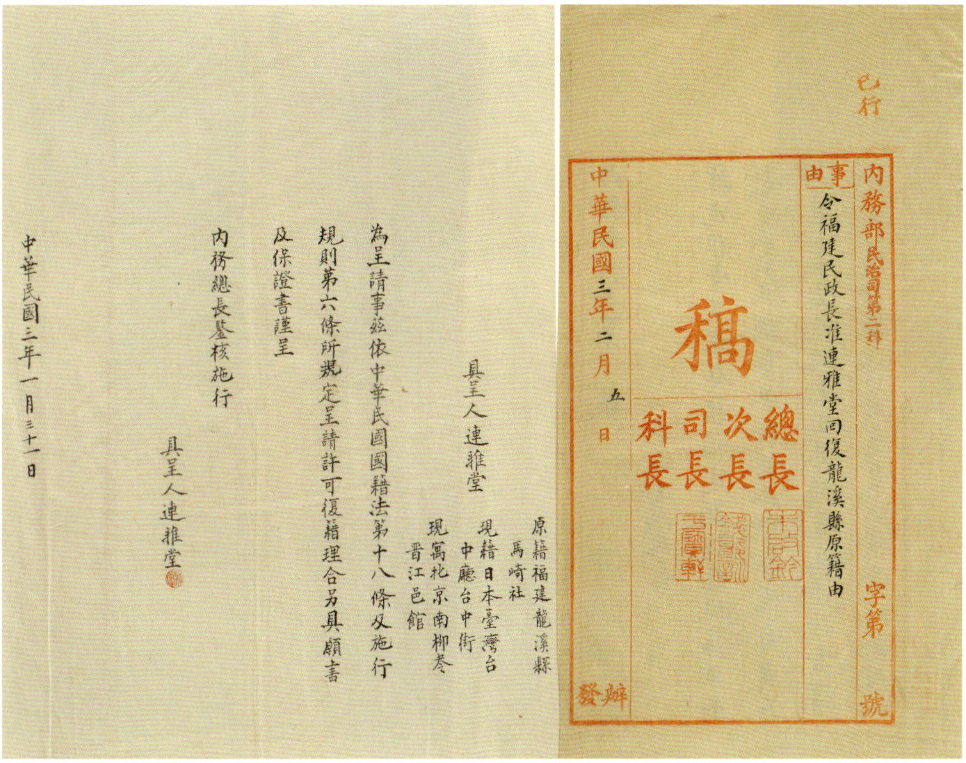

己行

内務部民治司第二科

事由 令福建民政長准連雅堂回復龍溪縣原籍由

字第　號

稿

總長 次長 司長 科長

中華民國三年二月五日

辦發

原籍福建龍溪縣馬崎社

現籍日本臺灣台中廳台中街

現寓北京南柳巷晉江邑館

具呈人連雅堂

為呈請事茲依中華民國國籍法第十八條及施行規則第六條所規定呈請許可復籍理合另具願書及保證書謹呈

內務總長鑒核施行

具呈人連雅堂

中華民國三年一月三十一日

连雅堂申请复籍致民国北京政府内务部呈（1914年1月31日）

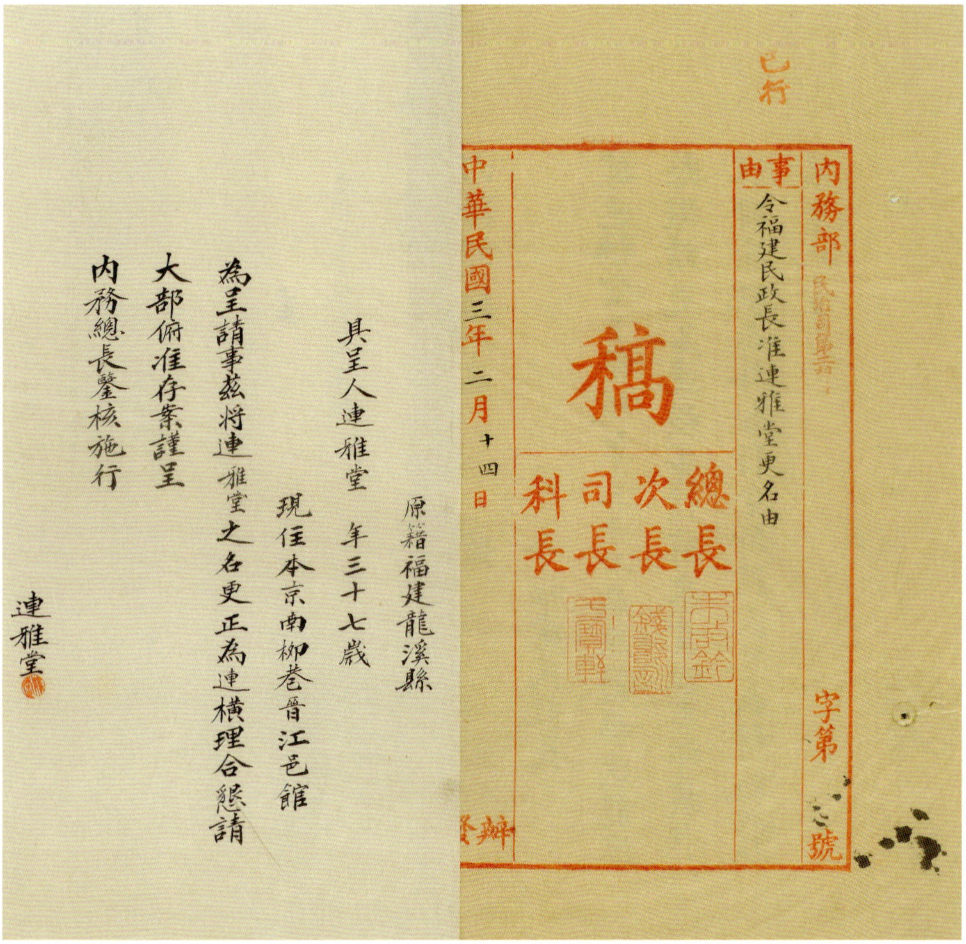

己行

内務部民治司第二科

事由 令福建民政長准連雅堂更名由

字第　號

稿

總長 次長 司長 科長

中華民國三年二月十四日

辦發

原籍福建龍溪縣

具呈人連雅堂 年三十七歲

現任本京南柳巷晉江邑館

為呈請事茲將連雅堂之名更正為連横理合懇請

大部俯准存案謹呈

內務總長鑒核施行

連雅堂

连雅堂申请更名致民国北京政府内务部呈（1914年2月14日）

袁世凯《洹上村遗迹》图集

1901年，清政府为维护其摇摇欲坠的统治，开始筹办“新政”。袁世凯凭借继承自李鸿章的淮军班底和北洋六镇军力，进一步扩张权势，加之他对“立宪”的热衷，引起了满族权贵的猜忌。1908年，光绪帝和慈禧太后相继亡故，宣统继位，摄政王载沣监国，对袁疑忌已久的载沣本想置其于死地，但惧于其势力，经反复征求大臣们的意见，改为以“足疾”为由，令袁开缺“回籍养疴”，将其排挤出政圈。

狡猾的袁世凯离京后，并未回原籍项城，而是在离京师不远的河北彰德洹上村隐居。为麻痹当局，袁表面上逍遥自在，不问世事，和兄长故意摆出披蓑戴笠、弄舟垂钓的样子，请摄影师拍摄下来，并将照片送往《东方杂志》登载，以表明自己已归隐山林，再也无意仕途。实际上他却在私邸密设电报房，与北洋旧部联络不断，暗中加以操控，伺机东山再起。袁效仿垂钓渭水的姜太公，一心要钓的并不是鱼，而是天下。

历经3年的韬光养晦，袁世凯终于等来了时机。1911年10月，武昌起义爆发，清廷无力应对，只能诏令袁为湖广总督，赴武汉节制各军，镇压革命。袁一面推说“足疾”未愈，拒绝接受任命，一面暗中通过时任协理大臣

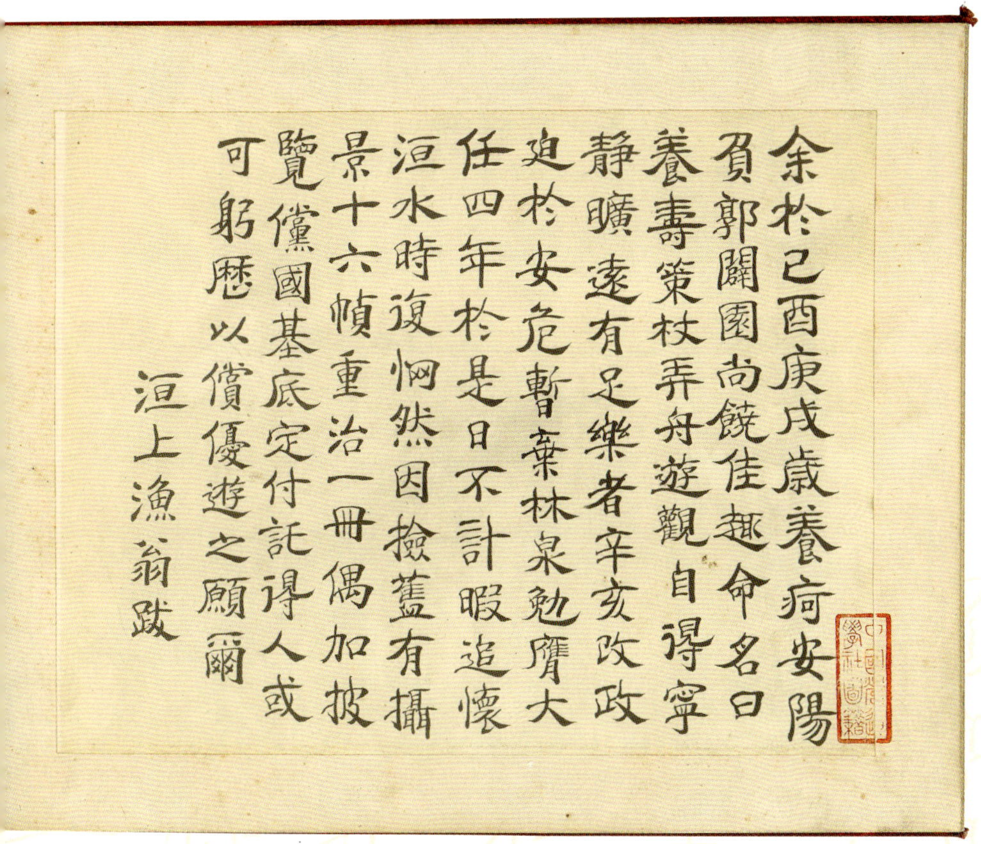

袁世凯《洹上村遗迹》图集及题跋（1915 年）

的徐世昌向清廷提出复出条件，要求取得军政全权。11 月，袁世凯受命出任内阁总理大臣，独揽军政大权。袁组阁后，以武力迫使革命党接受议和，又以革命声势威吓清廷，要求清廷立定“共和政体”。如此双管齐下，欲从中坐收渔人之利，最终迫使清帝于 1912 年 2 月宣布退位。3 月，袁世凯如愿以偿在北京就任中华民国临时大总统，攫取了辛亥革命的胜利果实。

袁世凯对自己这段韬晦洹上、伺机而动的经历颇为自得，自号“洹上渔翁”，于 1915 年从当年隐居洹上的照片中精心挑选 16 张，制成《洹上村遗迹》图集，并亲笔题跋。跋曰：

> 余于己酉、庚戌岁养疴安阳，负郭辟园，尚饶佳趣，命名曰“养寿”。策杖弄舟，游观自得，宁静旷远，有足乐者。辛亥改政，迫于安危，暂弃林泉，勉膺大任。四年于是，日不计暇。追怀洹水，时复惘然，因捡旧有摄景十六帧，重治一册，偶加披览。傥国基底定，付托得人，或可躬历，以偿优游之愿尔。

《新青年》杂志

1840年鸦片战争后，中国逐步沦为半殖民地半封建国家，随之而来的是中西文化的冲突和融合。面对国家危亡，许多知识分子希望以“文章救国”探索救亡之路，陈独秀即为其中一员。1913年孙中山“二次革命”失败后，中国时局的变化使陈独秀深受刺激，他认为在中国进行政治革命前途渺茫，而欲“救中国、建共和，首先得进行思想革命”，因此《新青年》杂志在这种历史背景下应运而生。

1915年9月15日，上海群益书社开始发行《新青年》杂志，陈独秀任主编。《新青年》每六号为一卷，其中第一卷名为《青年杂志》，1916年9月，第二卷第一号始更名为《新青年》。至1926年7月停刊，《新青年》先后经历两次休刊，两次复刊。其间，1920年9月，《新青年》成为上海共产主义小组刊物；1923年6月，《新青年》成为中共中央的理论性机关刊物。

《新青年》杂志（1915 年 9 月—1926 年 7 月）

民国初期，军阀割据，社会动荡，作为 20 世纪中国传播新思想新文化的标志性刊物，《新青年》内容丰富，社会责任感强，与时代联系紧密，且发行量大，影响范围极广。它从高举民主科学反帝反封建大旗发展到传播马克思主义，促进了新文化运动的兴起，推动了马克思主义中国化的起步和发展，使得民主和科学精神深入人心，起到了开启民智、提高国民素质的作用。因其对中国政治、思想和文化的转型所做出的卓越历史性贡献，《新青年》被誉为“时代的号角”“启蒙的火炬”和“新文化元典”。

本馆所藏《新青年》杂志为自 1915 年 9 月创刊至 1926 年 7 月终刊的期刊合订本，共计 12 册，其内容全面，保存完好，对研究民国文化史特别是新文化运动和马克思主义在中国的传播具有较高的史料价值。

鲁迅主张明文废止《教育纲要》签注

鲁迅是新文化运动的主将和传播者，他积极倡导新文化，反对陈旧落后的教育制度，提倡国民教育。1916年，他在教育部参事室说帖上所提出的明文废止《教育纲要》（以下简称《纲要》）签注就是这一思想的集中体现。

1912年初南京临时政府教育部成立后，留日学生鲁迅在同乡蔡元培的力邀和举荐下进入教育部工作。4月，教育部北迁，鲁迅随之北上。8月，彼时用名周树人的鲁迅被任命为民国北京政府教育部佥事、社会教育司第一科科长。

1916年夏，教育部参事室为“厘定学制，确定方针起见”，就袁世凯当权时期所制定的《纲要》之修改废止抑或继续施行的问题组织了一场讨论。

该《纲要》于1915年1月由“前政事堂片”制定并交由教育部施行，但其中部分内容“对政系学制颇多障碍”，经过施行发现存在不少困难，如中小学学制问题、各学校读经问题、经学会问题等。

有鉴于此，参事室牵头就《纲要》存续问题启动审议程序。讨论过程中，出现了要从根本上取消、取消已经施行各款及与学制应区分施行三种意见。而对《纲要》的修改废止问题也有“主缓议”和“主速定”两种对立意见。

8月3日，教育部参事室将上述意见整理后以“说帖”形式，印发给各司和视学等讨论。鲁迅作为社会教育司第一科科长，在对“说帖”所加的签注中，提出了“明文废止”的意见。签注内容共有12列，计303字。鲁迅认为，《纲要》与旧思想相合，妨害教育。为正本清源，从长远来看，应明文废止，绝不能因小失大。

鲁迅主张明文废止《教育纲要》的签注体现了其民主主义思想，是本馆所藏鲁迅先生重要档案，具有较高研究参考价值。

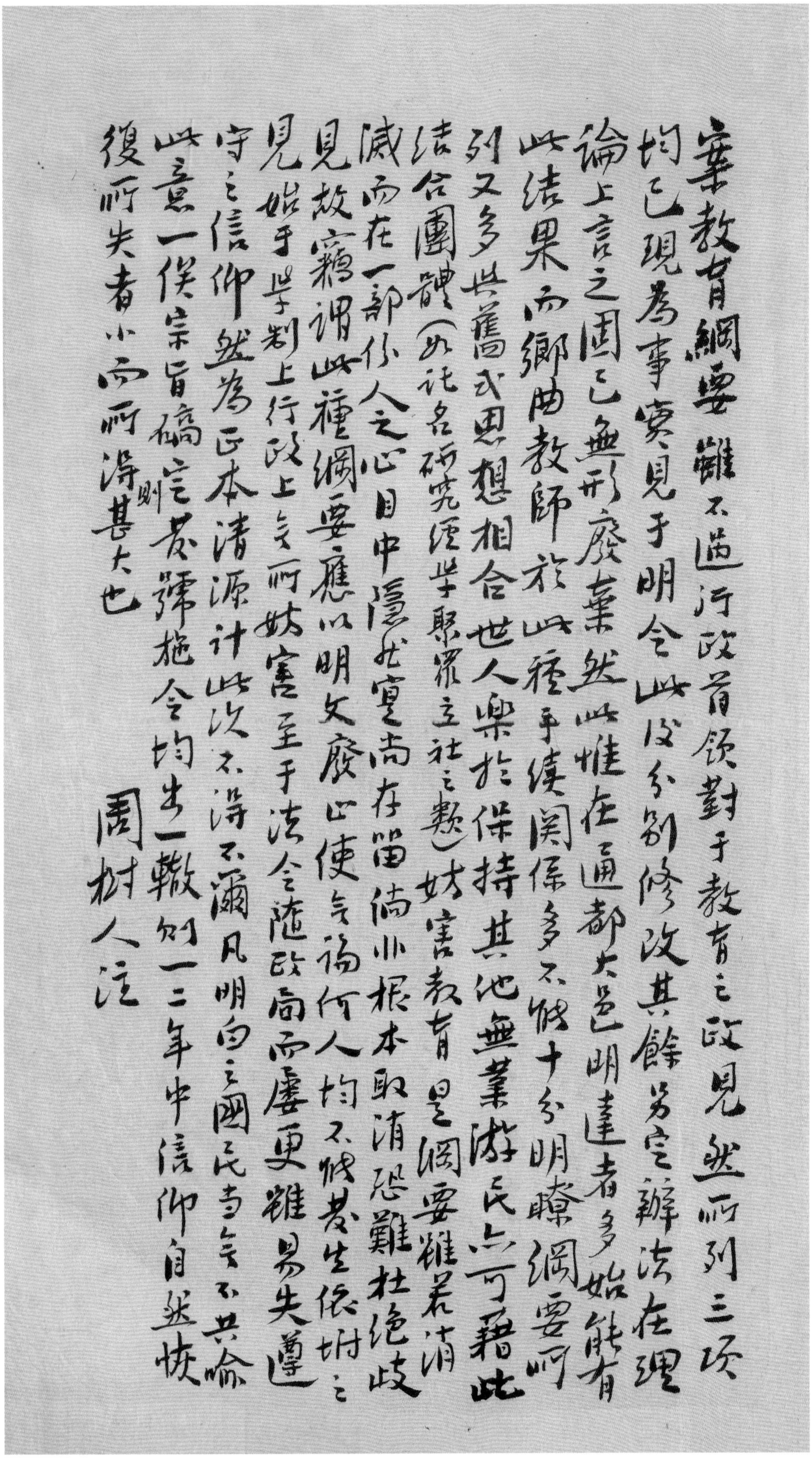

案教育綱要雖不過行政首領對于教育之政見然所列三項均已現為事實見于明令此後分別修改其餘另定辦法在理論上言之固已無形廢棄然此惟在通都大邑明達者多始能有此結果而鄉曲教師於此種手續關係多不能十分明瞭綱要所列又多與舊思想相合世人樂於保持其他無業游民亦可藉此結合團體（如託名研究經學聚眾立社之類）妨害教育是綱要雖若消滅而在一部分人之心目中隱然實尚存留倘不根本取消恐難杜絕歧見故竊謂此種綱要應以明文廢止使無論何人均不能發生依附之見始於學制上行政上無所妨害至于法令隨政局而屢更雖易失遵守之信仰然為正本清源計此次不得不爾凡明白之國民當無不共喻此意一俟宗旨確定則發布施令均出一轍則一二年中信仰自然恢復所失者小而所得甚大也

周樹人注

鲁迅主张明文废止《教育纲要》签注（1916 年）

周恩来青年时代创办的《天津学生联合会报》

合會報 舊歷己未年閏七月二十日 (第一版)

聯合會報

THE TIENT

DEMOCRACY: A GO

PEOPLE BY THE

THE PEOPLE

本民主主義發表一切主張

第五十四號 (認爲新聞紙類)

零售銅元一枚 (借電話三千一百零四)

廣生行廣告

1919年五四运动爆发后，全国各地掀起了反帝反封建的革命风暴。天津学界也迅速投入了这场革命，于5月14日成立了天津学生联合会。为了扩大影响，进一步推动反帝爱国运动的发展，在周恩来的直接主持和精心筹划下，《天津学生联合会报》（以下简称《学联报》）于7月21日正式出版。创刊号上周恩来以《革心！革新！》为题撰写发刊词，高度评价五四运动的意义，宣扬“革心”与“革新”的办报主旨，呼吁青年们改造思想、改造旧社会。

本馆所藏《学联报》为1919年9月13日（中华民国八年九月十三日）版，其上刊登了时事新闻与评论，内容包括:《上海学生联合会总会理事会议》《山东问题之德人反应》《天津女代表痛哭陈词于上海》等。这一期《学联报》入档，是作为“言论逾越范围”的证据附在内务部与直隶（今河北）省长曹锐关于查禁《天津学生联合会报》的来往文书之后的。当时内务部致函直隶省长曹锐，认为《学联报》“载有让各省速派各界公民代表来京请愿及去做群众运动的事”，宣扬“罢市、罢工、不纳税、不当兵”的思想，以及“载有联合会致各处电文，望全国一致互作声援”，要求直隶省长答复如何处理。曹锐复函直接下令天津警察厅“随时认真查禁”。9月22日，

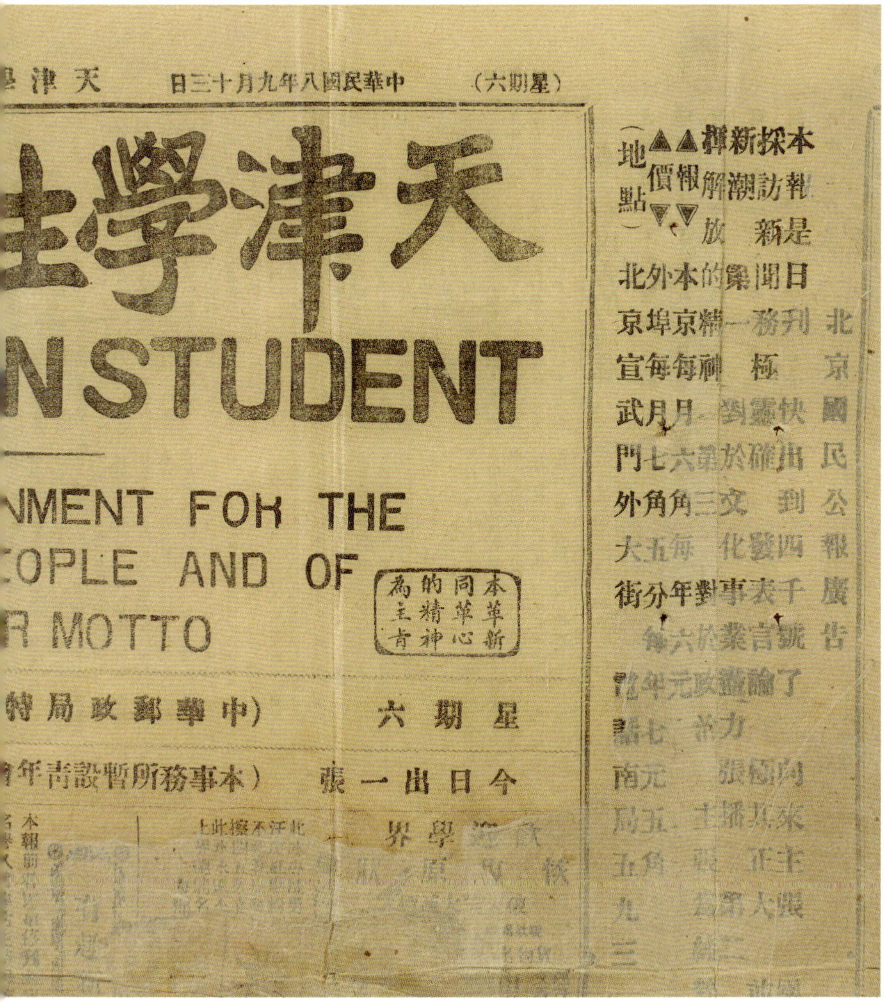
天津學生
中華民國八年九月十三日 （星期六）
N STUDENT
NMENT FOR THE
OPLE AND OF
R MOTTO
本革新同革心的精神為主旨
（中華郵政局特
星期六
今日出一張
（本事務所暫設青年會

《天津学生联合会报》（1919 年 9 月 13 日）

天津警察厅派出军警，武力逼迫印刷厂不准承印《学联报》。从 8 月 30 日内务部发出要求查禁的公函到军警逼迫停办，前后不到 1 个月，《学联报》被迫停刊。经过反复斗争、多方努力，10 月 7 日，《学联报》以 3 日刊形式复刊。至 1920 年初，该报被迫彻底停刊。

《学联报》前后共出版了 100 多期。其版面由周恩来亲自设计，在每张报纸的通栏标题下面，都用英文印着林肯在《葛底斯堡宣言》中的一句名言“民主就是要民治、民有、民享——我们的座右铭”，两旁印着醒目的口号“本革新同革心的精神为主旨”“本民主主义发表一切主张”。《学联报》设有主张、时评、新思潮、新闻、国民常识、函电、文艺、翻译共 8 个栏目。创立初期，条件异常艰苦，在缺乏人力物力的情形下，从撰稿、校对、排版到发行几乎都是由周恩来亲自主持，可谓呕心沥血。

《学联报》出版和发行的期数较少，但其以“敢言”作为反帝反封建宣传的喉舌以及极具革命斗争的精神，获得了社会各界很高的评价，并且对组织联络北京、上海、广州、天津等各大城市学生积极参与爱国运动，推动全国人民反帝反封建斗争的发展起到了非常重要的作用。

《蒋介石日记》（毛思诚抄本）

蒋介石（1887—1975），名中正，字介石，浙江奉化人。早年就学于保定陆军军官学校，毕业后留学日本，1908年加入同盟会。辛亥革命时在沪军都督陈其美部下任团长，后赴广东追随孙中山革命。1923年任大本营参谋长。1924年后，历任黄埔军校校长、国民革命军总司令，发动北伐。1927年在南京另立国民政府，先后担任南京国民政府主席、行政院院长、军事委员会委员长、国民党总裁等职。1948年出任“行宪”后第一任“总统”。1949年败退台湾。1975年病逝于台北市。

蒋介石在其一生中坚持写日记。其日记从1915年始，至1972年止，现保存下来的日记长达53年。

《蒋介石日记》现存有手稿本、仿抄本、类抄本和引录本等几种类型。手稿本绝大部分是蒋介石亲笔书写，2004年底，蒋家后代将日记送交美国斯坦福大学胡佛研究院档案馆暂存。仿抄本是蒋为防手稿本丢失，命人按原稿内容和格式抄存的副本。引录本是根据蒋介石日记编写的蒋介石年谱、传记。

蒋介石一生崇拜曾国藩，言行、治军、从政多有效仿。20世纪20至30年代，蒋将自己的日记、

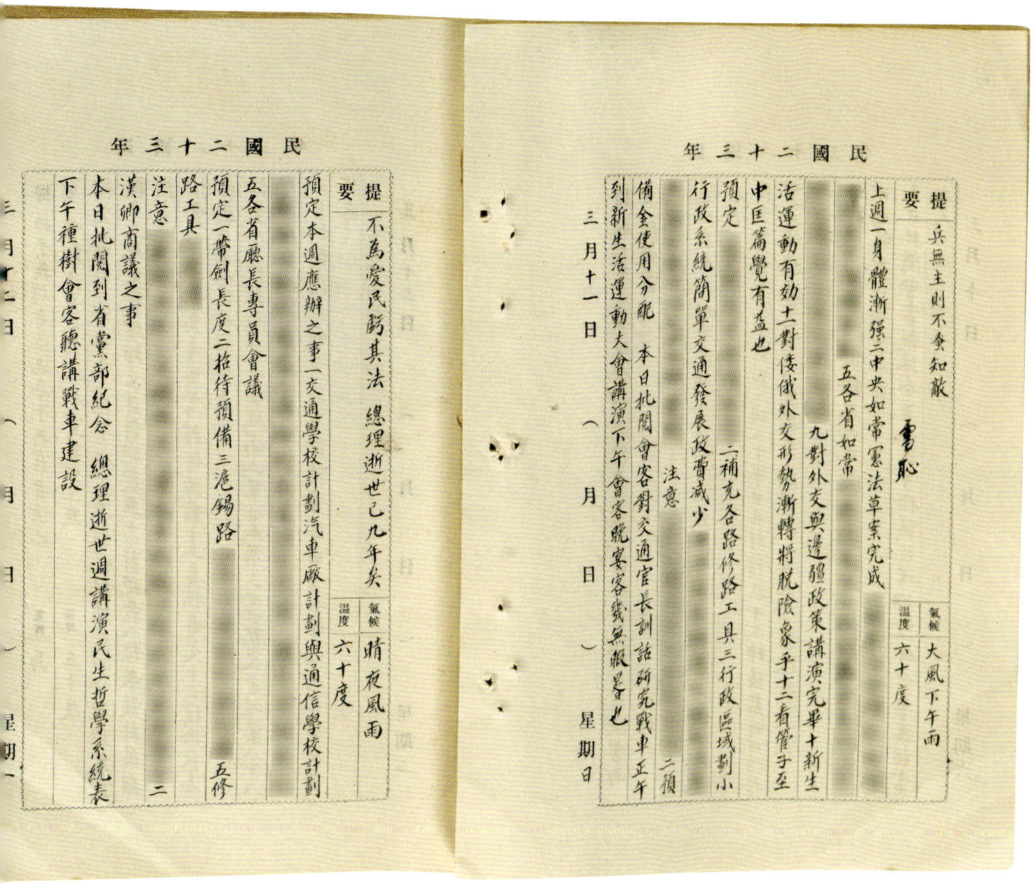

民國二十三年

提要：兵無主則不受知敵 雪恥

氣候：大風下午雨

溫度：六十度

上週一身體漸強二中央如常憲法草案完成[illegible]五各省如常[illegible]九對外交與邊疆政策講演完畢十新生活運動有効十一對倭俄外交形勢漸轉稍脫險象乎十二看管子至中匡篇覺有益也

預定[illegible]二補充各路修路工具三行政區域劃小行政系統簡單交通發展改善減少[illegible]

注意[illegible]二預備金使用分配

本日批閱會客對交通官長訓話研究戰車正午到新生活運動大會講演下午會客就寢客從無暇暮也

三月十一日 星期日

民國二十三年

提要：不為愛民豁其法 總理逝世已九年矣

氣候：晴夜風雨

溫度：六十度

預定本週應辦之事一交通學校計劃汽車廠計劃與通信學校計劃[illegible]五各省廳長專員會議

預定一帶劍長度二袷衣預備三滬錫路[illegible]五修路工具[illegible]

注意[illegible]二漢卿商議之事

本日批閱到省黨部紀念 總理逝世週講演民生哲學系統表下午種樹會客聽講戰車建設

三月十二日 星期一

《蒋介石日记》（毛思诚类抄本及仿抄本）

来往函电、文稿等都交由他早年的私塾老师，后转任其秘书的毛思诚保管，并命毛模仿曾国藩《曾文正公日记类抄》的体例，按党政、军务、学行、文事、杂组、旅游、家庭、身体、气候等约十种类型，将日记分类摘抄，形成了《蒋介石日记类抄》。毛思诚版仿抄本、类抄本与手稿本内容文字相比有所改变，即在抄录蒋的日记原文时，对文字进行了润色，将一些激烈、激进的语言修改为较温和的语言，并删除涉及蒋个人隐私和不雅的文字内容，但日记原意并没有改变。

本馆所藏《蒋介石日记》抄本，即为毛思诚编写和抄存之仿抄本、类抄本、引录本，其中有《蒋公介石年谱初稿》《蒋介石日记类抄》和1933年1至2月、1934年全年的《蒋介石日记》仿抄本。

《冯玉祥日记》

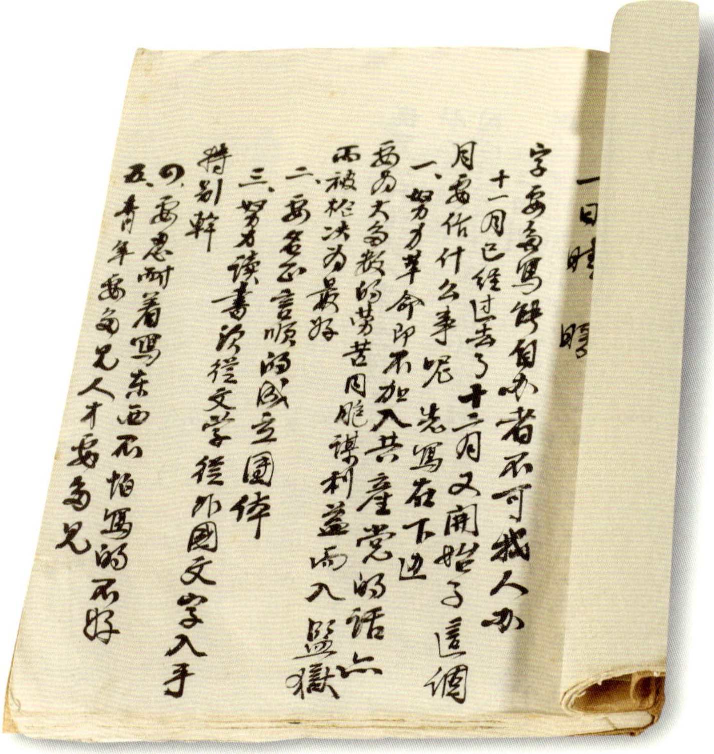

冯玉祥（1882—1948），原名基善，字焕章，安徽巢县人。曾任民国北京政府陆军第 16 混成旅旅长、第 11 师师长、陕西督军、河南督军、陆军检阅使和国民军总司令。1927 年后，任国民革命军第 2 集团军总司令、抗日同盟军总司令部总司令、军事委员会副委员长、第三和第六战区司令长官等职。

本馆所藏冯玉祥个人档案内容完整全面，是由冯玉祥夫人李德全赠予中国革命博物馆，后由冯的参谋长吴锡祺、秘书高兴亚等进行整理并编制初目，于 1965 年移交本馆收藏。

冯玉祥个人档案分为日记、函电、文件资料、禘函、剪报、图书、实物 7 大类，其中日记占了主要部分。日记内容充分体现了冯玉祥献身于国家、民族的坚强信念，以及他跟随时代脚步前进的革命精神。

《冯玉祥日记》

1933 年 5 月，在中国共产党的帮助下，冯玉祥在张家口组织了察哈尔民众抗日同盟军，出任总司令，高举武装抗日的旗帜，与日本侵略者浴血奋战，收复康保、宝昌、沽源、多伦 4 县。此次局部抗战的胜利，是以冯玉祥为代表的爱国官兵积极响应中国共产党的号召，团结抗日所取得的，展现了中国军民不屈不挠、顽强抗争的奋斗精神，增强了中国人民抗战到底的决心和抗战必胜的信心。在组建抗日同盟军的过程中，冯玉祥与中国共产党之间的友好合作在《冯玉祥日记》中有生动体现。

《冯玉祥日记》自 1920 年 11 月 25 日始，至 1948 年 5 月止，时间跨度长达 29 年，真实地记录了冯玉祥大半生的经历，内容翔实丰富，涵盖读书学习生活、人际交往、主要政治军事社会活动、对国家民族前途的思考和表达对人民疾苦的关心等内容，是研究冯玉祥政治军事思想及中国近现代史的宝贵资料。

李根源《曲石庐盍簪集》

李根源（1879—1965），字雪生，又字养溪、印泉，云南腾冲人，曾参与领导云南起义，参加“二次革命”和“护法运动”，一度任民国北京政府农商总长、南京国民政府监察院监察委员等职。

本馆所藏李根源《曲石庐盍簪集》收录了李根源师友及朋僚自 1922 年 1 月至 1928 年 12 月间写给李根源的信函。之后，李根源在知天命之年进行了整理，并以其“曲石精庐”室名命名，盍簪者为聚首之意，寓以文会友也。该文集分 28 册，内有信函 2872 件，涉及写信人多达 795 人。此集初存于苏州吴县（今吴中区）小王山李母阙太夫人墓畔的阙茔村舍，后由李根源携至上海，20 世纪 60 年代又辗转运至北京。1965 年李根源去世后，家人将其所存字画书籍全部交全国政协保存。后因档案权属关系，移交本馆收藏。

李根源一生交游广阔，上至国家元首，下至贩夫走卒，以《曲石庐盍簪集》所录信函之多，可足以说明。该文集所录信函按照写信人身份及与李根源的关系，大致可概括为以下 7 类：国家元首与军政要人，如孙中山、黎元洪、岑春煊等；著名学者及佛教人士，如国学大师章太炎、词学大师况周颐、佛学大师虚云法师等；李根源在云南高等学堂以及日本士官学校学习时之同学；李根源在云南、广东、陕西以及北京任职时之同僚及部属；李根源在云南陆军讲武堂以及韶关陆军讲武堂任内毕业之学生；李根源在开封任职时结识之河南人物；其他同族、同里等。

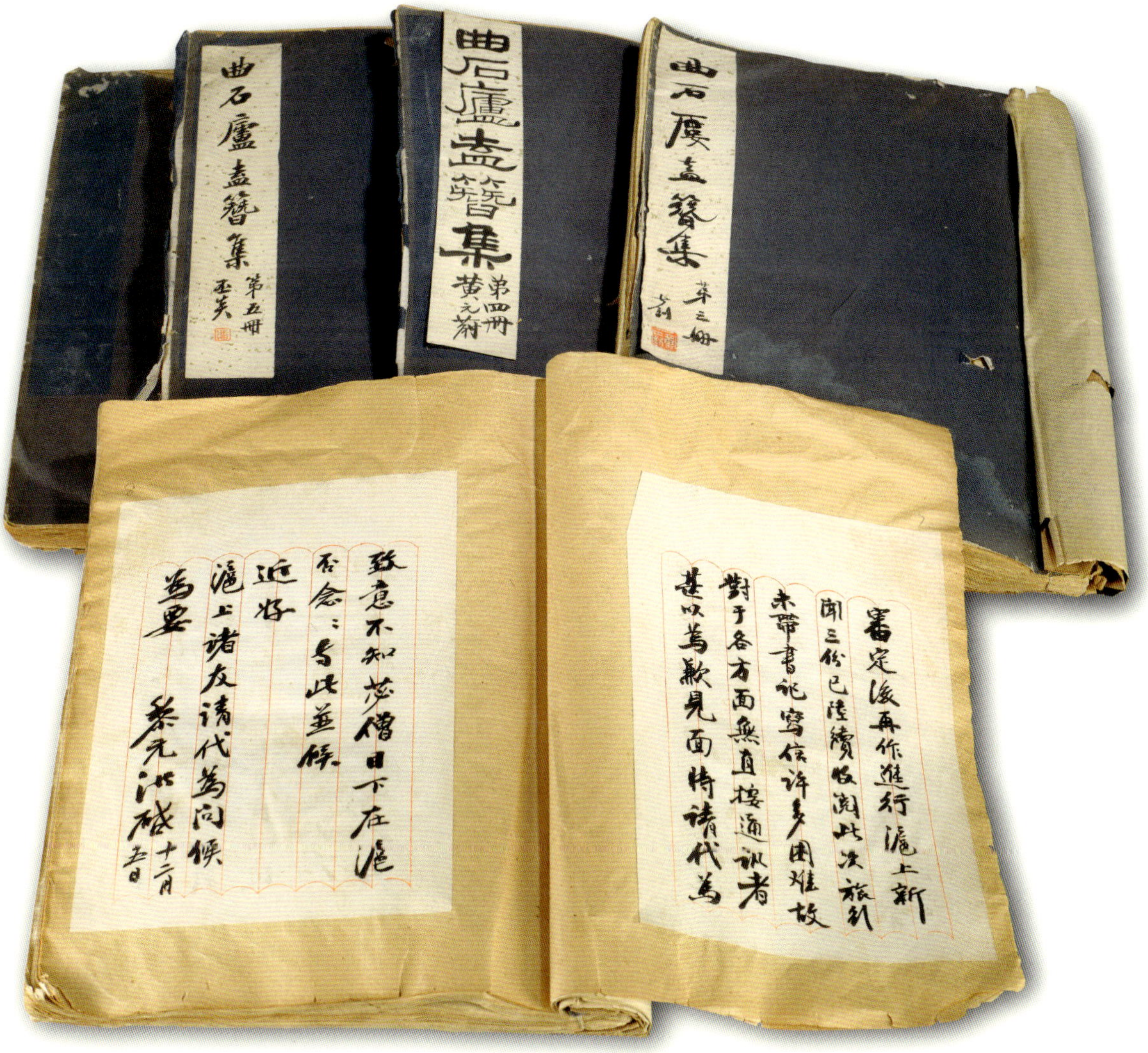

李根源《曲石庐盍簪集》

《曲石庐盍簪集》的内容多涉及李根源及其他民国政要、社会名流于1922至1928年政治、军事、文化以及社会民俗等方面之活动，是一部不可多得的名人信函汇集，是研究民国北京政府时期及南京国民政府成立初期重要人物思想、重大事件情形的第一手资料，史料价值极高。

蒋介石《孙大总统广州蒙难记》手稿及孙中山所作序言

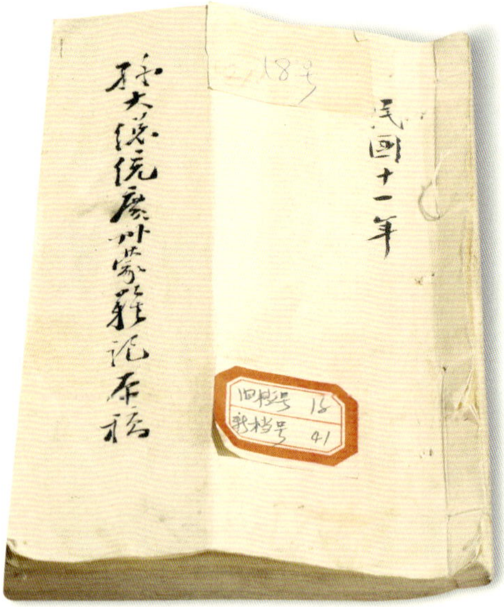

蒋介石《孙大总统广州蒙难记》手稿封面

1922 年 6 月 16 日，陈炯明在广州发动兵变，炮轰总统府。孙中山被迫避难于永丰舰，与叛军开战，并电召正在浙江溪口老家休假的蒋介石火速返粤。蒋闻讯后立即启程赶赴广州，登上永丰舰，与孙中山同生死共患难达 42 天，始终不离其左右。直至 8 月 19 日，孙中山等人方才下舰，去往上海。

事后，蒋介石以日记的形式将孙中山此次广州蒙难经历整理记录下来，题名为《孙大总统广州蒙难记》，并交由上海民智书局出版。1922 年 10 月 10 日，孙中山为该书作序，序中指出"兹纪殆为实录"。

本馆所藏《孙大总统广州蒙难记》是蒋介石的手稿，其上修改痕迹清晰可见。日记时间跨度为 6 月 15 日至 8 月 15 日，所记内容为每天的战况、孙中山的作战计划以及永丰舰上的来客访问等情况。据其所载内容可知，除 6 月 15 日至 29 日间的内容为他人提供外，其余皆为蒋介石亲历。

蒋介石《孙大总统广州蒙难记》手稿内页

蒋介石对孙中山为革命事业所做的贡献以及他在平叛中体现的谋略是极为钦佩敬仰的，书中不乏赞誉之词。兹录有关记述如下：6月15日所记孙中山离开总统府，路遇叛军步哨，“遂参在叛军队中，从容不迫，履险如夷，叛军以为同事也，亦不查问”；7月6日所记孙中山面对突发情况的从容不迫，“是晚，见三大舰突然熄灯，人心摇惑。总统则起居如常，泰然不动，兵士因之渐归镇定”；7月9日所记孙中山关爱人民的举措，“总统决心力守长洲要塞，不欲驶入省河，攻击叛军，徒滋人民之惊扰”；7月10日所记孙中山平叛的决心，“专制时代，君主尚能死社稷，今日共和国家，总统死民国，分所应尔。如叛徒果有悔祸之心，则和平解决，吾亦所愿也”；8月1日所记孙中山指挥作战的辛劳，“总统在舰之苦心孤诣，排难解纷之劳剧，比诸前线作战之困难，更甚什倍”。

蒋介石在这本书中刻意没有提及自己，但孙中山在该书序言中对蒋介石在危难之中赶赴永丰舰的作为给予了肯定：“陈逆之变，介石赴难来粤，入舰日侍余侧，而筹策多中，乐与余及海军将士共死生。”当时随侍孙中山身边的，除了宋庆龄外，便只有永丰舰的舰长冯肇宪，此外并无可用的军事人才，蒋介石的到来与陪伴无疑是“雪中送炭”，进一步加深了孙中山对他的信任。

此事件后，孙中山对蒋介石不断委以重任，任命他为大元帅行营参谋长，派他率领“孙逸仙博士代表团”前往苏联考察，甚至将黄埔军校校长一职交由他担任。这些都为蒋介石登上政治舞台后的纵横捭阖，提供了前提与条件。由此可见，在永丰舰上和孙中山同生共死的这段经历乃是蒋介石人生的重大转折点。

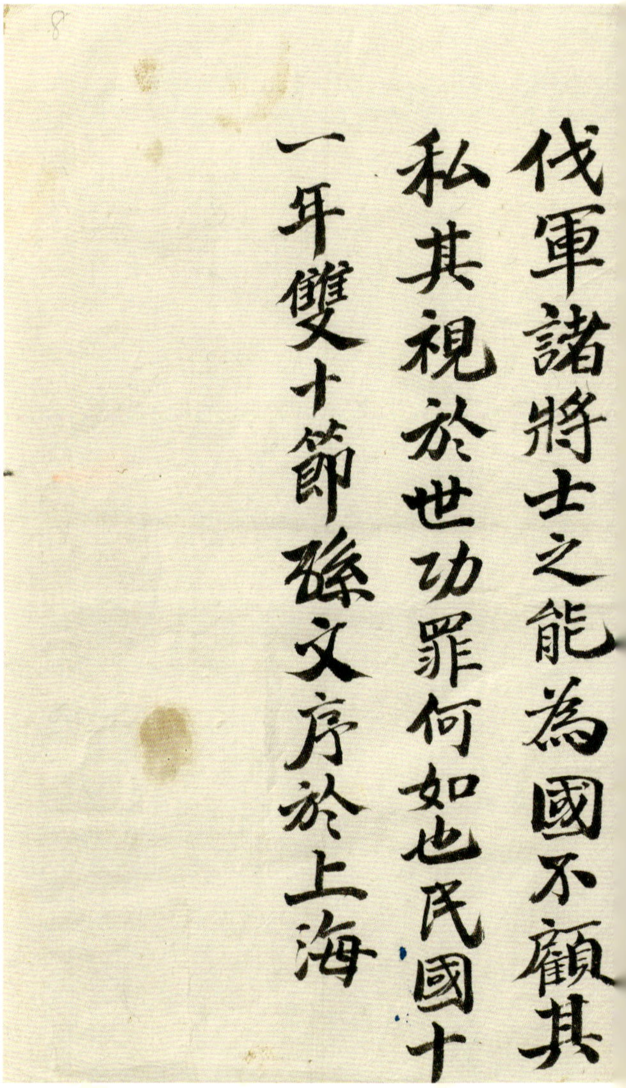
伐軍諸將士之能為國不顧其私其視於世功罪何如也民國十一年雙十節孫文序於上海

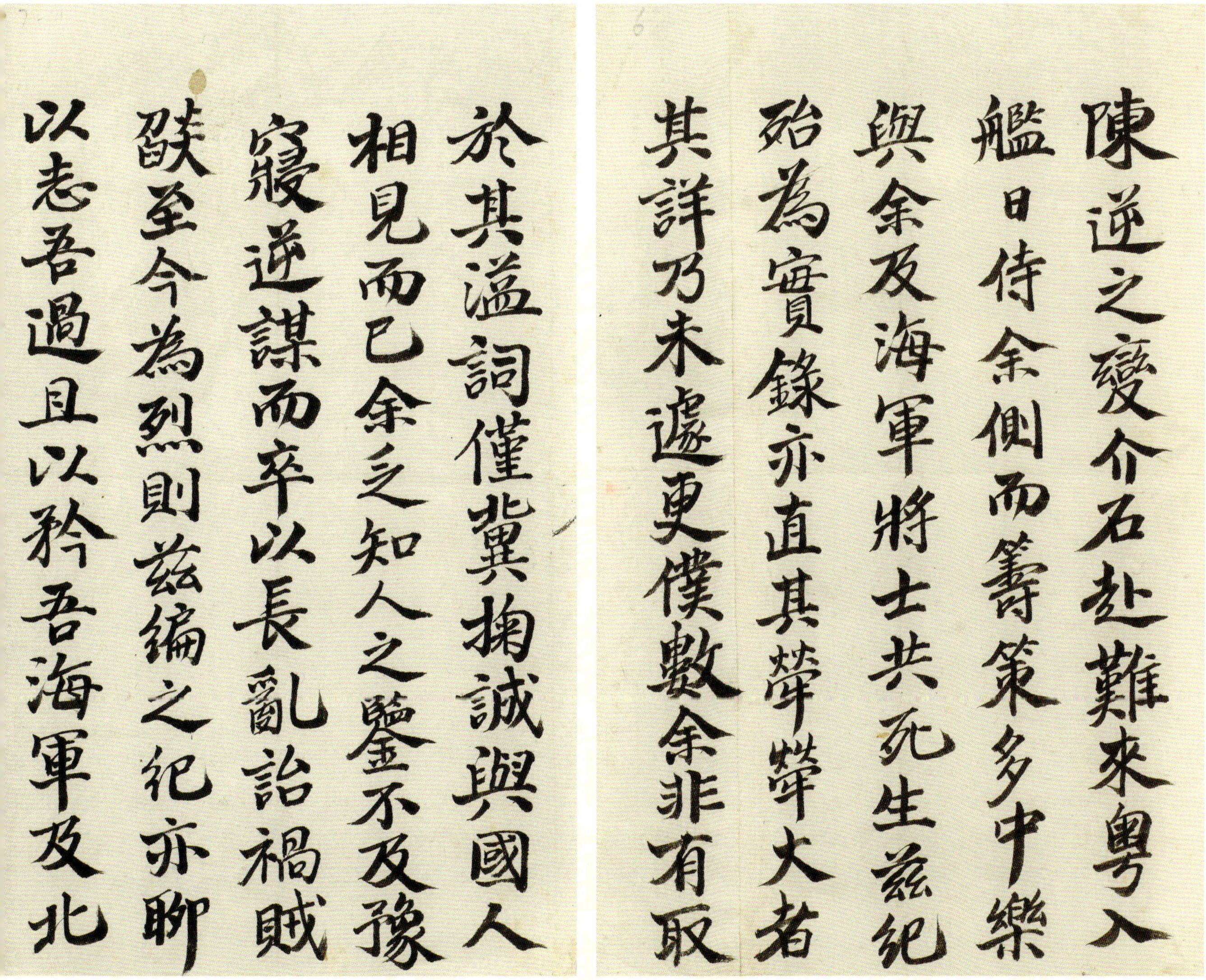
陳逆之變介石赴難來粤入艦日侍余側而籌策多中樂與余及海軍將士共死生茲紀殆為實錄亦直其犖犖大者其詳乃未遑更僕數余非有取於其溢詞僅冀掬誠與國人相見而已余之知人之鑒不及豫寢逆謀而卒以長亂詒禍賊跌至今為烈則茲編之紀亦聊以志吾過且以矜吾海軍及北

孙中山为《孙大总统广州蒙难记》所作序言手稿

孙中山致犬养毅函稿

1923年10月24日，孙中山手书致其日本友人犬养毅信函一封，共24页，3000余字。

犬养毅（1855—1932），绰号鬼狐，孙中山的密友，日本著名政治家，1931年12月出任日本第29任首相。

1923年孙中山写这封信时，犬养毅的身份是日本革新俱乐部的领导人。当年9月2日山本权兵卫组阁后，他出任邮电大臣兼文部大臣。因此，孙中山希望借与故友的通信，向日本政要宣扬自己的政治主张，为中国革命争取有利的国际环境。

此函有三稿。除本馆所藏的毛笔手稿外，另有两份硬笔手稿，一份藏于台湾中国国民党党史馆，另一份现存日本，由犬养毅后人收藏。本馆所藏孙中山致犬养毅函稿，修改痕迹较多，为信函初稿。从这些修改之处，我们能够探析孙中山落笔时的构思过程和成稿后的潜心打磨。比如他将信函中原本书写的“俄国”改为“露国”，将“法国”和“美国”分别改为“佛国”和“米国”，都是引用当时日本对上述各国的称谓，足见其对日语乃至日本文化的了解。

此函稿主题明确，观点清晰。孙中山首先精辟地分析了第一次世界大战后的国际政治形势，特别是远东地区的形势变化和亚洲各民族的思想觉醒，谴责了帝国主义列强对亚洲各国的侵略行为。他希望日本能够审时度势，脱离对西方列强的外交盲从。接着陈述了他对于日本应对世界大势的两点意见：一是支持并帮助中国的民主革命；二是承认并亲善刚成立不久的苏联政府。在此基础上，中日两国方能和平共处，共谋发展，为促进亚洲和谐稳定发挥积极作用。

此函稿是研究孙中山晚年思想以及近代中日关系的重要文献，已于2002年入选首批《中国档案文献遗产名录》。

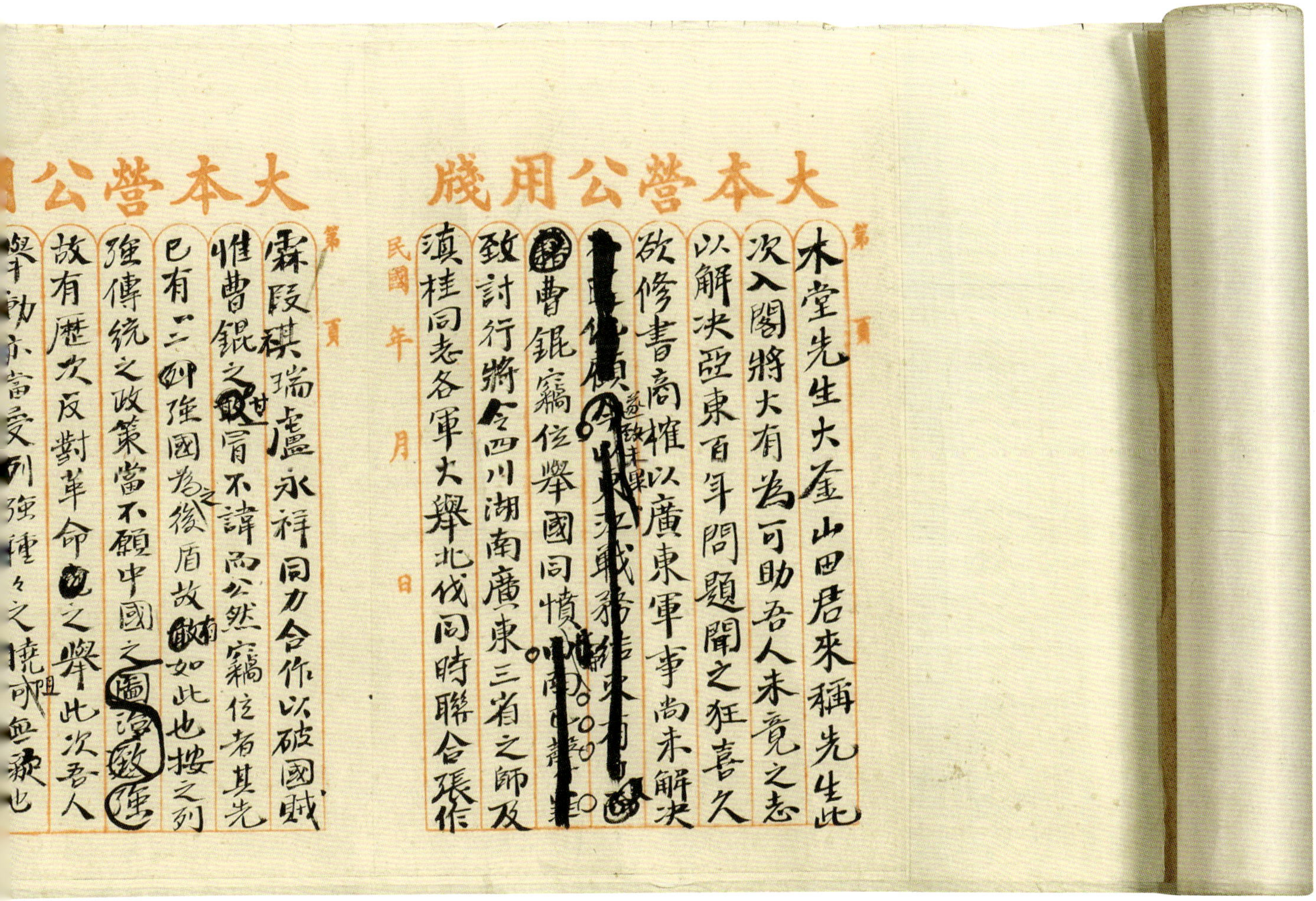

大本營公用牋

第　頁

木堂先生大鑒山田君來稱先生此
次入閣將大有為可助吾人未竟之志
以解決亞東百年問題聞之狂喜久
欲修書商榷以廣東軍事尚未解決
[illegible]
曹錕竊位舉國同憤[illegible]
致討行將令四川湖南廣東三省之師及
滇桂同志各軍大舉北伐同時聯合張作

民國　年　月　日

大本營公用牋

第　頁

霖段祺瑞盧永祥同力合作以破國賊
惟曹錕之敢冒不韙而公然竊位者其先
已有一二列強國為之後盾故敢如此也按之列
強傳統之政策當不願中國之[illegible]
故有歷次反對革命之舉此次吾人
舉動亦當受列強種種之撓阻可無疑也

孙中山致犬养毅函稿（1923 年 10 月 24 日）

黄埔军校开学典礼照片

1924年，国共两党开始了第一次合作历程。为大力培养军事与政治人才，武装推翻帝国主义和封建军阀在中国的统治，完成国民革命，国共两党决定创办一所军官学校。同年5月，中国国民党中央陆军军官学校在广州长洲岛创办，这是中国近代第一所革命军事学校，因校址设于黄埔，故称“黄埔军校”。孙中山任校总理，蒋介石任校长。中国共产党方面派周恩来、熊雄、恽代英等人，先后出任过军校政治部主任及教官，另外还派出大批中共党员、团员到军校学习。

6月16日上午11时30分，黄埔军校开学典礼隆重举行，孙中山亲临主持并致辞，正式宣告黄埔军校成立。黄埔师生500余人参加了此次典礼。

本馆所藏黄埔军校开学典礼照片是孙中山在开学典礼上检阅学员的留影。从照片中可见，因条件艰苦，当时的检阅台——“将台”仅仅是一个用茅草和竹子简单搭建起来的简易棚。孙中山站在“将台”中央，其左为夫人宋庆龄，其右为校长蒋介石、军校党代表廖仲恺，台下站着共产国际代表鲍罗廷等校方工作人员。

黄埔军校作为中国近代第一所培养国民革命军干部的新型军事政治学校，名将辈出，扬威中外，影响深远，在中国近代史上占有重要地位。黄埔军校开学典礼照片生动具体地记录了黄埔军校成立时的重要历史瞬间。

黄埔军校开学典礼照片（检阅台上从左至右依次为廖仲恺、蒋介石、孙中山、宋庆龄）

张静江关于孙中山临终病情及治疗情况记录

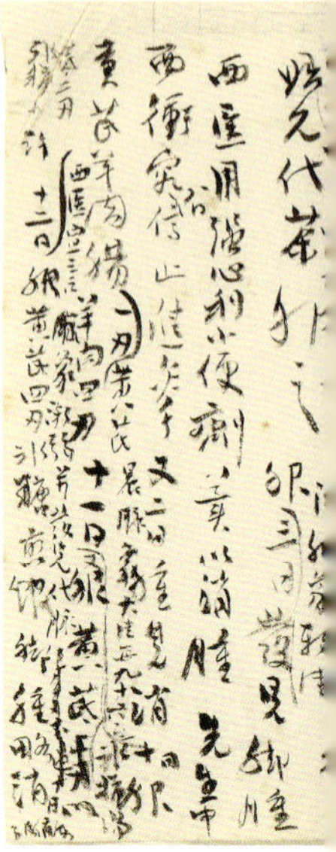

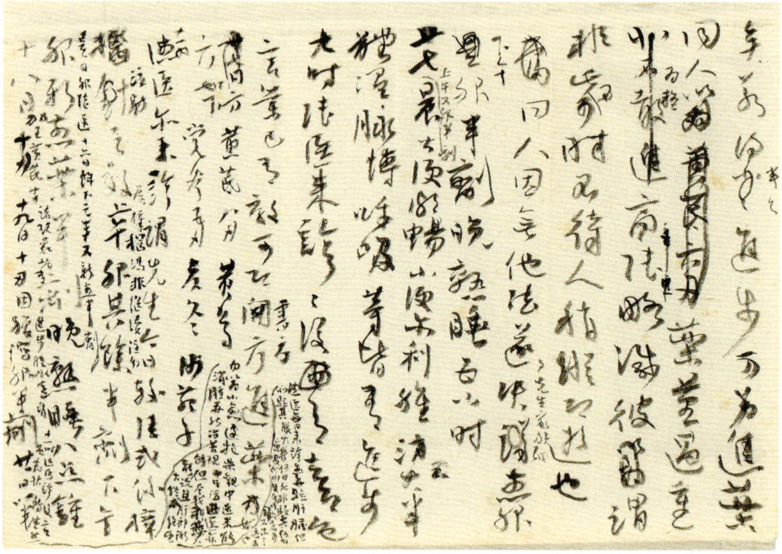

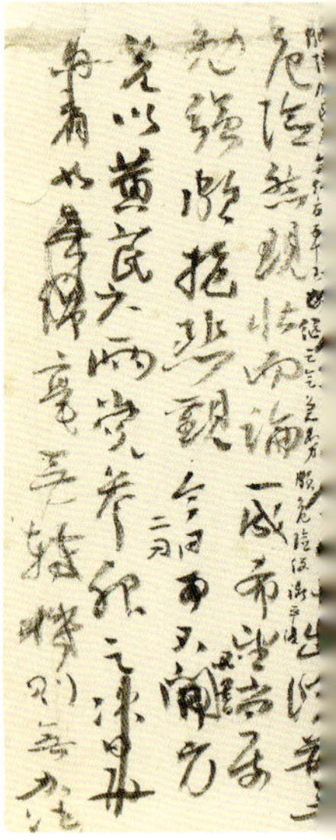

1924年12月底，孙中山在北上从事革命活动期间，因病在北京协和医院就医。翌年1月26日，因孙中山病势愈加严重，协和医院决定为其施行手术，打开腹腔后，最终确诊为肝癌晚期，已无法医治（现在也有专家学者通过研究当时的病历档案，判断孙所患病症是胆囊癌和胰腺癌）。时任国民党中央执行委员张静江在上海接到孙中山病危急电后，即与孙中山之子孙科一行于2月2日赶赴北京，直奔协和医院探望。

此后，张静江与时任国民党中央执行委员兼宣传部部长汪精卫，国民党中央监察委员李石曾、吴稚晖等共同商讨孙中山病情，并多方寻求名医予以诊治。在西医诊治无望后，又先后延请中医名医萧氏及陆仲安诊治。后为了方便治疗和照顾，又将孙中山转至铁狮子胡同行馆治疗。其间，孙中山不愿服用中药，张静江等人悉心劝说，中医也根据病情发展调整药材种类及剂量，并为孙中山制备黄芪羊肉汤作为食补。凡此种种，张静江均一一做了记录。

本馆所藏张静江关于孙中山临终病情及治疗情况记录，时间跨度为1925年2月2日至22日，其中详细记录了孙中山病危期间采用中医治疗的情况，反映了国民党高层为挽救孙中山生命所付出的努力，体现了他们对孙中山的敬仰和爱戴。

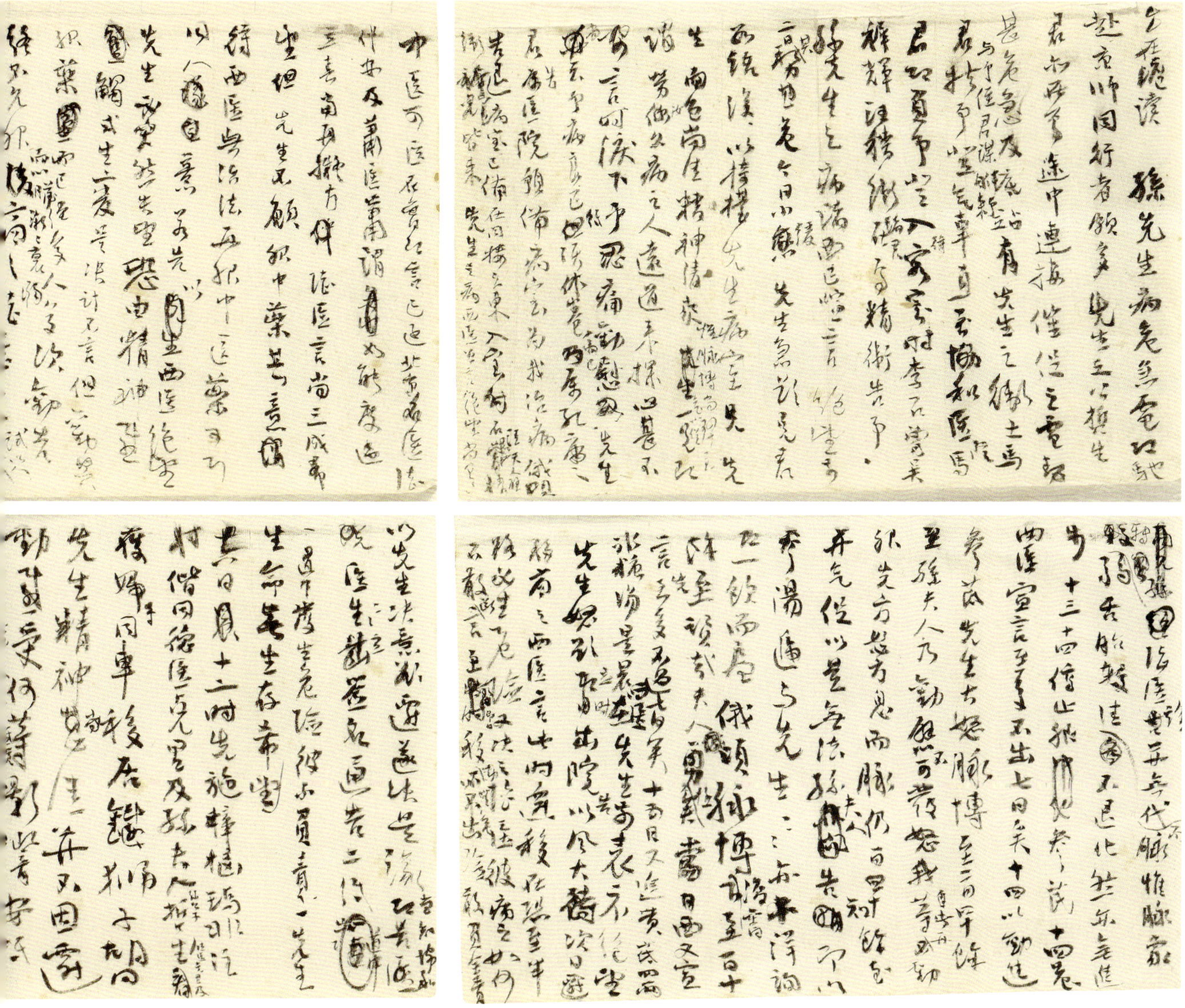

张静江关于孙中山临终病情及治疗情况记录节选（1925年2月）

张静江（1877—1950），又名人杰，字静江，浙江南浔人，中国近代政治家。他出生于江南丝商巨贾之家，早年即加入同盟会，此后一生追随孙中山，为革命筹资助款，给予大力支持。孙中山称其为“革命圣人”，两人不仅是党内同志，也是终生挚友，私谊极佳。张静江在记录中写道：“先生病，西医虽言绝望，尚属中医可治，先延萧医（北京名医），亦谓无望……又延陆仲安，亦名医之一，彼诊察先生病症，尚余三成希望。”记录中字里行间皆体现出张静江对孙中山病况的关切之情。而孙中山在自己病重之时，仍不忘关心张静江的身体健康并安排其住院事宜，“先生又言予病无碍，只须休养，并属孔庸之君告医院预备为予治病”。由此可见，二人在同甘苦、共患难的革命生涯中结下了深情厚谊。

关于孙中山的临终病情，当年随侍在侧的诸多国民党要员多有事后回忆，但只有张静江留下的这份文件较真实完整地记录了这段历史，是研究孙中山病情及其生平最后阶段活动，以及孙中山与张静江等国民党人士关系的第一手重要史料。这份档案已于2003年入选第二批《中国档案文献遗产名录》。

《东陵盗案高等军法会审第一次开庭问答情形报告》

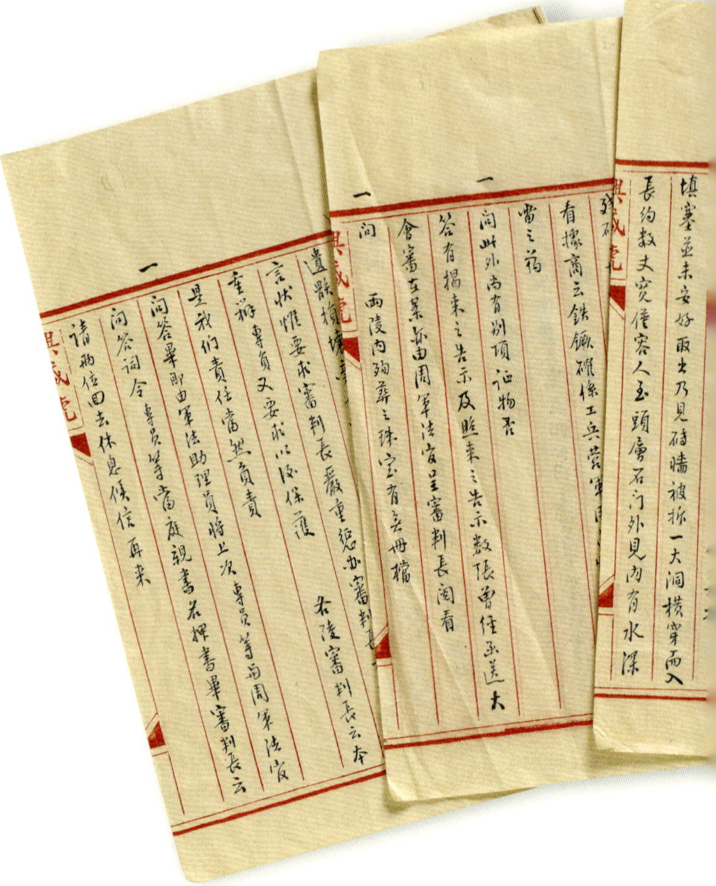

1928年春，原奉系军阀收编的土匪马福田率部叛逃，直奔河北省遵化市清东陵，蓄意挖坟盗宝。当时，国民革命军北伐已进入河北地区，便派出孙殿英部前往剿抚。未曾想土匪出身的孙殿英为了筹集军饷发一笔横财也动了盗墓的心思。7月上旬，孙部以军事演习为名，到处张贴布告，驱走守陵人员，封锁关隘，实行戒严，然后炸开墓门，大肆洗劫乾隆的裕陵和慈禧的菩陀峪定东陵，所到之处，洗劫一空。这就是民国时期发生的最大盗墓案——孙殿英东陵盗宝案。

本馆所藏《东陵盗案高等军法会审第一次开庭问答情形报告》（以下简称《报告》），以问答形式记录了庭审情况。《报告》中明确了东陵被盗的时间，即孙殿英部“七月初四日起程赴陵，廿五日回京，共计廿余天”。盗陵者于夜间偷袭，案发后清皇室的申诉状对此有过详细描述：“各园寝突有匪人于夜间持枪将看守人堵在值班房内，不准出入。该匪去后，查得各宝顶宝城均有被掘，将殉物盗出。”清东陵的陵寝结构大同小异，地面上的陈设珍品经过之前土匪和军阀的历次劫掠已所剩无几，唯有地宫未被发现。地宫入口位于琉璃影壁下，“盗系由琉璃影壁［壁］前穴地而下，宽约丈余，深至二丈余……砖墙被拆一大洞，横穿而入，长约数丈，宽仅容人”。因东陵修建得十分坚固，要完全刨开地砖很不容易，盗陵者便动用了炸药。《报告》中写道，为证实盗陵者确为打开地宫通道使用了炸药，法庭专门派员将案发地一块疑似被炸毁的焦黑的碎砖带到了会审现场。

孙殿英东陵盗宝被发现后，满人哗然。部分旗人团体以及清皇室，包括居住在天津日租界的溥仪等起诉上告到蒋介石处，要求严惩盗墓者。该案于

東陵盜案高等軍法會審第一次開庭問答情形報告

《东陵盗案高等军法会审第一次开庭问答情形报告》

1928年12月中旬由军事法庭开庭调查，《报告》中记载：“此案在押军人现尚有谭温江、戴明德二名，连同张歧厚计共三人，惟孙殿英一名已经本会审传过，尚未到案。”第一次开庭之后，因孙殿英以盗墓所得珍宝上下“打点”，四处行贿，以求平息事端，此案便渐渐归于沉寂。直至次年4月20日方开庭预审，至6月8日终审。预审中，主犯谭温江拒不承认盗掘一事，而主谋孙殿英更是逍遥法外。6月15日，军事法庭做出将谭温江等嫌疑犯归押的决定，至此久悬未决的东陵盗案草草结案。

东陵盗宝案庭审主犯孙殿英全程都未出庭受审，对此坊间众说纷纭，孙殿英到底盗取了多少财物、所得财物去向何处、贿于何权贵，以及他是如何使自己免受牢狱杀身之祸等问题均充满了悬疑。不过，据清内务府《孝钦后入殓，送衣版，赏遗念衣服》册和李成武《爱月轩笔记》所载，慈禧定东陵随葬品甚巨，价值连城。另据事后海关等处截获以及第6军团总指挥徐源泉上交的盗陵赃物之巨，也可见孙殿英部所盗财物之巨。

清皇陵作为中国乃至世界文化遗产，在历史文化和建筑方面都具有极高的遗产价值。孙殿英盗掘东陵的行为破坏了清东陵的完整性，致使许多珍宝流失海外，这是对传统文化遗产的破坏，是严重的犯罪行为。

本馆所藏《东陵盗案高等军法会审第一次开庭问答情形报告》认定了盗宝过程中的很多细节，也从另一个层面体现了国民政府当局内部贪腐之严重，致使这一重大案件没有得到妥善处理，历史文化遗产损毁严重且无法弥补，留下了历史的遗憾。

张学良『东北易帜』通电

1928年12月29日，东北奉系将领张学良、张作相、万福麟、翟文选、常荫槐5人联名通电全国，宣布遵守三民主义，与南京国民政府合作统一，以国民政府的青天白日满地红旗代替民国北京政府的五色旗，史称“东北易帜”。

本馆所藏“东北易帜”通电是12月29日南京国民政府方面的收电稿，共3页，319字。电报中采用常见的韵目代日法，“二十九日”所发电稿，即是“艳”电。该电报以“中国电报局电报专用纸”记录，正文采用中文电码收发。开头有“国”和“急”二字，表示为国家级急电；等级为“S”，应为“Secret”，即“秘密”。发报局为“Shengking”，译为盛京，即今沈阳。该通电真实记录了“东北易帜”这一重要历史性事件。

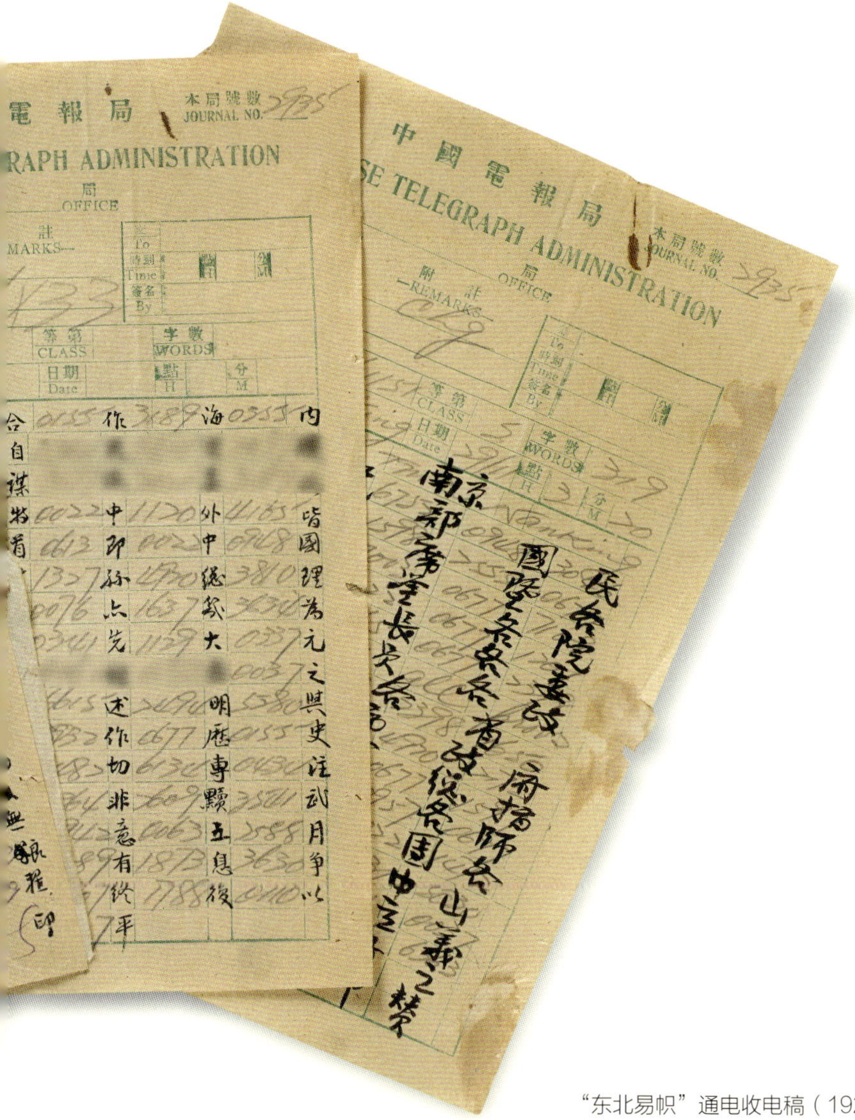

“东北易帜”通电收电稿（1928 年 12 月 29 日）

“东北易帜”挫败了日本帝国主义企图分裂东北以独占之的阴谋诡计，维护了民族利益和国家领土的完整。此举顺应了历史潮流，结束了东北割据的局面，使战乱中的中国获得了形式上的统一。

《总理奉安纪念册》

1929年6月1日，中国国民党经过4年的筹备，在南京为其总理孙中山举行了党葬典礼，史称“总理奉安大典”。

本馆所藏《总理奉安纪念册》由总理奉安委员会监制、北平同生照相馆摄制而成，其封面“总理奉安纪念册”7字为胡汉民所题。该纪念册长35厘米，宽25厘米，共80页，每页正反面均贴有照片，全册照片共计160张。每张照片长19厘米，宽13厘米，照片下方附有文字注释。其内容主要包括4部分：自5月26日起孙中山遗体在北平香山碧云寺易棺、移灵、公祭照片；孙中山灵榇起灵至灵车南下抵达南京浦口车站沿途各地照片；灵车抵达浦口车站，众人恭扶灵榇至威胜舰渡江，至国民党中央党部礼堂公祭照片；6月1日奉安当天，从国民党中央党部至中山陵沿途奉安照片。

孙中山“奉安大典”是中国近现代史上的一件大事，《总理奉安纪念册》真实形象地记录了“奉安大典”全过程。

《总理奉安纪念册》内页

《总理奉安纪念册》封面

《孙总理建国方略图》

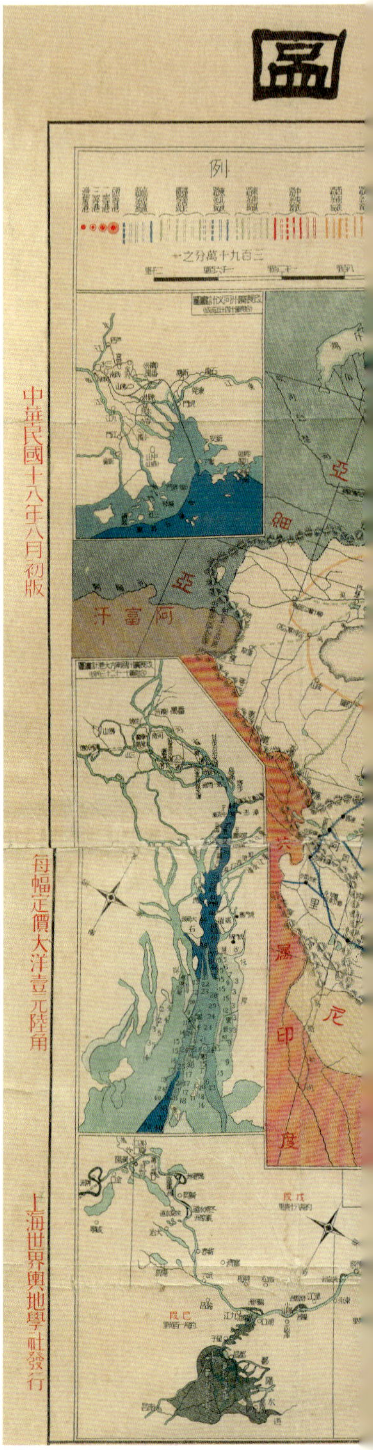

《建国方略》是孙中山在1917—1919年写成的关于国家建设方针计划的著作，也是他对近代中国现代化的理论探索。该著作内容主要分为3部分：《孙文学说》（又称《心理建设》）、《实业计划》（又称《物质建设》）以及《民权初步》（又称《社会建设》）。在《实业计划》中，孙中山谋划了多项重大工程建设项目，提出了“不同地区因地制宜发展经济”的设想。

1929年8月，地理学家屠思聪以孙中山在《建国方略》中阐述的6个具体实业计划为蓝本，编绘了一幅经济地理图——《孙总理建国方略图》。此图长114厘米，宽105厘米，由上海世界舆地学社出版发行。主图为彩绘的中华民国全图，由于台湾在中日甲午战争后被日本侵占，故标示为不同颜色。主图四周另有15幅小附图，如《建筑青河口为北方大港计划图》《改良上海为东方大港计划图》等。主图下方附《孙中山先生建国方略撮要》，近7000字，分为“交通之开发”和“商港之开发”两大部分，涉及铁路公路建设、运河水利整治、通信事业建设、水电开发、矿业开发、农业开发等多项内容。《孙总理建国方略图》实际上就是将孙中山的建国构想以图示的形式，直观生动地展现在中国的版图之上。它是对《实业计划》的概要描绘，是一幅“实业救国”的蓝图，具体而形象地体现了孙中山把中国建设成为“世界第一富强之国”的伟大理想和美好愿望。然而基于当时的国情国力和国际环境，这些设想只能流于笔端，几成空想，在孙中山有生之年都未得见其实现，终成遗憾。

如今，在中国共产党领导下，经过全国人民的发奋努力，三峡工程业已完工，青藏铁路全线建成通车，上海、天津、广州等世界级大港通航全球……一百年前描绘在《孙总理建国方略图》上的诸多宏伟构想，均已成为现实。曾有台湾学者在本馆参观此图时慨叹：“总理的革命理想都由中国共产党实现了。”

《孙总理建国方略图》（1929 年 8 月）

张学良关于九一八事变情形致宋子文电

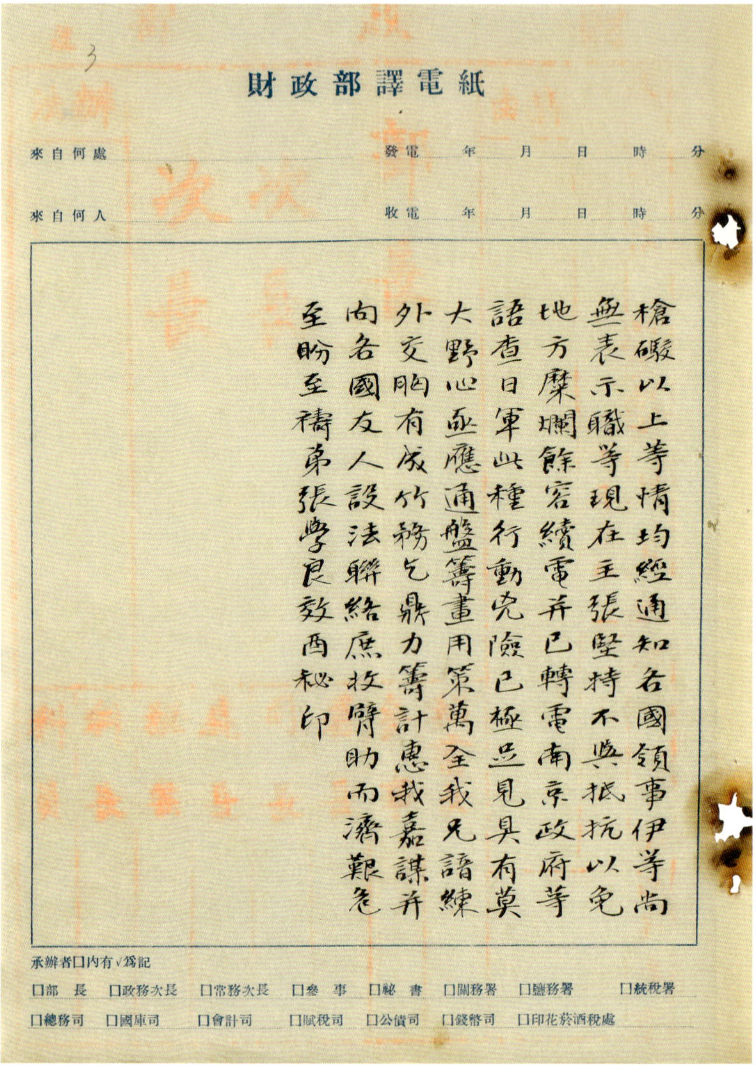
財政部譯電紙
來自何處　發電　年　月　日　時　分
來自何人　收電　年　月　日　時　分
槍礮以上等情均經通知各國領事伊等尚無表示職等現在主張堅持不與抵抗以免地方糜爛餘容續電并已轉電南京政府等語查日軍此種行動兇險已極足見具有莫大野心亟應通盤籌畫用策萬全我兄諳練外交胸有成竹務乞鼎力籌計惠我嘉謀并向各國友人設法聯絡庶收臂助而濟艱急至盼至禱弟張學良效酉秘印
承辦者口內有√爲記
口部長　口政務次長　口常務次長　口參事　口秘書　口關務署　口鹽務署　口統稅署
口總務司　口國庫司　口會計司　口賦稅司　口公債司　口錢幣司　口印花菸酒稅處

起實屬猖獗截至本日午前五時尚未停止

1931 年 9 月 18 日，日本关东军悍然炸毁南满铁路，炮轰北大营，制造了震惊中外的九一八事变。

1931 年 9 月 19 日 21 时 40 分，主政东北的张学良致电宋子文，详细叙述了日军炮轰北大营情形："日兵自昨晚十时开始向我北大营驻军施行攻击，我军抱不抵抗主义毫无反响，日兵竟致侵入营房，举火焚烧，并将我兵驱逐出营，同时用野炮轰击北大营及兵工厂，该厂至现时止尚无损失。北大营迫击炮库被炸，迫击炮厂亦被占领，死伤官兵待查。城内外警察各分队均被日兵射击，警士被驱逐退出，无线电发报台亦被侵入。"另外该电也陈述了与

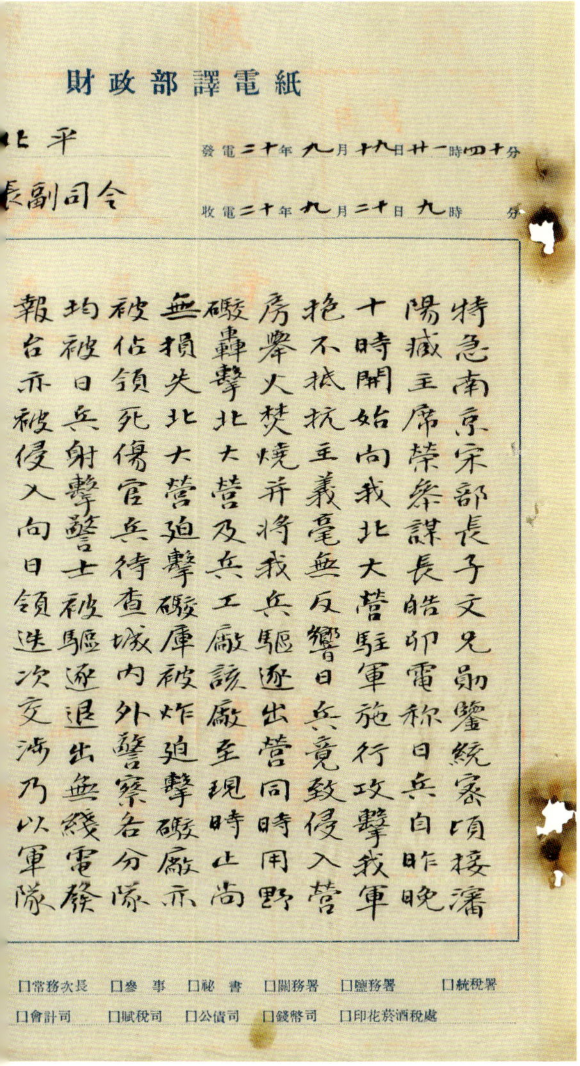

財政部譯電紙

北平

張副司令

發電二十年九月十九日廿一時四十分

收電二十年九月二十日九時　分

特急南京宋部長子文兄勛鑒：統密。頃接瀋陽臧主席、榮參謀長皓卯電稱：日兵自昨晚十時開始向我北大營駐軍施行攻擊，我軍抱不抵抗主義，毫無反響，日兵竟致侵入營房，舉火焚燒，並將我兵驅逐出營，同時用野礮轟擊北大營及兵工廠，該廠至現時止尚無損失，北大營迫擊礮庫被炸，迫擊礮廠亦被佔領，死傷官兵待查，城內外警察各分隊均被日兵射擊，警士被驅逐退出，無綫電發報台亦被侵入，向日領迭次交涉，乃以軍隊

□常務次長　□參事　□秘書　□關務署　□鹽務署　□統稅署

□會計司　□賦稅司　□公債司　□錢幣司　□印花菸酒稅處

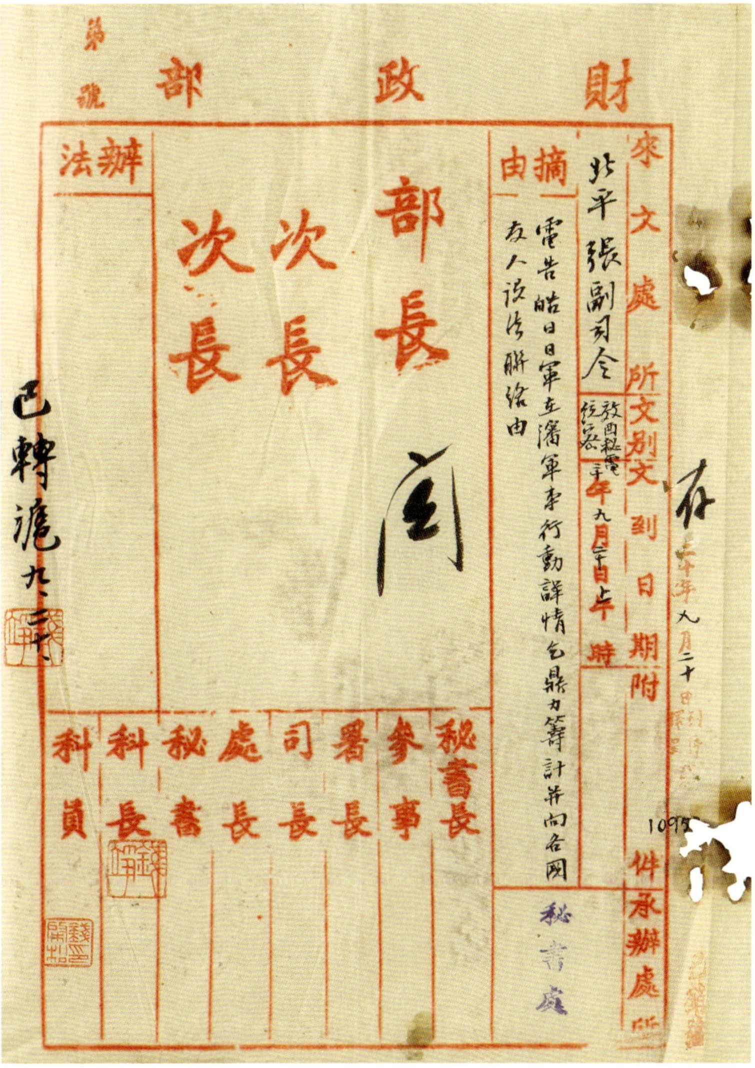

財政部

第　號

來文處所：北平張副司令

文別：（文）

到日期：二十年九月二十日午時

摘由：電告皓日日軍在瀋軍事行動詳情

部長　次長　次長

辦法

秘書長　參事　署長　司長　處長　秘書　科長　科員

已轉滬

承辦處所：秘書處

张学良关于九一八事变情形致宋子文电（1931 年 9 月 19 日）

日本领事馆交涉情形，日方称事因由中国军队破坏南满路之桥梁而起，“实属捏词”。由电文可见，张学良与东北当局面对日本的武力入侵，奉南京国民政府令，执行“不抵抗主义”。此举导致日军在侵占沈阳后又侵占了东北三省，并在中国东北建立了伪满洲国傀儡政权，对东北人民进行了长达 14 年的奴役和殖民统治。

故宫文物南迁护运档案

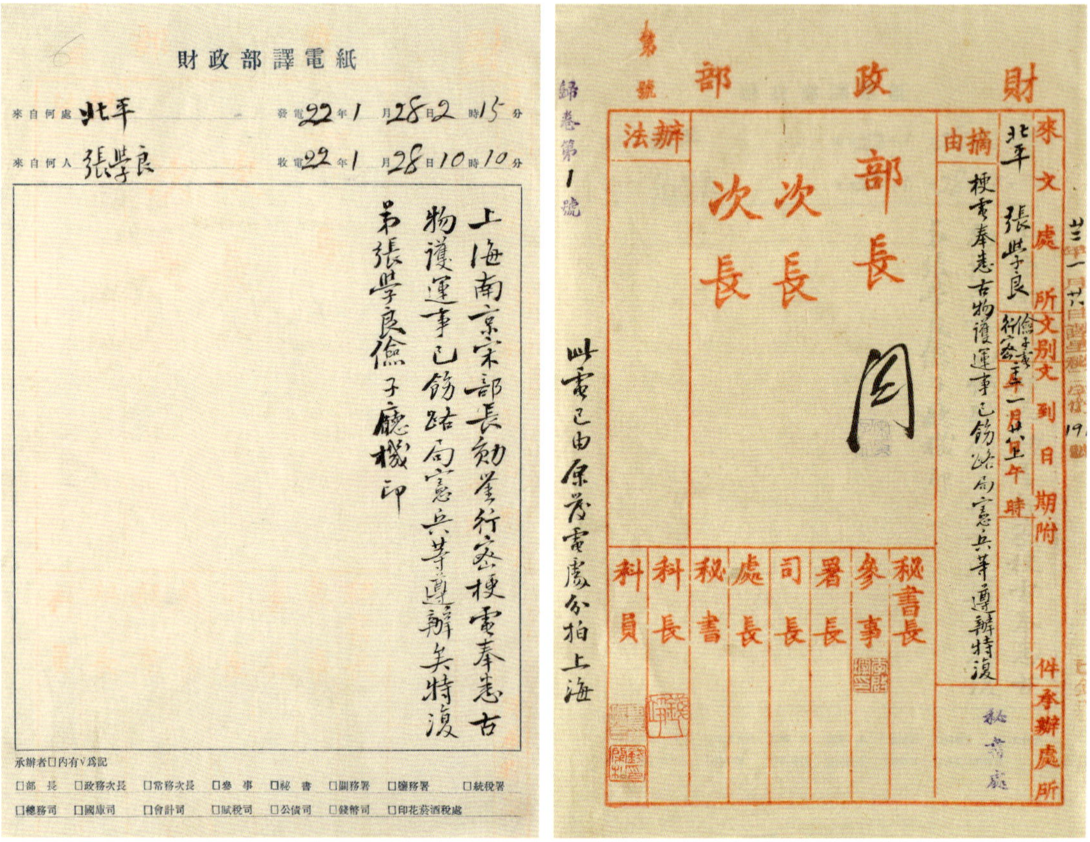

財政部譯電紙

來自何處 北平　發報 22年1月28日2時15分

來自何人 張學良　收報 22年1月28日10時10分

上海南京宋部長勳鑒 行密 梗電奉悉 古物護運事已飭路局憲兵等遵辦矣 特復 弟張學良 儉子 廳機印

財政部

來文處所 北平 張學良

摘由 梗電奉悉古物護運事已飭路局憲兵等遵辦特復

部長 次長 次長

辦法

此電已由京局電處分拍上海

秘書長 參事 署長 司長 處長 秘書 科長 科員

歸卷第1號

张学良致宋子文电（1933 年 1 月 28 日）

1931 年九一八事变后，日本强占东北三省，并进逼威胁华北。为确保故宫博物院所藏文物的安全，国民政府决定选择其中精品南迁。1932 年 11 月，故宫文物南迁议案获国民政府行政院审议通过，其搬迁准备工作随即开展，所选文物被逐一编号、点查、挑选、装箱，以备启运。

1933 年 1 月山海关失陷后，故宫博物院理事会决定立即启动文物搬迁工作。为此，国民政府行政院、财政部、铁道部与故宫博物院之间就文物南迁护运问题函电往来，磋商密切，形成了相关系列档案。此组函电充分展现了故宫文物南迁护运工作的艰难历程，整个沿途护运中每个细节都必须考虑缜密，部署到位，不能有丝毫闪失。

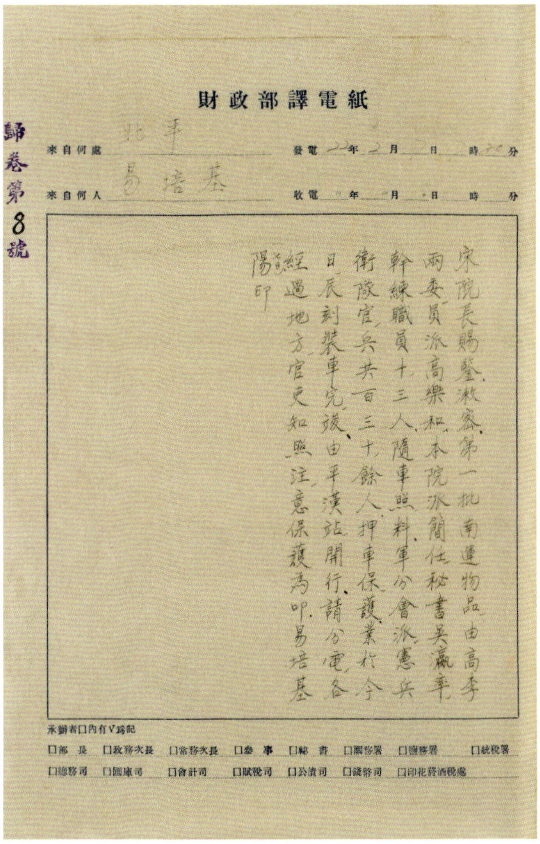

財政部譯電紙

來自何處 北平
來自何人 易培基

宋院長賜鑒，漱密。第一批南運物品由高季兩委員派高樂和，本院派簡任秘書吳瀛率幹練職員十三人隨車照料，軍分會派憲兵衛隊官兵共一百三十餘人押車保護，業於今日晨到裝車完竣，由平漢站開行，請分電各經過地方官吏知照注意保護為叩。易培基陽印。

故宫博物院院长易培基致宋子文电（1933 年 2 月 7 日）

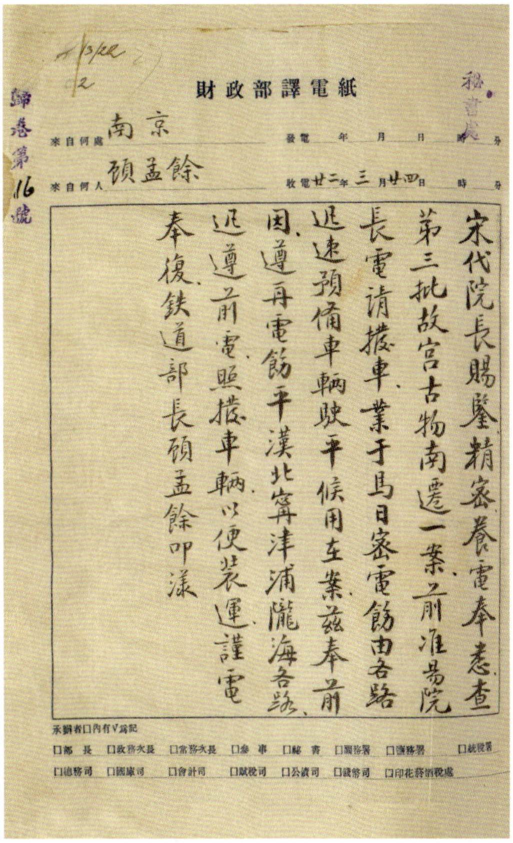

財政部譯電紙

來自何處 南京
來自何人 顧孟餘

宋代院長賜鑒：精密。養電奉悉。查第三批故宮古物南遷一案，前准易院長電請撥車，業于馬日密電飭由各路迅速預備車輛駛平候用在案。茲奉前因，遵再電飭平漢、北寧、津浦、隴海各路迅遵前電照撥車輛，以便裝運。謹電奉復。鐵道部長顧孟餘叩漾。

铁道部部长顾孟余致宋子文电（1933 年 3 月 24 日）

2 月 6 日至 5 月 15 日，经多方努力，故宫博物院、颐和园等单位的 19557 箱文物在军队荷枪实弹的保护下分 5 批南迁。其中故宫文物 13491 箱，包括书画近 9000 幅，瓷器 2.7 万余件，铜器、铜镜、铜印 2600 余件以及《四库全书》等各种文物文献。这批文物几经辗转先暂存上海法租界内，后又从上海辗转至南京，保管于为之专门修建的朝天宫文物库房内。1937 年 1 月 1 日，国立北平故宫博物院南京分院正式成立。

故宫文物南迁是国民政府行政院、财政部、铁道部与故宫博物院以及沿途民众一起完成的一项重大的文物保护行动，整个过程充满崎岖与坎坷，最终避免了这批珍贵文物落入日本侵略者之手或毁于战火，是中华民族坚韧不拔精神的集中体现，也是中华民族文化反侵略的一次伟大胜利。

民国时期海南开发计划档案

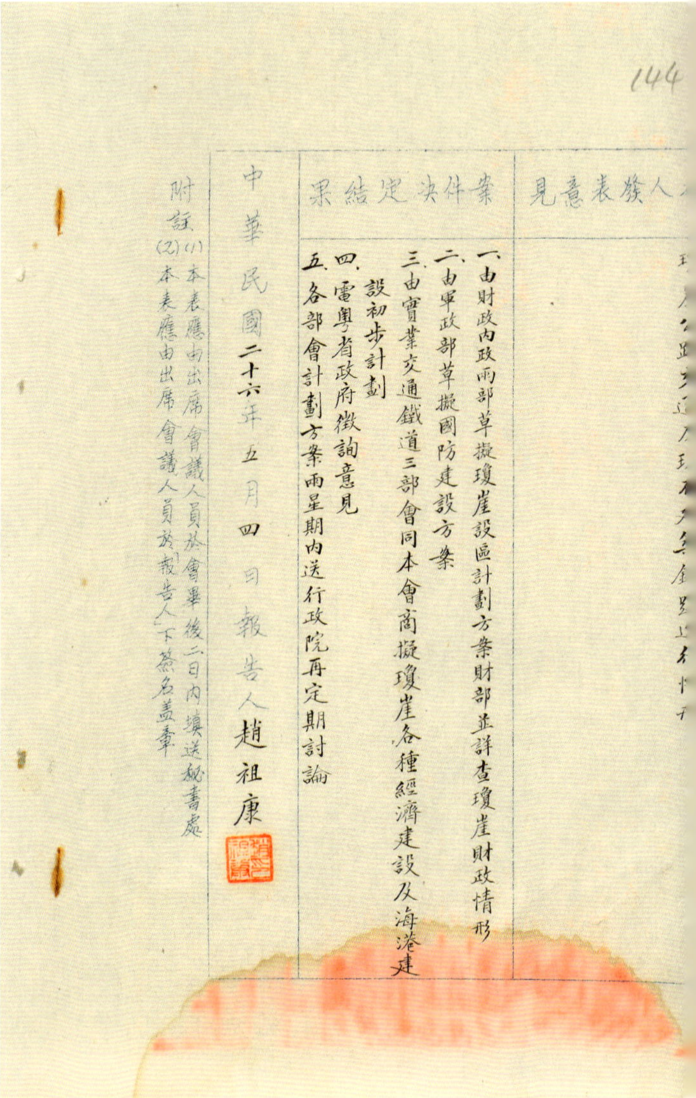
144

人發表意見

案件決定結果

一、由財政內政兩部草擬瓊崖設區計劃方案財部並詳查瓊崖財政情形
二、由軍政部草擬國防建設方案
三、由實業交通鐵道三部會同本會商擬瓊崖各種經濟建設及海港建設初步計劃
四、電粵省政府徵詢意見
五、各部會計劃方案兩星期內送行政院再定期討論

中華民國二十六年五月四日報告人趙祖康

附註（1）本表應由出席會議人員於會畢後二日內填送秘書處
（2）本表應由出席會議人員於「報告人」下簽名蓋章

海南岛气候温润，矿产丰富，加之地理位置极为重要，开发前景广阔。近代以来，海南岛在国防安全及经济开发中的重要地位逐渐为国人所共识。自孙中山在《实业计划》中提出在海南岛建设海港、铁路并逐步予以开发的设想之后，国民政府也曾多次拟订海南开发计划，以图发展海南经济、巩固国防。其中，较为完备具体的当属 1937 年国民政府拟订的“海南开发计划”。

1936 年 11—12 月间，宋子文、宋子良视察海南，提出了“开发海南实业、巩固海南国防”的口号。各界人士纷纷发表意见，表示赞同并致函全国经济委员会，提出相关意见和建议。1937 年 1 月，广东省政府财政厅转呈《文昌县清澜商会主席翁冠千对于开发琼崖条陈意见书》；同时，国民经济建设运动委员会广东省分会专员梁有成也提出开发东沙、西沙群岛海洋资源的建议。2 月，中华棉产改进会提出琼州岛植棉计划；军政部次长陈诚也提议“琼崖关系两广及国防甚巨，有设特区必要”，等等。

有鉴于此，国民政府将海南开发建设提上了议事日程。5 月 4 日，行政院、军事委员会、内政部、军政部、财政部、全国经济委员会召开联席会议，讨论琼崖划设特区事宜，决定由内政、财政两部各就主

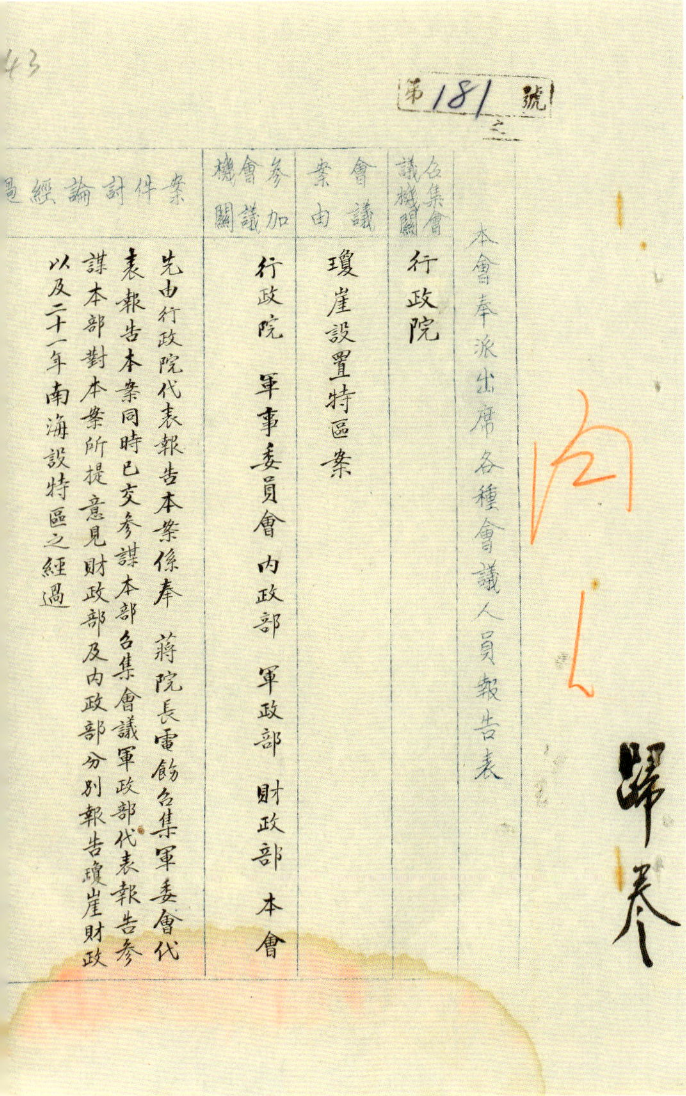
第181號之

本會奉派出席各種會議人員報告表

召集會議機關	行政院
會議案由	瓊崖設置特區案
參加會議機關	行政院　軍事委員會　內政部　軍政部　財政部　本會
案件討論經過	先由行政院代表報告本案係奉　蔣院長電飭召集軍委會代表報告本案同時已交參謀本部召集會議軍政部代表報告參謀本部對本案所提意見財政部及內政部分別報告瓊崖財政以及二十一年南海設特區之經過

行政院、军事委员会、内政部、军政部、财政部、全国经济委员会讨论琼崖划设特区联席会议记录（1937 年 5 月 4 日）

管范围，参照青海、宁夏、西康等先例，草拟琼崖设区计划方案；由军政部草拟国防建设方案；由实业、交通、铁道三部会同全国经济委员会商拟琼崖各种经济建设及海港建设初步计划。随后，实业部拟订了琼崖建设初步计划，涉及行政系统、设立交通实业主管机构、实业开发步骤三方面的内容。5 月 22 日，交通、铁道、实业三部及全国经济委员会会商琼崖各种建设事项，决定就设立广东铁路公司意见再行详细研究。全国经济委员会依照会商结果，草拟了组织广东铁路公司办法及其主管的公路、水利两部分发展计划。铁道部草拟了《琼崖铁路计划书》。遗憾的是，因为七七事变后，抗日战争全面爆发，海南开发计划就此搁置。

抗战胜利后，海南开发计划再次提上日程。1948 年 1 月，广州工商辅导处考察编制了《海南岛经济事业调查报告》，反映了当时海南岛矿业、工业发展现状的概貌。同年 8 月，国民政府将海南岛改设为特别行政区。

国民政府的海南开发计划因政局动荡、军阀混战，后又因抗日战争爆发，缺乏长期稳定的和平建设环境，最终只能停留在纸端，未能付诸实施。

抗战初期工厂内迁档案

1937年抗战全面爆发后，为避免日军对我国沿海沿江地区的近代工业企业的打击破坏，保存国家经济命脉与工业生产能力，保存抗战基础力量，南京国民政府决定将沿海沿江的工业企业陆续迁往内地，一场不惜人力物力代价、规模浩大的工厂内迁活动拉开了序幕。

1937年7月21日，国民政府军政部部长何应钦召集行政院、资源委员会、交通部、军政部等12个部门召开工厂内迁总动员谈话会，确立了粮食统制、资源统制、交通统制、民众之组织与训练、各地卫生机关及人员材料之统制、金融财政之筹划6项内迁工作中急需筹划实施的要点。

7月28日，资源委员会召集实业部、军政部、财政部、经济委员会、交通部、铁道部会议，分财务、矿冶、机械化学等8个组进行内迁工作实施办法讨论，其中机械化学组建议迁移机器及化学工厂，“以应兵工需要”，并决定由资源委员会拟具迁移工厂提案，呈报行政院议决。

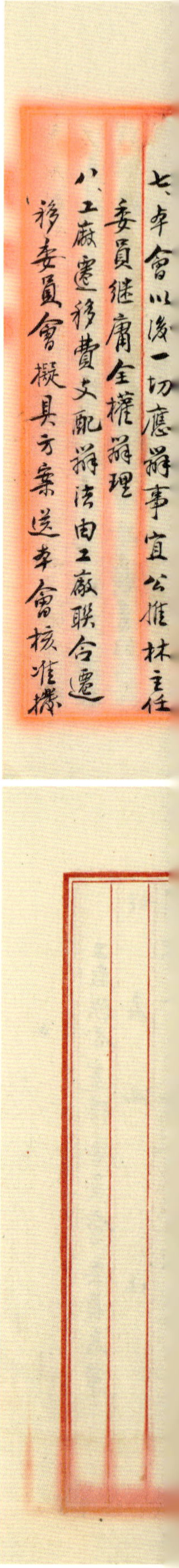
七、本會以後一切應辦事宜公推林主任
委員繼庸全權辦理
八、工廠遷移費支配辦法由工廠聯合遷
移委員會擬具方案送本會核准撥

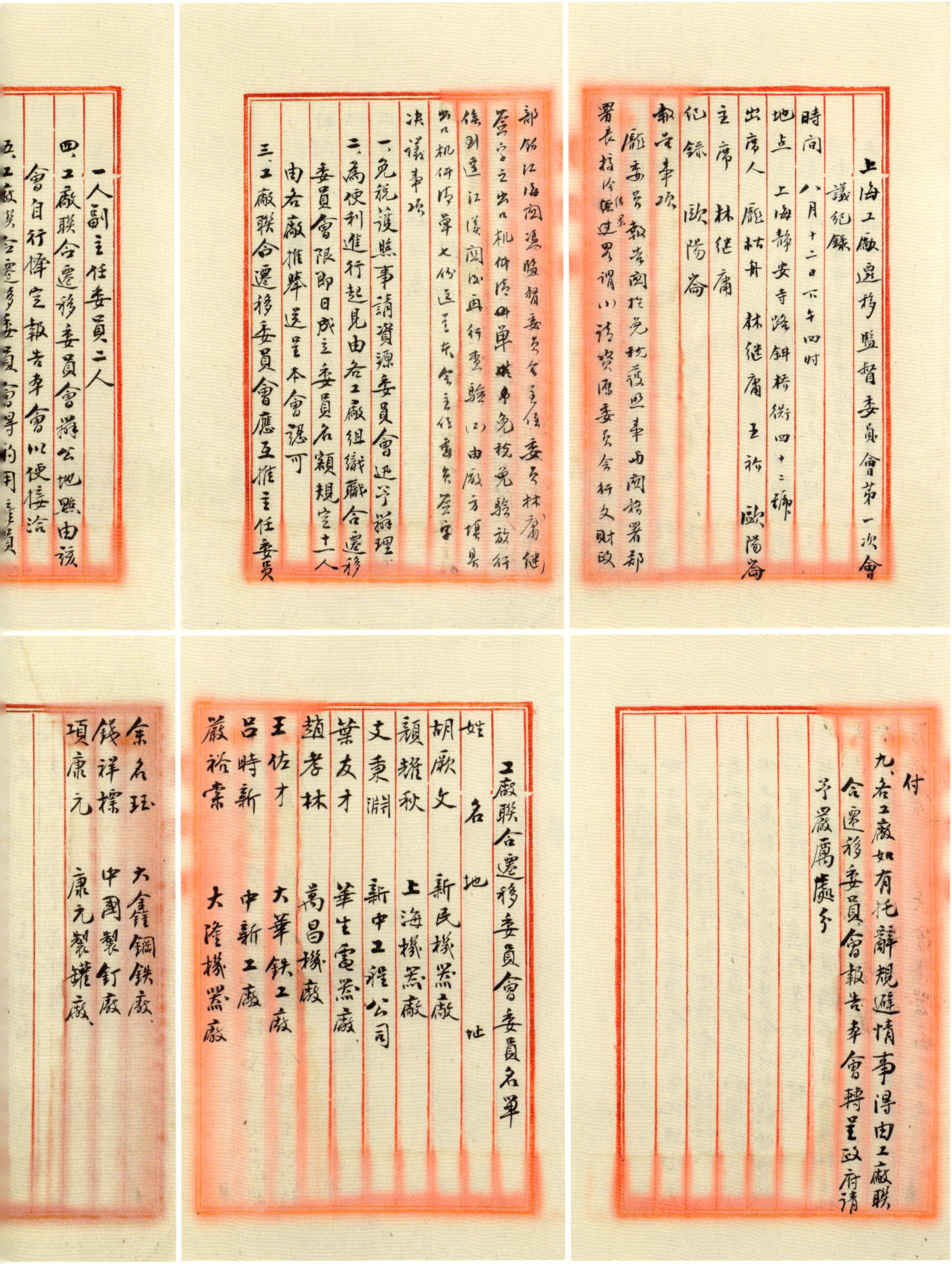

上海工廠遷移監督委員會第一次會
議紀錄
時間 八月十二日下午四时
地点 上海静安寺路斜桥街四十二號
出席人 顏耀秋 林继庸 王祚 歐陽崙
主席 林继庸
紀錄 歐陽崙
報告事項
顏委員報告關於免税護照事由關務署鄭
署長指示（借見）過界謂（1）請資源委員會行文財政
部飭江海關沪監督委員會主任委員林（继庸）
簽字之出口机件清册單據予免税免驗放行
俟到達江漢關後再行查驗（2）由廠方填具
出口机件清单七份送呈本會主任委員簽字
決議事項
一、免税護照事請資源委員會迅予辦理
二、為便利進行起見由各工廠組織聯合遷移
委員會限即日成立委員名額規定十一人
由各廠推舉送呈本會認可
三、工廠聯合遷移委員會應互推主任委员
一人副主任委員二人
四、工廠聯合遷移委員會辦公地點由該
會自行擇定報告本會以便接洽
五、工廠……

付
九、各工廠如有托辭規避情事得由工廠聯
合遷移委員會報告本會轉呈政府請
予嚴厲處分

工廠聯合遷移委員會委員名單

姓名	地址
胡厥文	新民機器廠
顏耀秋	上海機器廠
支秉淵	新中工程公司
葉友才	華生電器廠
趙孝林	萬昌機廠
王佐才	大華鉄工廠
呂時新	中新工廠
嚴裕棠	大隆機器廠
余名珏	大鑫鋼鉄廠
錢祥標	中國製釘廠
項康元	康元製罐廠

上海工厂迁移监督委员会第一次会议记录（1937 年 8 月 12 日）

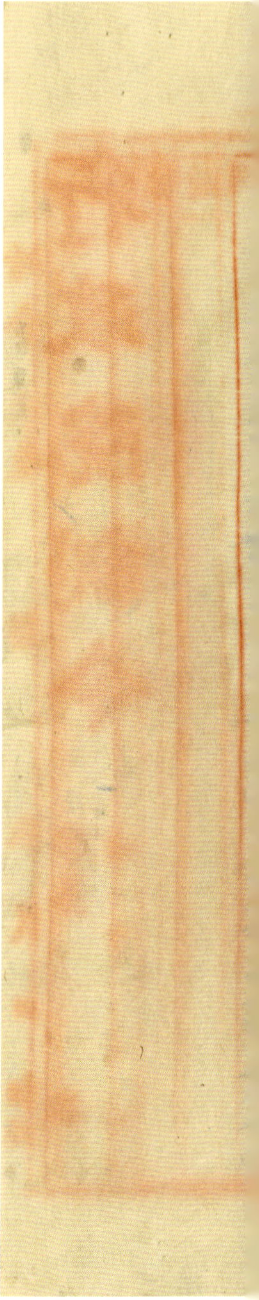

9月23日，行政院第330次会议决定将资源委员会主持的内迁工作归口于新成立的经济部工矿调整处领导，由翁文灏牵头，林继庸和钱昌照具体负责，并制定了《厂矿迁移工作大纲》，包含工作系统、迁移根据、迁移目的、审核程序、迁移手续、安插与建设6大项，为工厂内迁的开展明确了规划。

工厂内迁因前期准备仓促，迁厂资金短缺，战争期间又面临着战火重重、道路不畅，加之运输不便、人员机器庞杂等诸多困难，其过程艰辛可想而知。自1937年8月至1940年底，448家工厂历经重重艰难险阻，终于到达大后方，其中308家工厂按照工矿调整处于1938年9月颁布的《内迁厂矿复工办法》进行了复工复产及扩建。

工厂内迁极大地充实了战时经济力量，为大后方工业的发展提供了生产设备、管理经验以及技术人才，保存了军备工业的发展基础，在大后方形成了一个基本能自给的较完整的军用、民用工业体系，为支持抗战、稳定大后方经济提供了必要的物资保障。这场工厂内迁运动是中国近现代史上规模最大、涉及最广、影响较深远的工业大转移运动，被称为中国实业界的“敦刻尔克大撤退”。

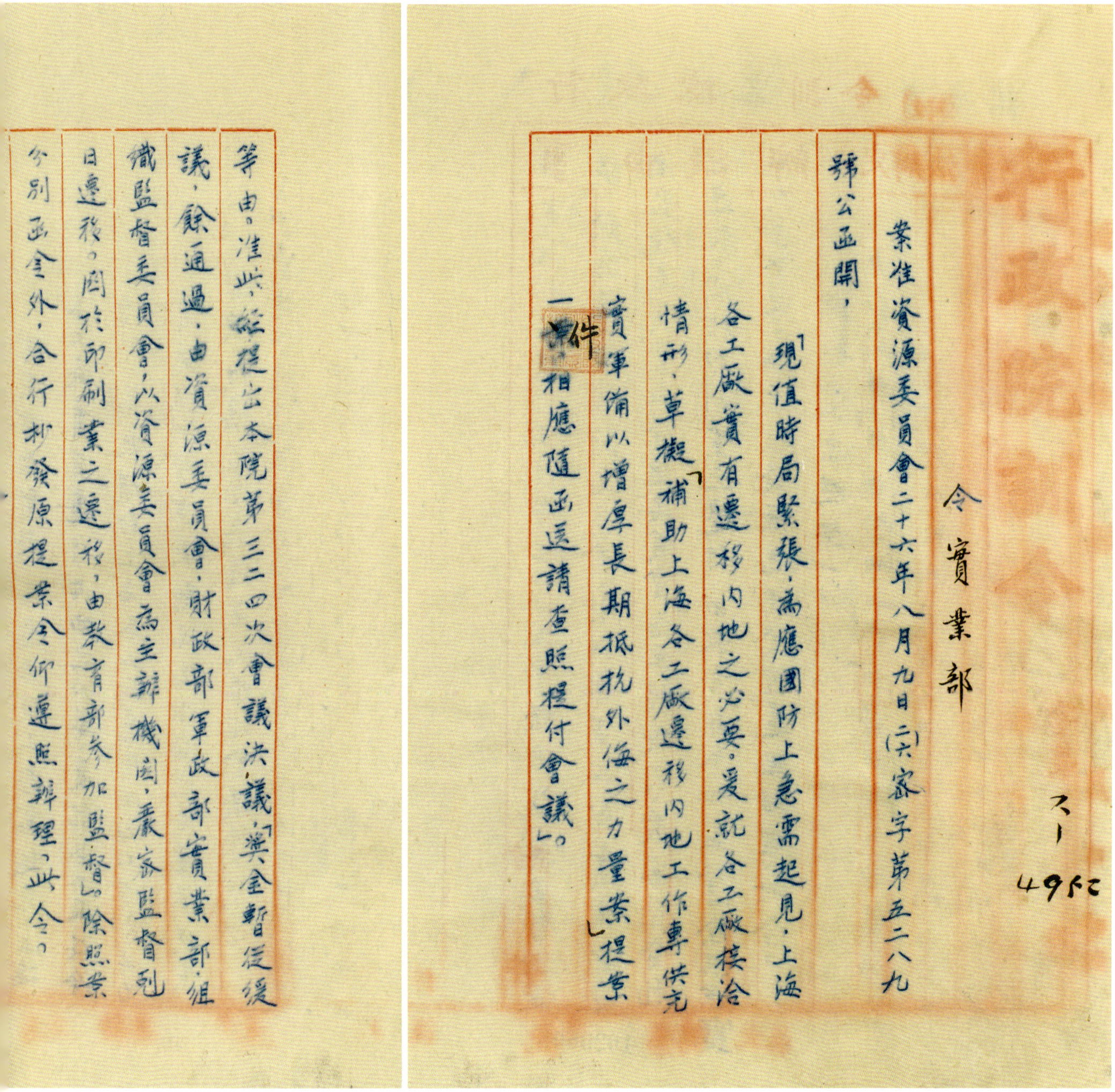

令實業部

案准資源委員會二十六年八月九日（六）密字第五二八九號公函開，

「現值時局緊張，為應國防上急需起見，上海各工廠實有遷移內地之必要。爰就各工廠接洽情形，草擬「補助上海各工廠遷移內地工作專供充實軍備以增厚長期抵抗外侮之力量案」提案一件，相應隨函送請查照提付會議」。

等由。准此，經提出本院第三二四次會議決議：「獎金暫從緩議，餘通過，由資源委員會、財政部、軍政部、實業部組織監督委員會，以資源委員會為主辦機關，嚴密監督，剋日遷移。關於印刷業之遷移，由教育部參加監督」。除照案分別函令外，合行抄發原提案，令仰遵照辦理。此令。

行政院为工厂迁移事致实业部训令（1937 年 8 月 9 日）

淞沪会战开始后，上海的工厂开始西迁。图为上海男女技工随军迁移

工厂设备到达大后方，没有码头和起重机，全靠人力搬运上岸

纤夫们前进在崎岖的山道上

从沿海随工厂迁到四川的女工们

东南沿海的熟练技工迁至西南后方坚持生产

内迁工厂立即投入战时生产

工厂设备装船溯江西上，至三峡要靠纤夫拉动前行

周恩来、朱德、叶剑英参加国民政府军事委员会军政部谈话会会议记录

1937 年 8 月 1 日，中共中央收到国民党代表张冲转来的急电，称蒋介石邀毛泽东、朱德、周恩来到南京共商抗日国防问题。中共中央经慎重研究后决定，由周恩来、朱德、叶剑英赴南京谈判。8 月 11 日 16 时，周、朱、叶 3 人参加了国民政府军事委员会军政部部长何应钦主持的谈话会，同时与会的还有白崇禧、黄绍竑、卫立煌等国民党将领。

本馆所藏此次谈话会会议记录详细记载了周恩来、朱德、叶剑英 3 人在会上的发言内容。中共代表就红军主力出动抗日、以华北为主战场、由阵地战转为运动战、组织民众开展敌后游击战以及坚持持久抗战战略、重视政治动员、民众发动、对日进行舆论战和心理战、争取国际力量支持等多方面问题，阐述了中国共产党的抗日民族统一战线思想与持久抗战战略指导思想等一系列正确的政治、军事、外交主张。周恩来、朱德、叶剑英代表中共中央发表的真知灼见得到了与会者的赞同，对国民政府军事委员会制定全面抗战的战略方针产生了积极的影响。而在此前国共谈判中久拖未决的共产党合法性、红军改编等问题在此次南京谈判中也有了结果。1937 年 8 月 25 日，中共中央革命军事委员会发布命令：宣布主力红军改编为国民革命军第八路军。9 月 22 日，国民党中央通讯社发表《中共中央为公布国共合作宣言》。次日，蒋介石在庐山发表了“国共合作宣言”的谈话，承认中共合法地位。这标志着中国共产党倡导和推动的以国共合作为基础的抗日民族统一战线正式形成。

本馆所藏国共将领抗战谈话会会议记录，是抗日民族统一战线形成的重要文件，对研究全面抗战战略之形成及中国共产党抗战历史具有重要史料价值。

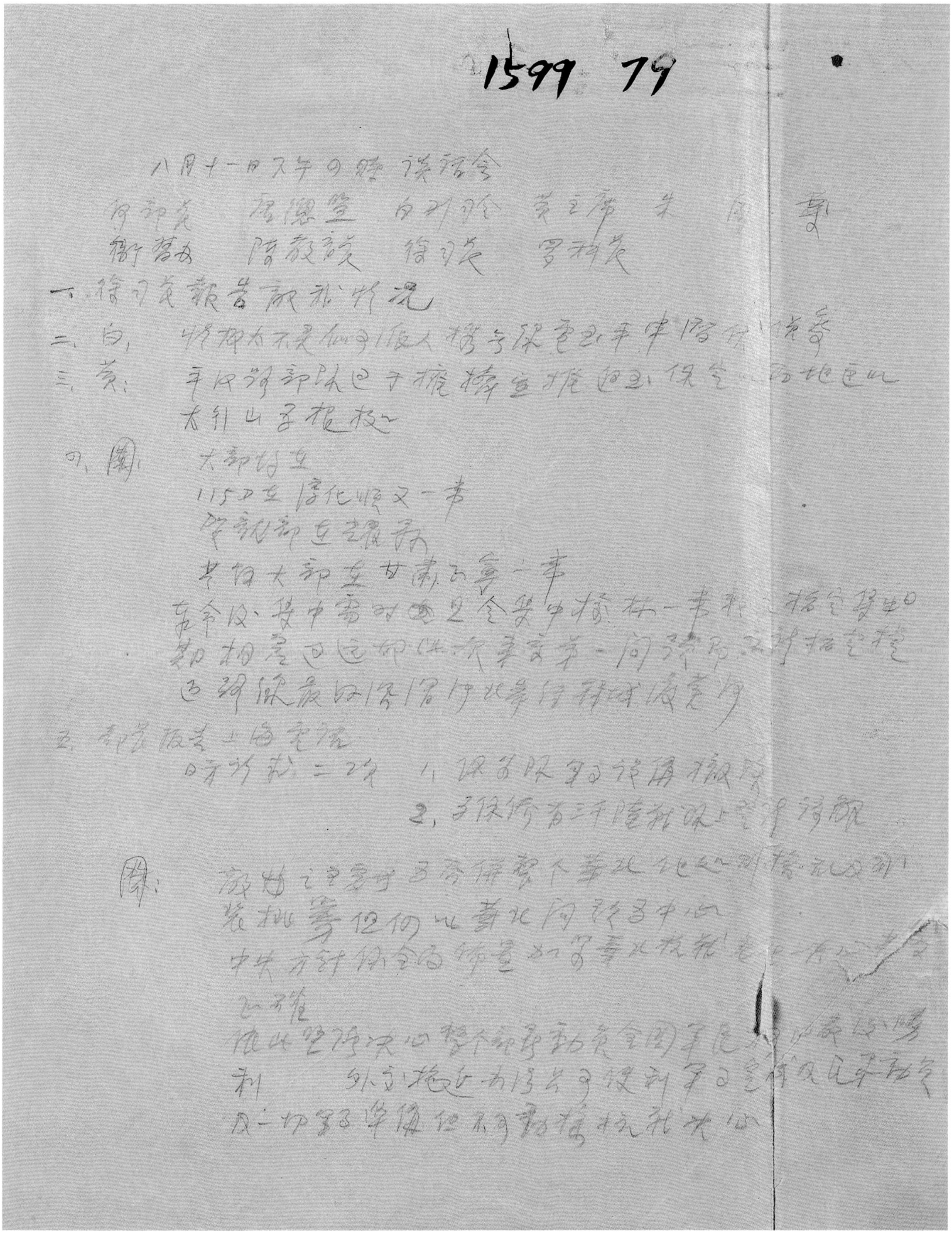
1599 79

八月十一日下午四时谈话会

国民政府军事委员会军政部谈话会会议记录周恩来发言部分节选（1937年8月11日）

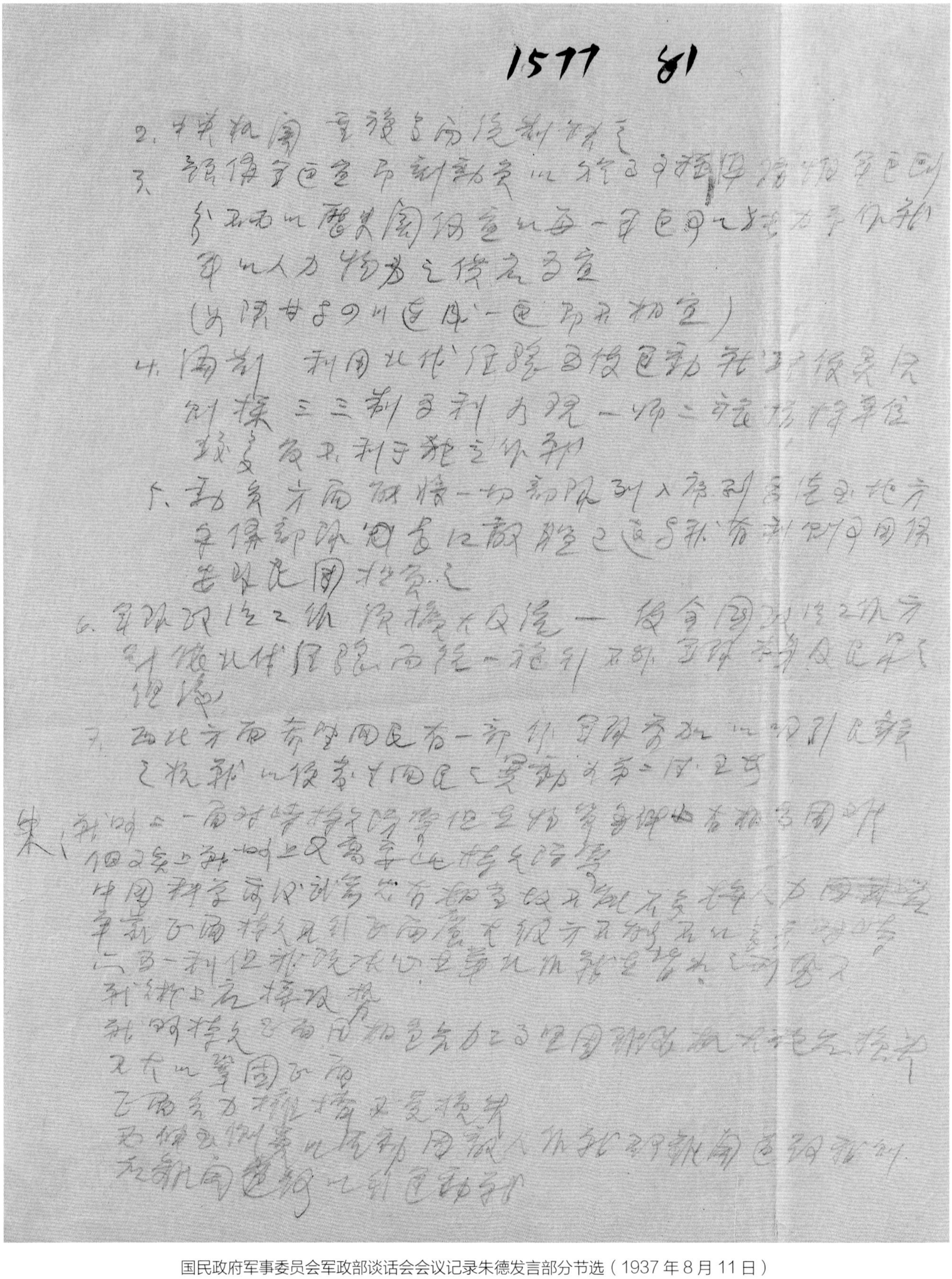
1577 81

国民政府军事委员会军政部谈话会会议记录朱德发言部分节选（1937 年 8 月 11 日）

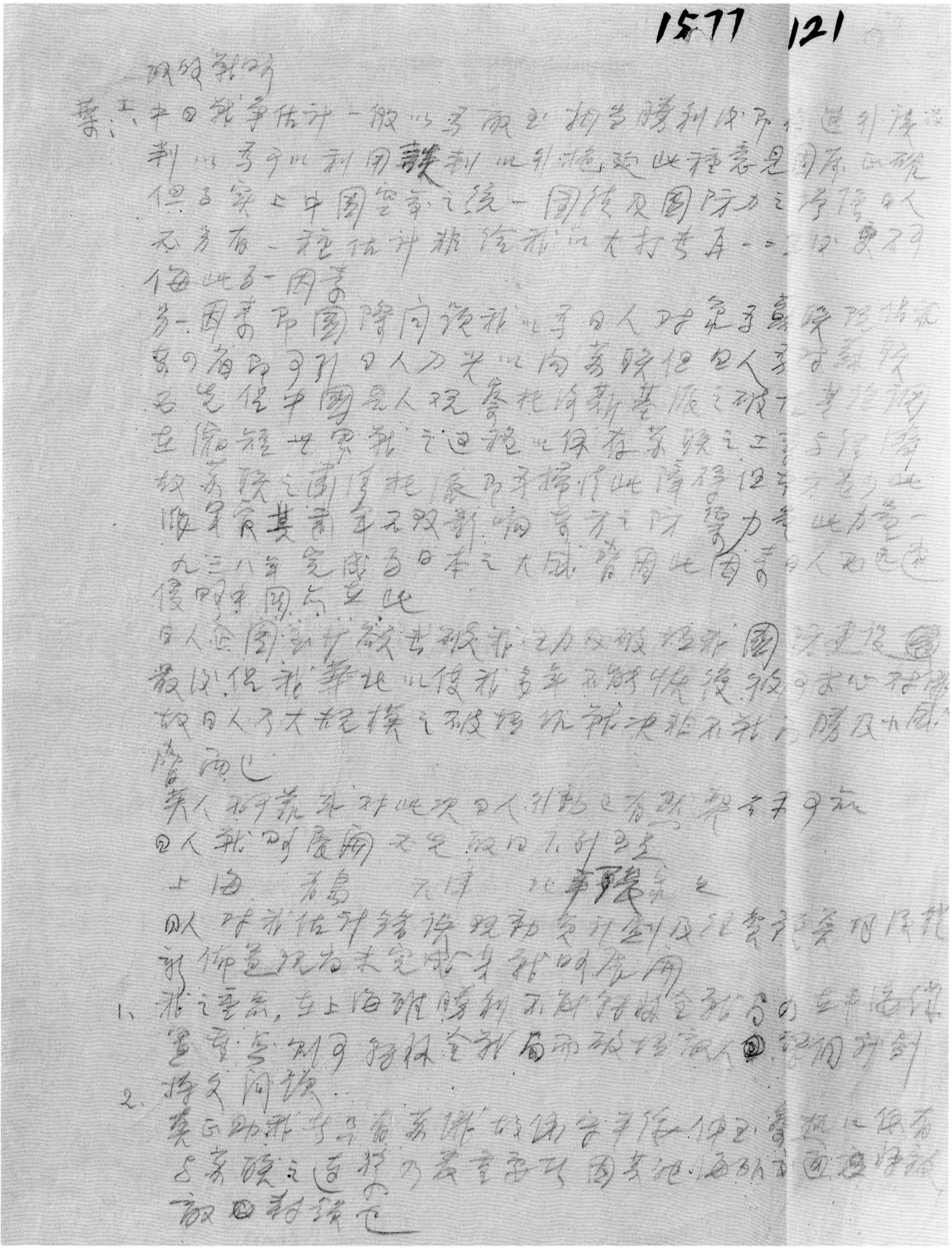

国民政府军事委员会军政部谈话会会议记录叶剑英发言部分节选（1937年8月11日）

朱德、彭德怀关于八路军在平型关作战情形致国民政府军事委员会电

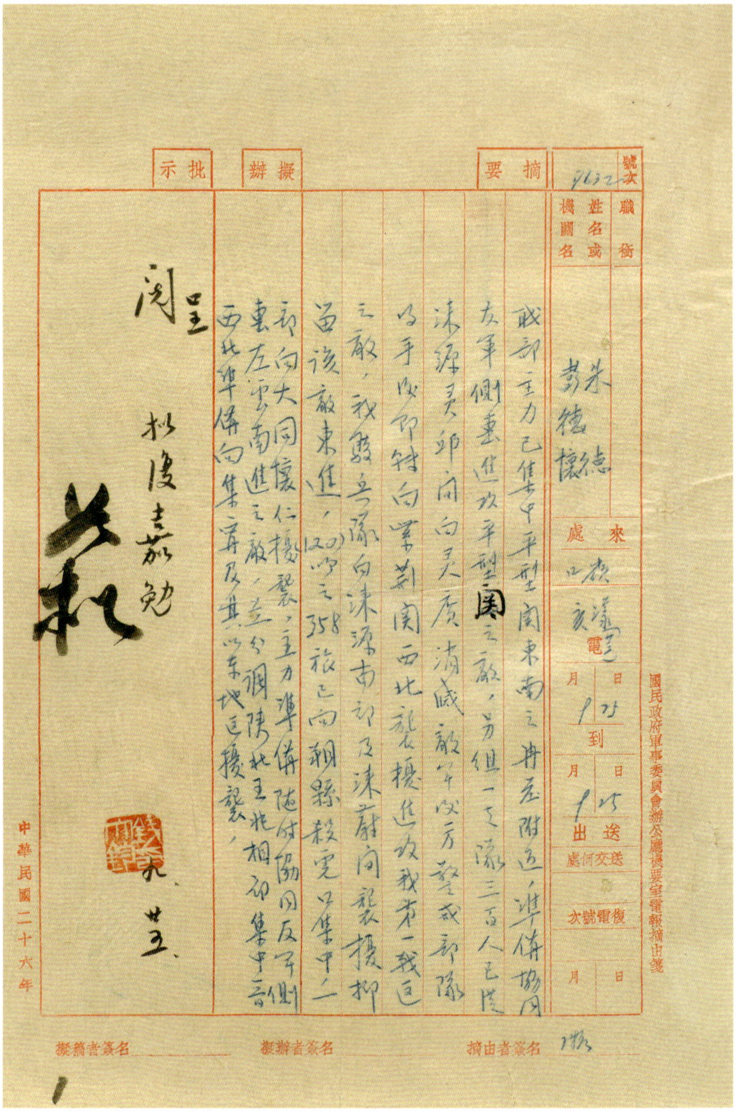

1937年8月22日，中国工农红军一、二、四方面军改编成国民革命军第八路军，朱德、彭德怀出任正、副总指挥。9月11日，八路军又按全国陆海空军战斗序列，改称国民革命军第18集团军，朱德、彭德怀任正、副总司令，但此后人们仍习惯称之为八路军。

1937年9月中旬，侵华日军第5师团进占阳原、蔚县、广灵、涞源、灵丘一线后，企图一举突破平型关、茹越口等要隘，继续入侵。作为八路军出师抗日的先遣部队，第115师赶到前线时，正逢中国军队与日军在平型关一带鏖战。经过对作战地形的周密观察，第115师在平型关东南的蔚代公路上布下长达8公里的口袋阵。25日，八路军经一日激战，歼灭日军1000余人，毁敌汽车100辆、大车200辆，缴获步枪1000余支、轻重机枪20余挺、战马53匹，另获其他大量战利品，取得了中国全面抗战以来第一次歼灭战的胜利。

本馆所藏平型关战斗档案详细记录了平型关战斗的作战方针、指导要领、敌我双方兵力、兵团部署、作战经过概要、人马死伤等情形，其中最为珍贵也最能直接反映平型关战斗战况的，为9月25日八路军

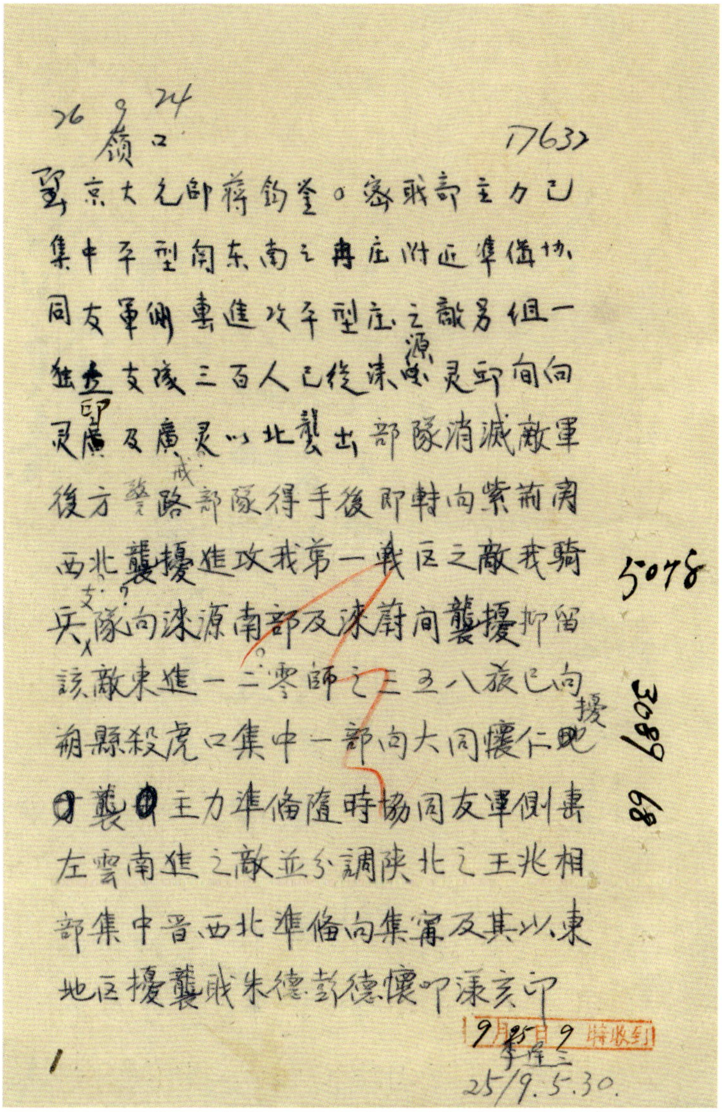

26 9 24
岭口
17637
急南京大元帥蔣鈞鑒○密我部主力已集中平型關東南之冉庄附近準備協同友軍側擊進攻平型關之敵另組一独立支隊三百人已從涞源灵邱向灵廣及廣灵以北襲出部隊消滅敵軍後方警戒部隊得手後即轉向紫荊關西北襲擾進攻我第一戰区之敵我騎兵支隊向涞源南部及涞蔚間襲擾抑留該敵東進一二零師之三五八旅已向朔縣殺虎口集中一部向大同懷仁地區襲擾主力準備隨時協同友軍側擊左雲南進之敵並分調陝北之王兆相部集中晉西北準備向集寧及其以東地区擾襲我朱德彭德懷叩漾亥印
5078
3089
68
9月25日 9 時收到
25/9.5.30.
1

朱德、彭德怀关于八路军在平型关作战情形致国民政府军事委员会电（1937 年 9 月 25 日）

总司令朱德、副总司令彭德怀关于平型关战斗战略部署和作战情形于岭口致国民政府军事委员会的作战电报。

此电报中，八路军报告其主力已在平型关东南之冉庄附近集结，准备协同友军侧击进攻平型关之敌，另组 1 个支队 300 人已从涞源、灵丘开往灵广消灭敌军后方警戒部队，同时八路军骑兵队自涞源南部及涞源蔚县间袭扰抑留该敌东进，120 师之 358 旅已向朔县集中，一部向大同怀仁扰袭，主力准备随时协同友军侧击南进之敌，并分调陕北王兆相部集中晋西北，准备向集宁及其以东地区扰袭。该电报反映了八路军到达平型关附近后，遵照中共制定的抗日民族统一战线政策，不畏强敌，主动与国民党军合作抗日，策应中国军队正面的防御作战，进出灵丘、蔚县附近，威胁敌之侧背，以使进攻之敌不敢孤军深入，从而获得了战役的胜利。

平型关大捷是中国全面抗战开始后取得的第一次大胜利，体现了中国共产党在抗战中的中流砥柱作用和八路军的抗战能力，极大地提高了中国共产党和八路军在全国人民心中的威信，鼓舞了全国人民的抗战热情。

《程瑞芳日记》

《程瑞芳日记》封面

《程瑞芳日记》是本馆所藏侵华日军南京大屠杀档案的重要组成部分，是由中国人记述的有关南京大屠杀的亲历日记，具有特殊意义及价值。此日记写在一本线装软抄本之上，其封面石纹硬板纸已微微泛黄，正中“一九三七年‘首都沦陷’留守金校的同人一段日记”为钢笔所写，封面署名人陈品芝（私立金陵女子文理学院生物学系专任教授，其任职的学校前身为金陵女大）为日记收藏者，实际记述者则为程瑞芳。陈品芝与程瑞芳曾先后在金陵女大任职。日记内页为上海信笺公司印制的元书纸信笺。此份日记共计57页，总字数约3万字，记述时间从1937年12月8日至1938年3月1日，共计84天。

1937年12月日军攻陷南京后，对手无寸铁的中国平民和战俘进行了长达6周的大规模屠杀、奸淫、放火、抢劫等血腥暴行，超过30万的中国民众惨遭屠戮。其间，金陵女大舍监程瑞芳（1875—1969）在国际安全区金陵女大难民所担任卫生组组长，协助金陵女大教务长、美籍女教师明妮·魏特琳照顾难民，维持难民营秩序，得以亲见亲闻侵华日军暴行。程以一名战争亲历者的视角，对此进行了逐日详细记录，同时还记述了南京难民遭受的非人道待遇以及自己的心路历程。

《程瑞芳日记》具有鲜明的日记体写实性的特征，所记述时间覆盖了日军南京大屠杀暴行集中发生的整个时期。它是迄今为止所发现的唯一一份中国人实时记载南京大屠杀事件的日记原件，是真实的历史记忆，揭露及控诉了日军暴行的罪恶和反人类性，彰显了珍贵的历史价值，与《拉贝日记》《魏特琳日记》及《东史郎日记》形成证据链，被誉为“中国的《安妮日记》”。

2015年10月，《程瑞芳日记》作为《南京大屠杀档案》的重要组成部分，成功入选《世界记忆遗产名录》。

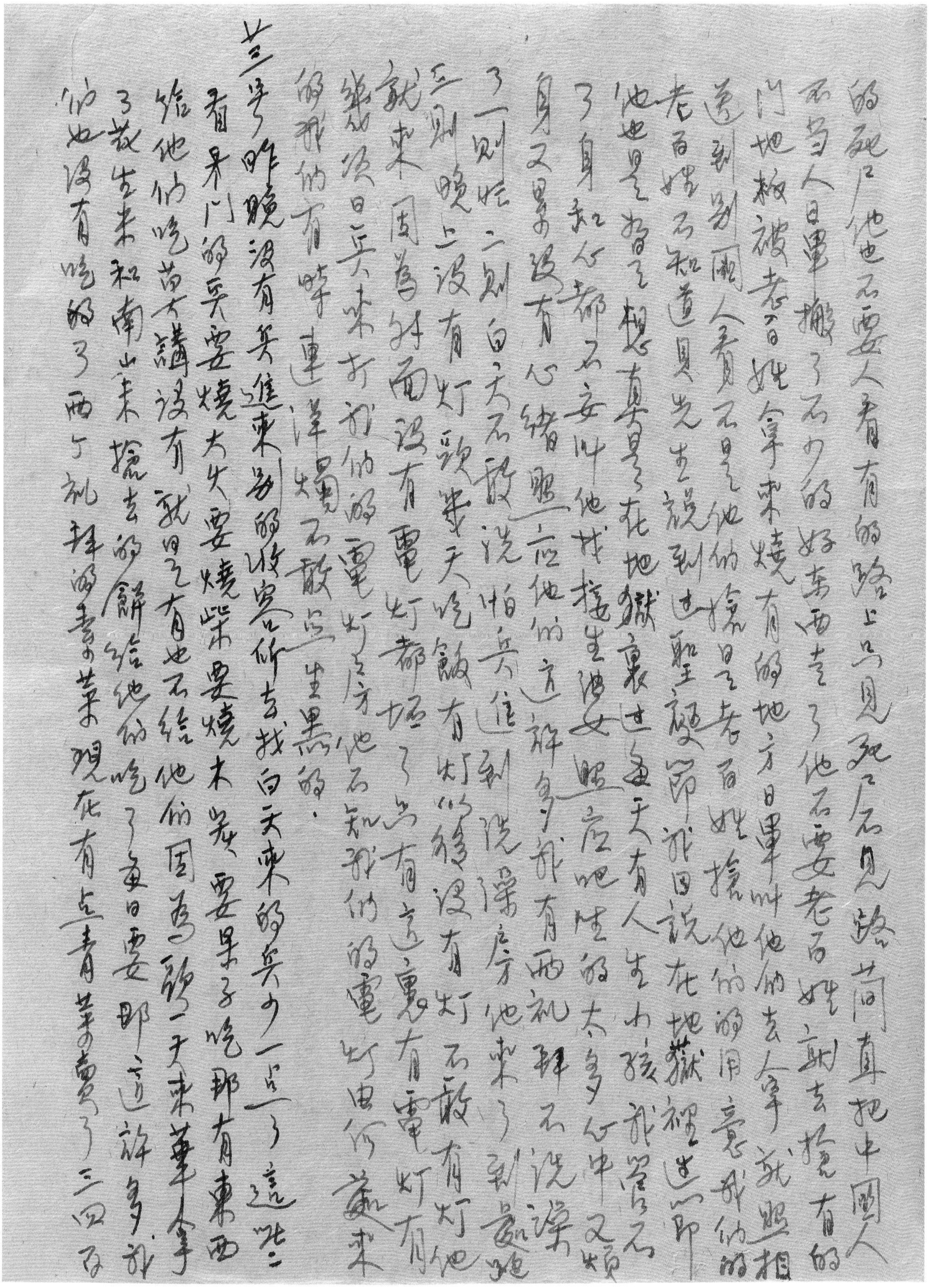

的死人他也不要人看有的路上只見死人在見路旁直把中國人不當人日軍搬了不少的好東西去了他不要老百姓就去搶有的門地板被老百姓拿來燒有的地方日軍叫他們去人拿就照相送到別國人看不是他們搶是老百姓搶他們的用意我們的老百姓不知道只是先去說到過聖誕節我回說在地獄裡過的節他也是這樣想真是在地獄裏過每天有人生小孩我管不了身和心都不安叫他找接生婆女照應他們的太多个中文煩身又累沒有心緒照應他們的許多我有兩禮拜不洗澡了一則怕二則白天不敢洗怕兵進到洗澡房他來了到處跑三則晚上沒有燈頭幾天吃飯有燈以後沒有燈不敢有燈他就來因為對面沒有電燈都壞了只有這裏有電燈有幾個兵來找我們的電燈的地方他不知我們的電燈由何處來的我們有時連洋燭不敢點坐黑的。

廿三号 昨晚沒有兵進來別的收容所去找白天來的兵少一点了這些看守門的兵要燒大火要燒柴要燒木炭要果子吃那有東西給他們吃苗大講沒有就是有也不給他們因為頭一天來拿了藏生來和南山來搶去的餅給他們吃了每日要那這許多我們也沒有吃的了兩個禮拜的青菜現在有点青菜黃了三四百

《程瑞芳日记》内页

《侵华日军『南京大屠杀』暴行照片集》

《侵华日军“南京大屠杀”暴行照片集》封面

1937年七七事变后，抗日战争全面爆发。12月13日日军攻陷南京后，对手无寸铁的中国平民和战俘进行了长达6周的大规模屠杀、奸淫、放火、抢劫等血腥暴行，超过30万的中国民众惨遭屠戮。

战后，在搜集侵华日军南京大屠杀罪证时，发现人证较多，物证较少，且多为受害者一方提供，加害者一方的证据则少之又少。究其原因是日方的狡诈，在战败结束后月余的过渡期内，大量重要的战争罪行证据都被日本政府下令销毁，以至于在审判日本战犯时，许多重要的直接证据都未能留存下来。

本馆所藏《侵华日军“南京大屠杀”暴行照片集》则是日军战争暴行的直接证据。此照片集为日军自行拍摄的暴行照片汇成，被中国百姓冒着生命危险，历经惊险曲折，才侥幸得以保存下来。

1938年1月，被日军屠城的南京已是满目疮痍，刚刚开业没几天的华东照相馆，突然来了一名日军少尉，要求洗印两卷胶卷，接待他的是当时年仅15岁的小学徒罗瑾。在洗印这些胶卷时，罗瑾发现里面有很多残杀同胞及奸污妇女的照片，深受震撼，激愤难平，偷偷多冲印了30余张，后经筛选留下了比较清晰的16张，装帧成册，并精心绘制了照片集封面：一颗滴血的心脏、一把沾血的刺刀、一个大大的“耻”字和一个大大的“？”。国耻家仇，情何以堪？剜心之痛，悲苦至极！后来罗瑾被征召进入汪伪政府的警卫旅直属通讯集训队（驻地在今南京毗卢寺），照片集也一直带在他身边。1941年初，因集训队驻

《侵华日军“南京大屠杀”暴行照片集》内页

地发现手雷，伪军对集训队人员展开大清查。罗瑾为安全考虑，遂将照片集藏于寺庙后院厕所的墙洞内，几天后却发现照片集不翼而飞。罗为避杀身之祸，即请假逃离了南京。

照片集其实是被罗瑾的队友吴旋无意中发现并取走了，他深知照片集的重要性，故小心保存起来。后吴为免惹祸上身，躲避队里的搜查，找合适时机偷偷将照片集放在毗卢寺万福楼大殿的弥勒佛像下，直至毕业才将其取出，珍藏在身边。

抗战胜利后，一批日本乙级战犯被引渡到中国接受审判。在审判南京大屠杀元凶之一谷寿夫时，因其百般抵赖和狡辩，拒不认罪，审讯颇不顺利。南京军事法庭贴出布告，号召市民检举侵华日军在南京犯下的罪行。吴旋看到布告，遂将该照片集上交。后来，此照片集被作为日军战争罪行的“京字第一号”证据，当庭出示。南京市临时参议会在《关于协助调查南京大屠杀案经过概述》中写道：“本会所搜集之大屠杀照片十六帧，据报纸所载，谷寿夫被侦讯时，曾见面色变，慌乱不能自持。”最终在众多铁证面前，谷寿夫等南京大屠杀案主犯受到了正义的审判。1947 年 4 月 26 日，谷寿夫被押赴雨花台刑场执行枪决。

2015 年 10 月，该照片集作为《南京大屠杀档案》的重要组成部分，成功入选《世界记忆名录》。

台儿庄战役
李宗仁纪念留影

发生于1938年3月至4月的台儿庄战役，是中国军队在正面战场上取得的一次重要的胜利之战，此役歼敌1万余人，彻底粉碎了日军企图击破中国军队华中主力，占领徐州，打通津浦线以沟通南北战场的野心。

台儿庄战役的胜利，是中国官兵英勇奋战、流血牺牲和中共游击武装战略配合及广大人民群众支援的结果。此役的胜利鼓舞了士气，振奋了民心，为后来的抗战提供了启示和借鉴，扩大了中国抗战的国际影响。正如周恩来所说，台儿庄战役“虽然是初步的，但它的意义却很伟大”。

本馆所藏台儿庄战役档案全面而详尽，主要包括史稿、战斗详报、作战往来文电和战时民众读物等，其中台儿庄战役李宗仁纪念留影是极为珍贵的照片档案。李宗仁时任第五战区司令长官，他有效团结战区各军，指挥台儿庄战役态度坚定，决策正确，使得战役取得了最终的胜利。战役获胜后，他情绪饱满激昂，特意在台儿庄火车站站台前留影。照片中，李宗仁一身戎装，左手叉腰，目光如炬，英姿飒爽，尽显中国军人风采。李宗仁对此照片十分中意，多次放大冲洗该照片，并在照片上亲笔题字盖印，以赠友人。

台儿庄战役李宗仁纪念留影

新四军
南京地区抗战档案

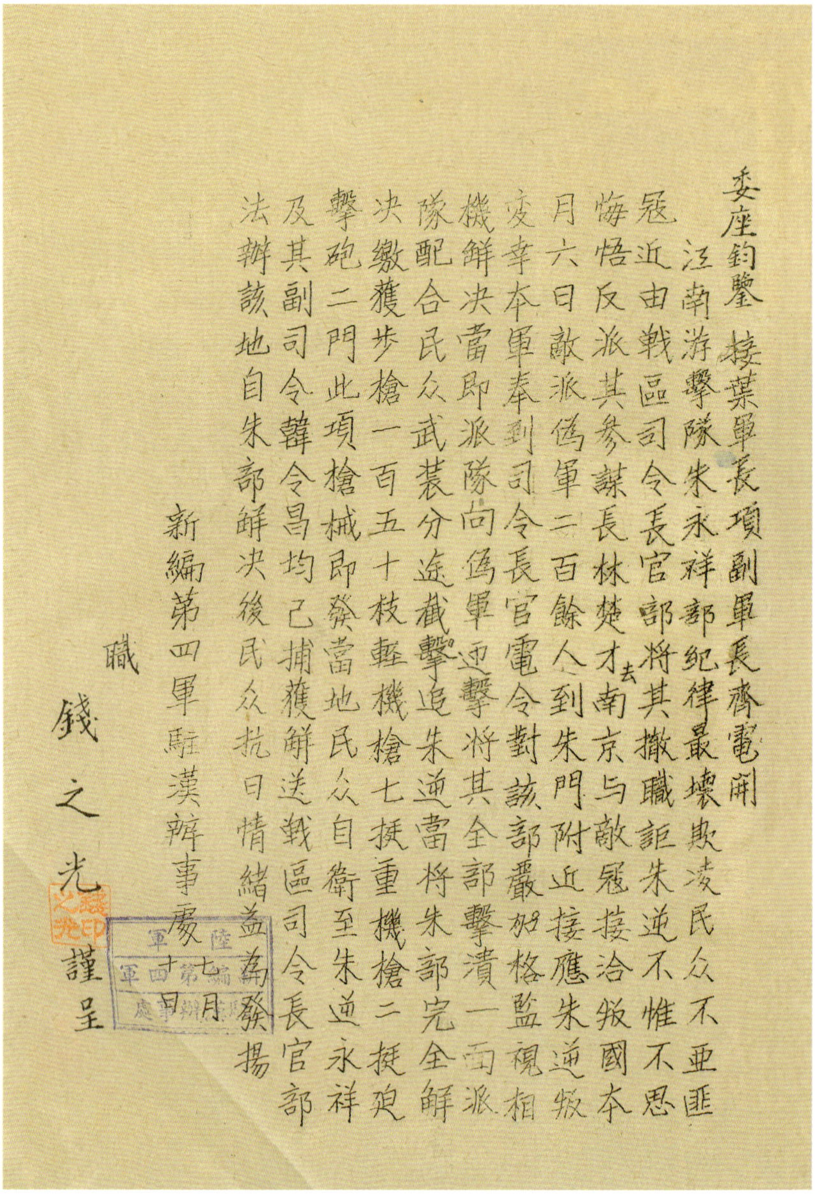

委座鈞鑒 接葉軍長項副軍長齊電開 江南游擊隊朱永祥部紀律最壞欺凌民众不亜匪寇近由戰區司令長官部将其撤職詎朱逆不惟不思悔悟反派其參謀長林楚才去南京与敵寇接洽叛國本月六日敵派偽軍二百餘人到朱門附近接應朱逆叛変幸本軍奉到司令長官電令對該部嚴加格監視相機解決當即派隊向偽軍迎擊将其全部擊潰一面派隊配合民众武装分途截擊追朱逆當将朱部完全解決繳獲步槍一百五十枝輕機槍七挺重機槍二挺迫擊砲二門此項槍械即發當地民众自衛至朱逆永祥及其副司令韓令昌均已捕獲解送戰區司令長官部法辦該地自朱部解決後民众抗日情緒益為發揚

新編第四軍駐漢辦事處 七月十日

職 錢之光 謹呈

钱之光转报新四军在江宁朱门地区解决朱永祥叛军情形致蒋介石呈（1938年7月10日）

新四军是全面抗战时期中国共产党领导的一支抗战劲旅。新四军在日伪统治中心南京及其附近地区长期坚持抗战，是抗战历史的重要组成部分，在中国人民抗日战争和世界反法西斯战争中发挥了特殊的作用。

新四军的成立是国共两党第二次合作的重要成果之一。全面抗战爆发后，为挽救民族危亡，中国共产党致力于推进抗日民族统一战线的建立，团结国内各党各派、各阶层力量，共同投入抗日救国大业。经过国共两党艰难的谈判，国民政府同意将中共领导的南方各地红军游击队统一改编为国民革命军新编第四军（简称新四军），开赴华中前线抗战。

1937年10月12日，国民政府公布新四军番号和军长人选。同年12月，新四军军部在汉口成立，下设第一、二、三、四4个支队，所部官兵共计1万余人。

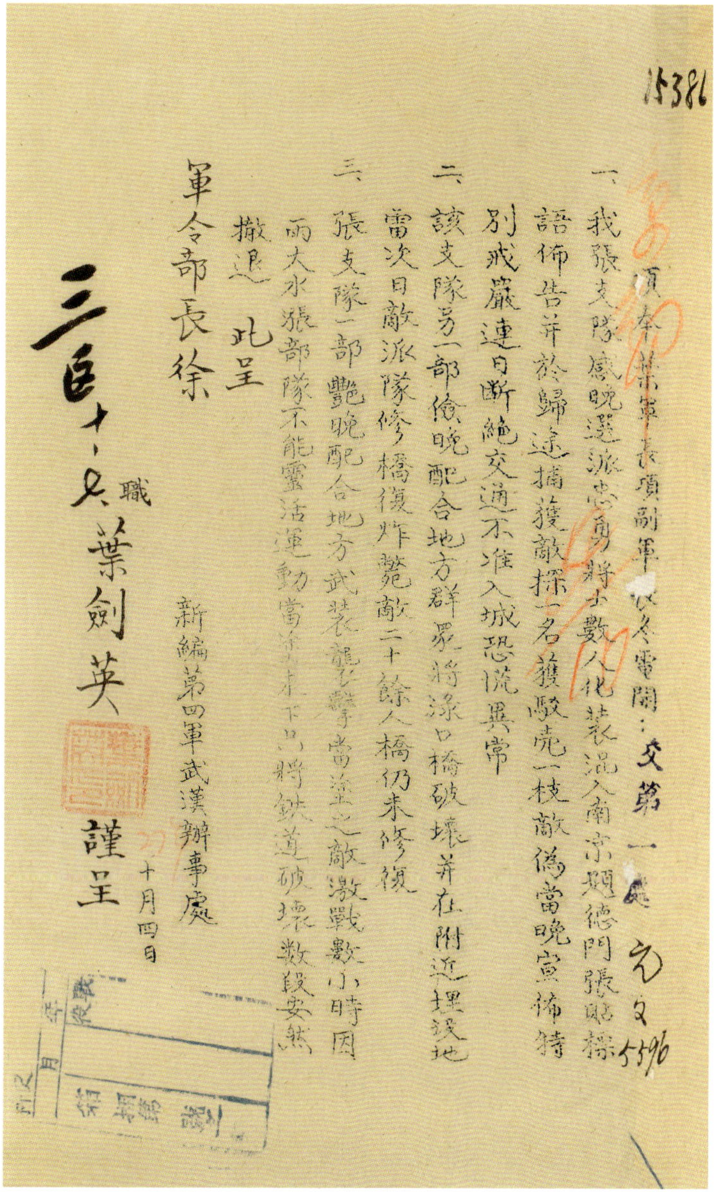
頃奉葉軍長項副軍長冬電開：
一、我張支隊感晚選派忠勇將士數人化裝混入南京顯德門張貼標語佈告并於歸途捕獲敵探一名獲駁壳一枝敵偽當晚宣佈特別戒嚴連日斷絕交通不准入城恐慌異常
二、該支隊另一部儉晚配合地方群眾將淥口橋破壞并在附近埋設地雷次日敵派隊修橋復炸斃敵二十餘人橋仍未修復
三、張支隊一部艷晚配合地方武裝襲擊當塗之敵激戰數小時因雨大水漲部隊不能靈活運動當將當塗[illegible]將鐵道破壞數段安然撤退 此呈
軍令部長徐
職 葉劍英 謹呈
新編第四軍武漢辦事處
十月四日

叶剑英转报新四军潜入南京张贴标语，在禄口桥、当涂破坏交通及歼灭敌寇情形致徐永昌电（1938年10月4日）

1938年5月4日，毛泽东做出明确指示，“在广德、苏州、镇江、南京、芜湖五区之间的广大地区创造根据地，发动民众的抗日斗争，组织民众武装，发展新的游击队，是完全有希望的”，而后“还应准备分兵一部进入苏州、镇江、吴淞三角地区去，再分一部渡江进入江北地区”。

遵照中共中央指示和国民政府要求，新四军派出第一、二支队4个团共4000余人，执行东进抗战任务。1938年4月28日，东进先遣支队在岩寺潜口誓师出发，揭开了新四军向苏南进军的序幕。部队途经南陵，越过宣芜铁路日军封锁线，向南京附近秣陵关方向挺进，于5月19日进入江南战场。6月8日，新四军第一支队在溧水新桥与先遣支队会师，之后，第二支队也分路进入南京周边地区，与第一支队共同开创了以茅山为中心的苏南抗日根据地。

1939年11月，新四军第一、二支队领导机构合

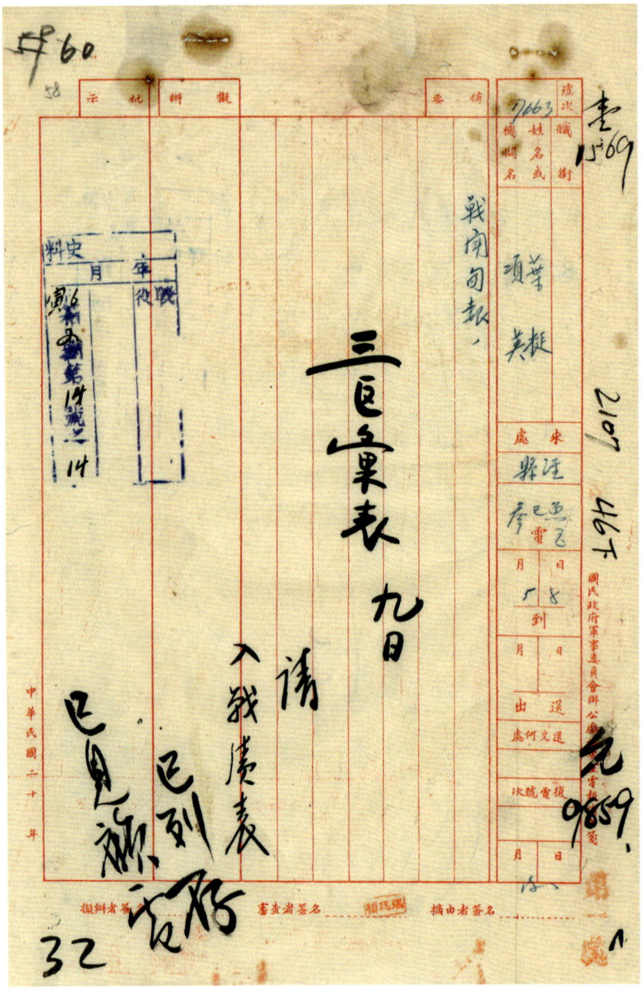

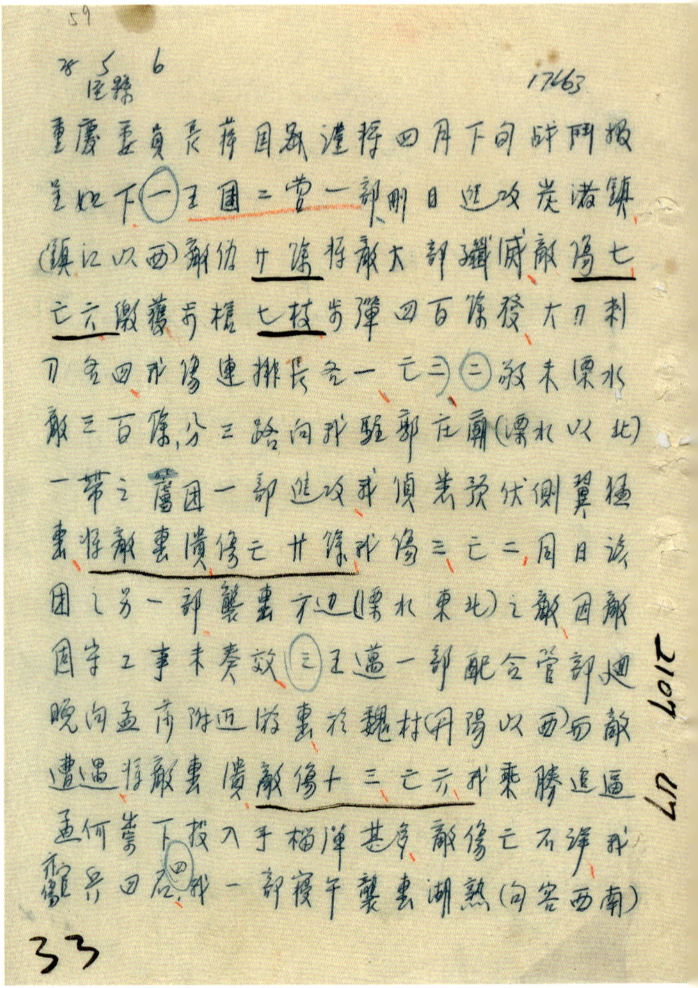

并组建江南指挥部，陈毅任总指挥，粟裕任副总指挥，驻地设在溧阳水西村，拥有兵力计 14000 余人。1940 年 7 月，又组建了苏北指挥部。

新四军东进后，在苏南地区广泛发动民众和地方武装，以破路、伏击、夜袭、奔袭等方式对日伪军积极展开作战，进行了数以百计的战斗，给日伪军以有力的打击、牵制和震慑，使日伪的统治始终处于动荡状态。通过顽强的努力，新四军先后在南京附近江宁、溧水、溧阳、高淳、句容、镇江、丹阳等地建立起十多块游击区，至 1939 年初，初步形成了拥有 140 余万人口的茅山抗日根据地。新四军深入宣传，组织群众，开展统一战线工作，实行减租减息政策，恢复地方党组织，建立抗日民主政权与群众抗日团体，大力推进根据地建设，江南抗日局面由此蓬勃展开。

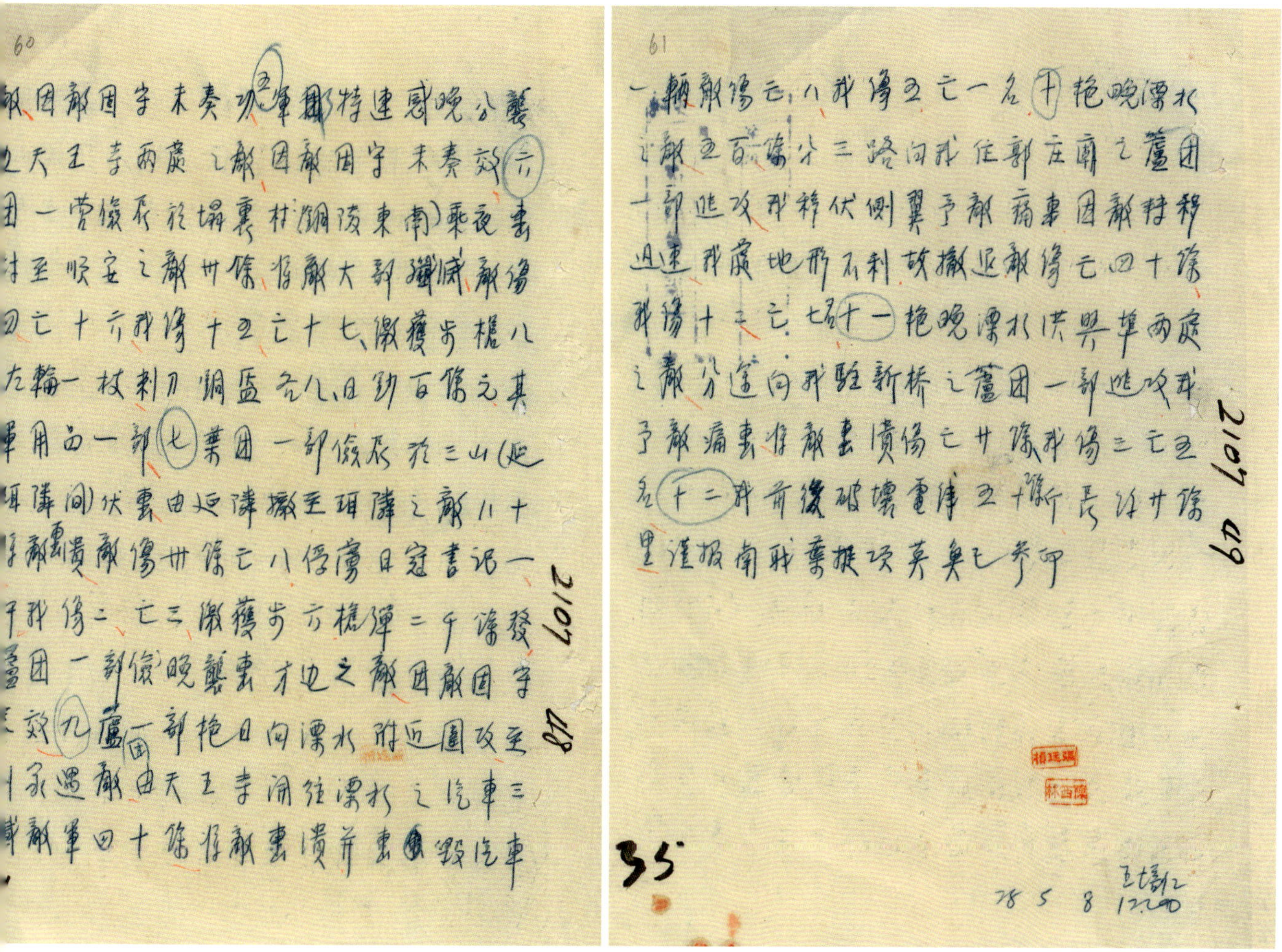

叶挺、项英通报新四军在镇江、溧水、铜陵等地战斗情形电报（1939年5月8日）

本馆所藏新四军在南京地区的抗战档案，记述了皖南事变之前新四军在南京城郊的活动，他们除派出情报人员侦察南京城内外敌情外，还频繁派出部队抵近南京城郊，在麒麟门、沧波门、高桥门、安德门、雨花台、西善桥、大校场等处积极袭扰敌军，捉“舌头”，贴布告，南京城内一日数惊，警报大作，给日伪当局造成了很大恐慌。

新四军在苏南敌后艰苦的作战环境中，不仅要与日伪军作战，还要时刻防备国民党顽固派及其拉拢的地方武装的进攻，因此新四军在苏南的斗争面临着反“扫荡”、反“清乡”、反“摩擦”、反暴动的繁重任务。在广大群众的拥护和支持下，新四军采取灵活的斗争策略，给敌人以有力的回应和打击，使敌顽消灭新四军、瓦解抗日政权的企图归于破产。

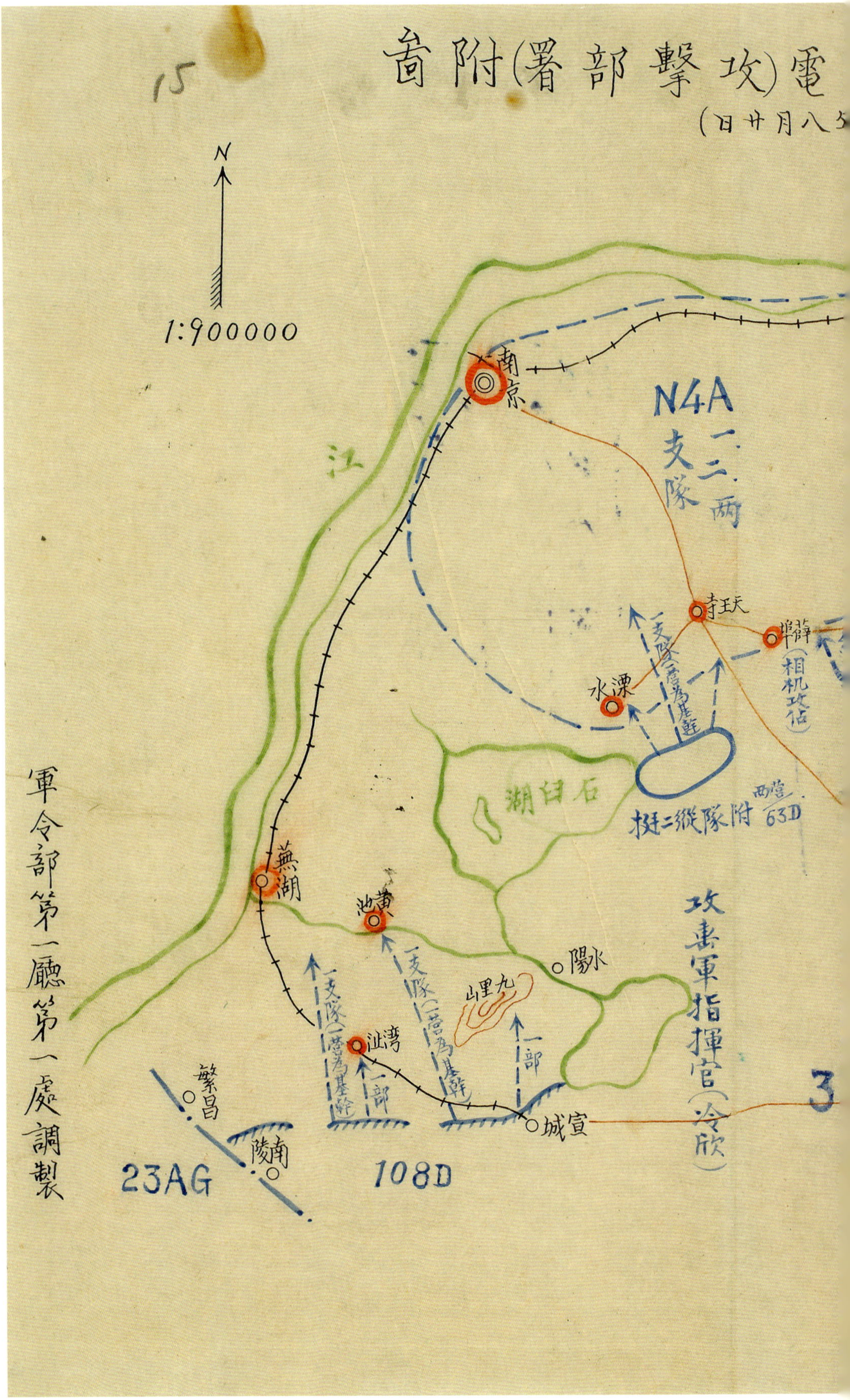

15
電(攻擊部署)附圖
N
1:900000
江
南京
N4A
一二兩支隊
天王寺
薛埠
(相机攻佔)
溧水
一支隊(一營為基幹)
石臼湖
挺二縱隊附 西堡 63D
蕪湖
黃池
水陽
九里山
一支隊(一營為基幹)
一部
沚灣
一部
宣城
攻擊軍指揮官(冷欣)
3
繁昌
南陵
23AG
108D
軍令部第一廳第一處調製

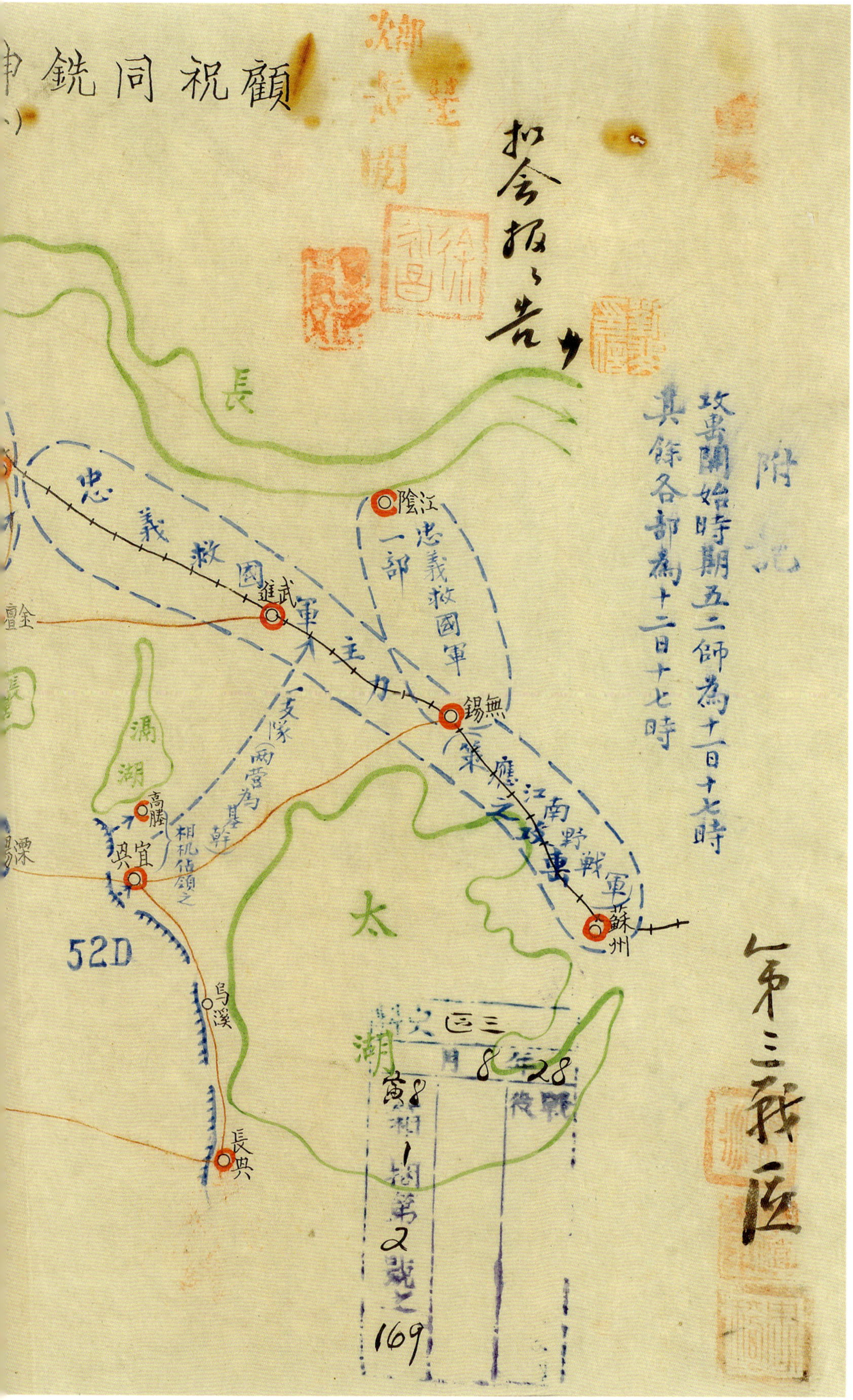

军令部根据第三战区来电绘制的苏南地区攻击部署图（1939年8月20日）

戴季陶《孝园文稿》

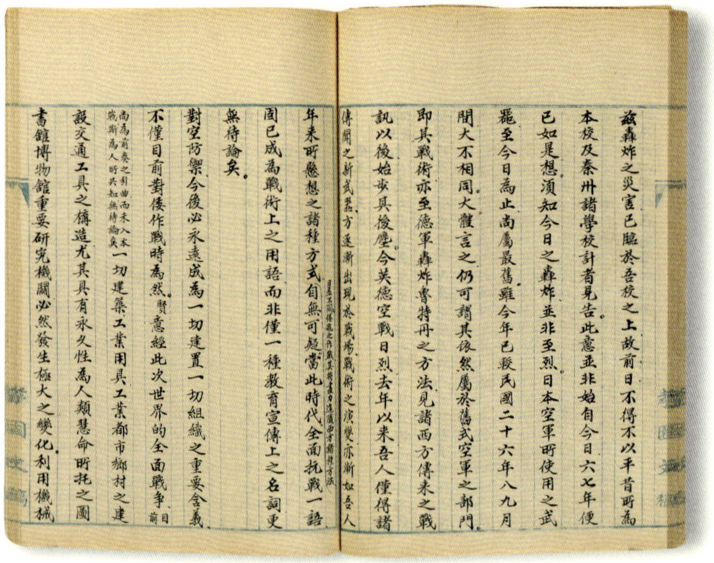
敵轟炸之災害已臨於吾校之上故前日不得不以平昔所為
本校及秦州諸學校計者見告此意並非始自今日六七年便
已如是想須知今日之轟炸並非至烈日本空軍所使用之武
器至今日為止尚屬最舊雖今年已較民國二十六年八九月
間大不相同大體言之仍可謂其依然屬於舊式空軍之部門
即其戰術亦至德軍轟炸曾特冊之方法見諸西方傳來之戰
訊以後始步其後塵今英德空戰日烈去年以來吾人僅得諸
傳聞之新武器方逐漸出現於戰場戰術之演變亦漸如吾人
年來所懸想之諸種方式自無可疑當此時代全面抗戰一語
固已成為戰術上之用語而非僅一種教育宣傳上之名詞更
無待論矣
對空防禦今後必永遠成為一切建置一切組織之重要含義
不僅目前對倭作戰時為然賢意經此次世界的全面戰爭目前
尚為前奏之引曲而未入本戰斯為人所共知無待論矣一切建築工業用具工業都市鄉村之建
設交通工具之構造尤其具有永久性為人類慧命所托之圖
書館博物館重要研究機關必然發生極大之變化利用機械

戴季陶《孝园文稿》

戴季陶（1891—1949），名传贤，字季陶，笔名天仇。历任黄埔军校政治部主任、国立中山大学校长、国民党中央宣传部部长、考试院院长等职。

本馆所藏《孝园文稿》收录了戴季陶自1939年1月至1944年12月的公函、书信、书稿、题词、札记等文稿，以其号“孝园”命名，按照时间顺序编排，共计27册。其内容可分为7大类：与行政院、外交部、财政部、考试院、军政部等各政府机关及官员之间的公文函件；与孔祥熙、陈果夫、吴稚晖、蔡元培、陈布雷、朱家骅、刘纪文等民国政要之间的书信函件；《为国殇荐福文并说偈》《为抗战阵亡将士遭难同胞一切受苦众生说偈》等抗战方面的文稿；与家人亲戚间的书信；《仁王护国般若波罗密多经陀罗尼释》《周易卦象》《古兰经分类索引序》等宗教性质的教义文稿；《题赠香港同济中学》《题檀香山中山中学》《题北海云摩碑拓》《题珂罗版印兰亭序》等题赠、

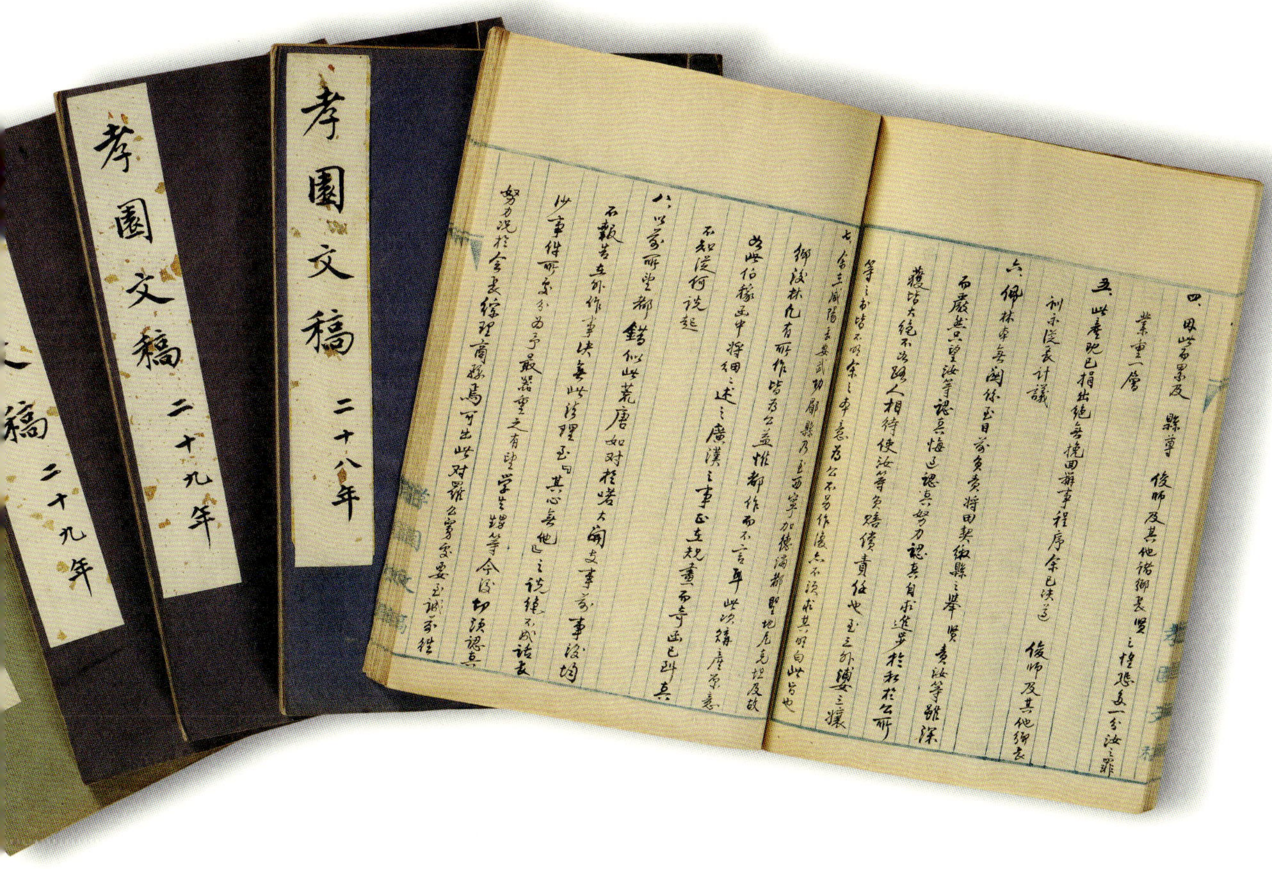

题跋、序、志、颂、感言等；其他文稿，如《自缅亲赴仰光舟中有感作》《告别印度人士书》《致全缅侨胞书》《中印两国文化兴衰离合因缘颂》等与缅甸、印度等国带有外交性质的书信、感书、歌颂类文章文稿，《与中国童子军题》《中国童军的精神》《中国童子军创始三十周年纪念文集序》等与童子军相关的书信、序、纪念册，与居士、和尚、道人、禅师等宗教人士之间的书信，《自警》《自励》《自誓》《自诫》《自守》等座右铭及名言警句，《读周官札记》《礼运大同篇》《学礼录序》等读书札记。

《孝园文稿》所收录文稿数量庞杂、内容丰富、文体多样，既记述了戴季陶工作、生活、志趣等诸多方面内容，也涵盖了民国时期许多重大事件，涉及政治、军事、外交、教育、宗教等多个领域，从不同侧面和细节反映了戴季陶思想的丰富性和多样性，具有较高的史料价值。

十四世达赖转世坐床档案

拉木登珠（前坐者）及其父母兄弟合影

十三世达赖转世灵童拉木登珠

西藏是中国领土不可分割的一部分，民国时期的西藏地方属于中国中央政府管辖之下。

1933年12月17日，十三世达赖喇嘛土登嘉措在拉萨布达拉宫圆寂，西藏地方政府即于1934年派人分赴青海、西康和西藏南部等地进行转世灵童的寻访，并最终于1936年在青海省湟中县南祁家川找到了一名叫拉木登珠的男童，后被确认为十三世达赖转世灵童之一。

1938年10月23日，西藏驻京办事处按规定向国民政府蒙藏委员会“报告寻访转世达赖经过情形”，并请将拉木登珠“送至拉萨参加典礼”。之后，西藏摄政热振又致电蒙藏委员会，请求督催青海省政府速将灵童护送至拉萨，以便征认，并表示“中央应当派员参加”掣签典礼。12月28日，国民政府发布命令，特派蒙藏委员会委员长吴忠信会同热振主持十四世达赖喇嘛转世事宜。

拉木登珠居住地及周边风景照片

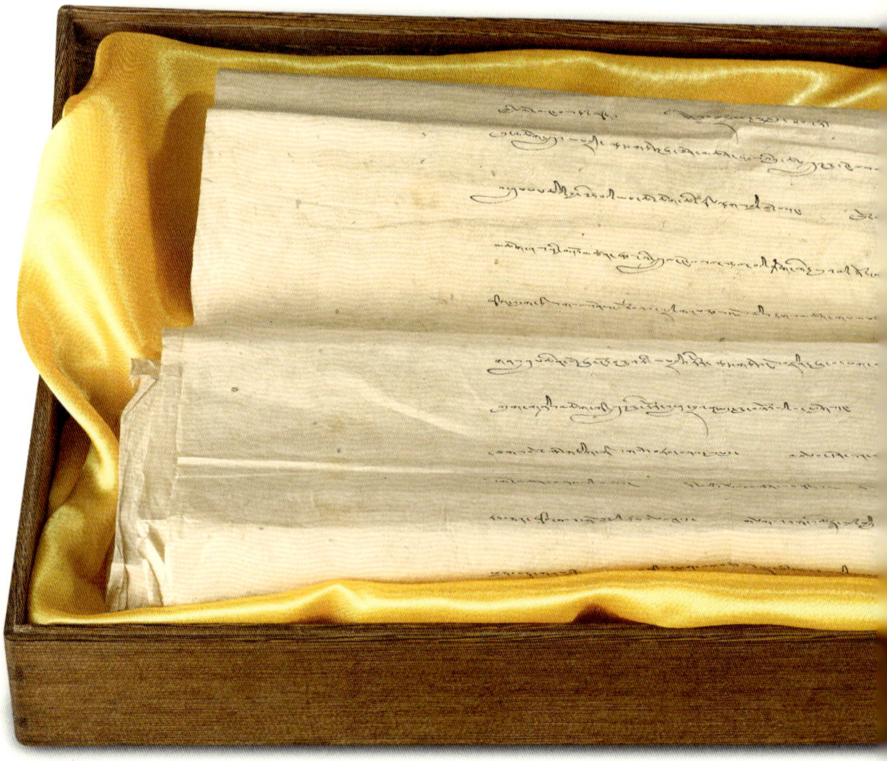

1939年7月13日，青海省政府致蒙藏委员会咨文称："该灵儿拉没旦珠（拉木登珠）已于七月十五日由马专员元海等护送由青启程入藏，相应将该灵儿及其父母住地等照片六张随文送上。"

1940年1月26日，热振向吴忠信书面报告灵童寻访经过和拉木登珠的灵异表现等，并请转呈中央政府批准青海灵童为十四世达赖喇嘛，免予掣签。2月5日，国民政府发布明令：特准拉木登珠免予掣签，继任为十四世达赖喇嘛，拨坐床典礼经费四十万元，并颁授玉册玉印。至此，十四世达赖喇嘛呼毕勒罕（蒙语，意为转世或化身，亦指活佛传位的制度）的征认手续始告完成。

西藏摄政热振报告寻访转世灵童经过情况及灵童灵异情形，并请转报中央政府免予掣签致吴忠信函呈（1940 年 1 月 26 日）

本馆所藏十四世达赖转世坐床档案全面完整地记录了自十三世达赖圆寂开始，至十四世达赖坐床为止的全部情形，包括反映和记载国民政府特派黄慕松为致祭专使，前往西藏进行致祭的有关文件；寻访十三世达赖转世灵童的有关文件；国民政府特派吴忠信赴藏会同热振主持十四世达赖转世坐床事宜的有关文件等。此处精选的转世灵童及其父母住地等照片，是直接反映十四世达赖转世坐床的档案，是研究达赖转世这一历史事件、西藏政治制度、西藏地方与中央政府关系的第一手史料。

九世班禅转世灵童照片

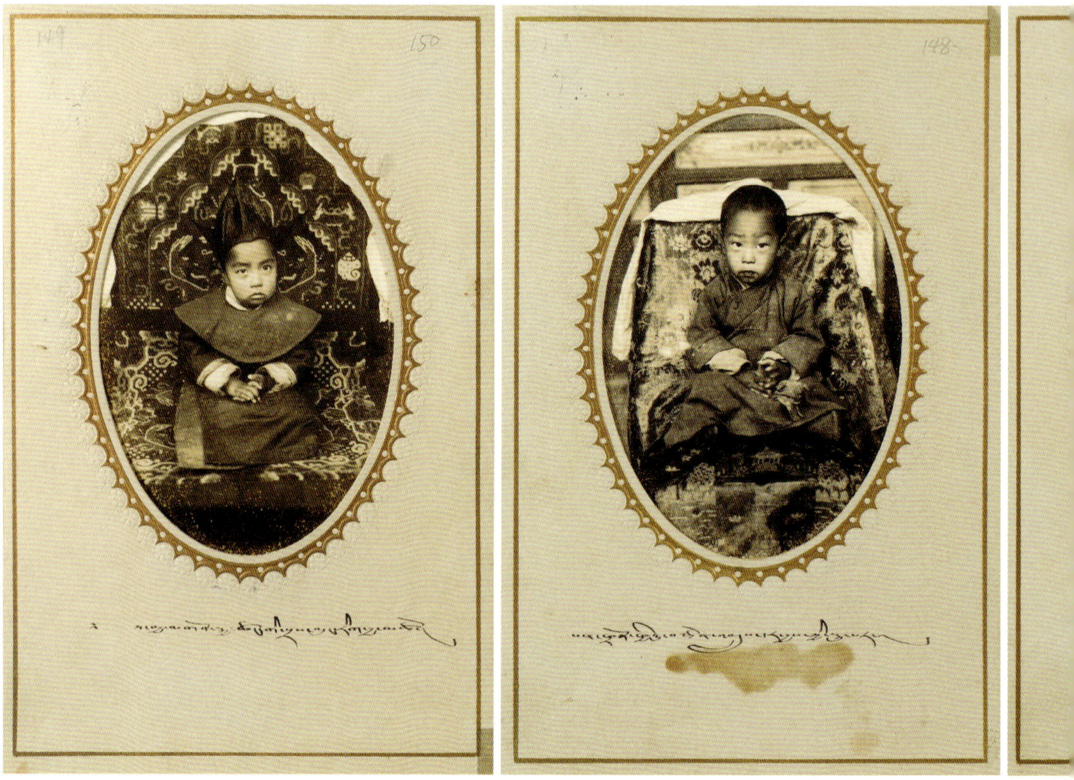

1937年12月1日，九世班禅额尔德尼于青海玉树圆寂，1941年2月举行了安塔式。根据藏传佛教喇嘛转世制度，需即刻开始寻访转世灵童，以继班禅之位。为此，班禅堪布会议厅呈请国民政府批准同意由罗桑坚赞办理班禅转世灵童寻访事宜。

1941年7月，罗桑坚赞展开了转世灵童寻访工作，经四处寻访，最终在青海省循化县找到灵童官保慈丹。与其他寻访到的灵童相较，寻访者认为官保慈丹“身形如虎，胆大如豹”，且经过测试证实灵异不凡，遂呈请国民政府核准免予金瓶掣签，直接继任第十世班禅。九世班禅转世灵童的寻访和十世班禅呼毕勒罕的认定，前后共经过长达8年的周折努力，最终于1949年6月2日由国民政府代总统李宗仁颁布了准予官保慈丹继任第十世班禅额尔德尼并免予金瓶掣签的命令。

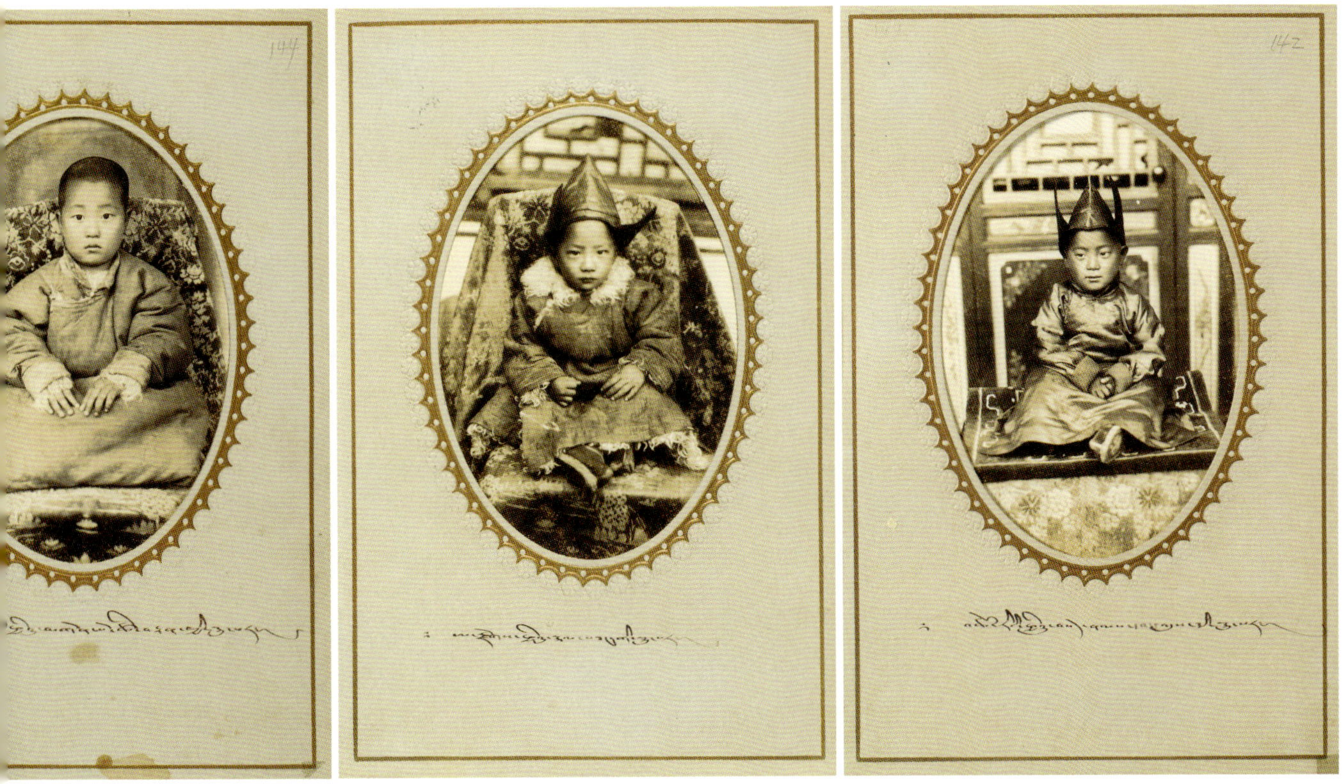

九世班禅转世灵童照片（居中者为官保慈丹）

1949 年 8 月 10 日，在蒙藏委员会委员长、主持坐床典礼专使关吉玉的主持下，十世班禅额尔德尼·确吉坚赞坐床典礼在青海塔尔寺举行。至此，十世班禅完成了继承九世班禅地位职权政治上、宗教上和法律上的手续，正式承袭班禅之位。

冯玉祥六十大寿贺词集

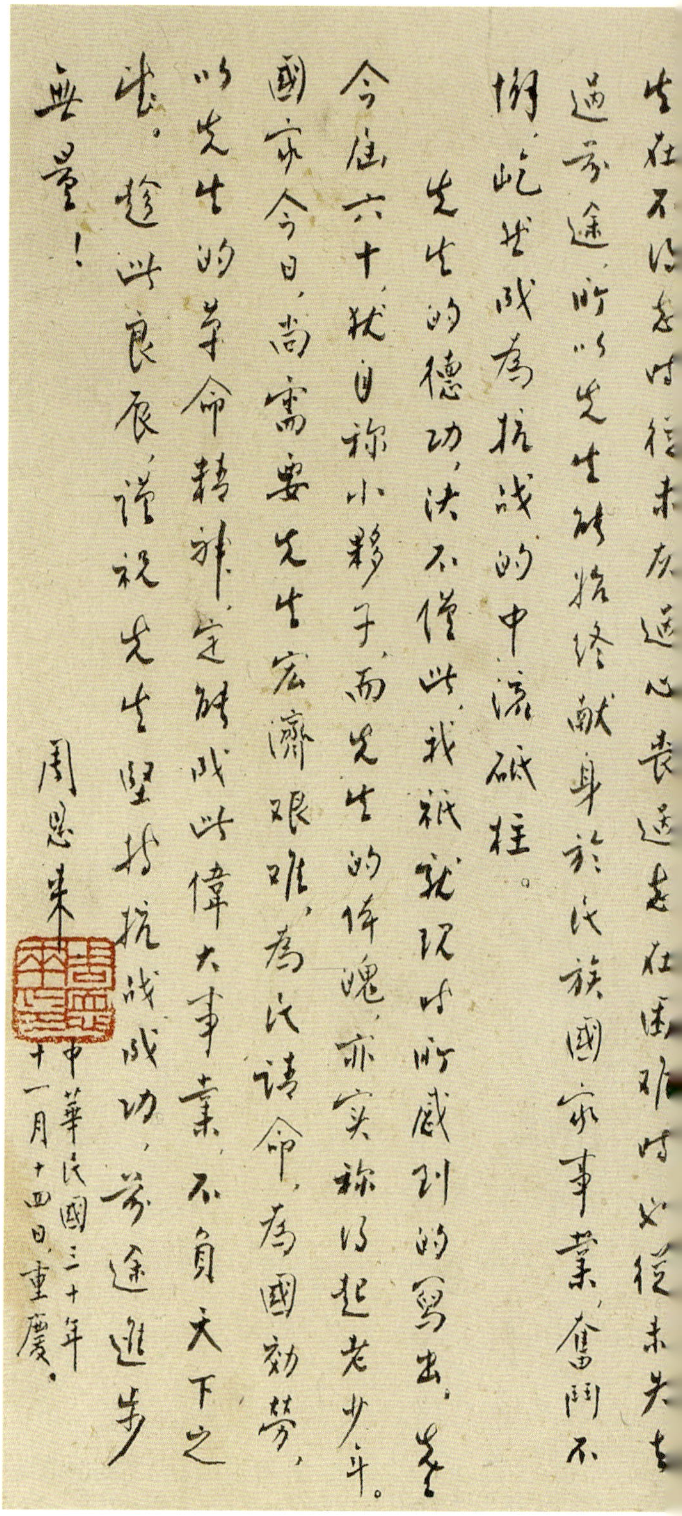
生在不得志时，从未灰心丧志；在困难时，从未失去
远大前途，所以先生能始终献身于民族国家事业，奋斗不
懈，屹然成为抗战的中流砥柱。
先生的德功，决不仅此，我祇就现时所感到的写出。兹
今值六十，犹自称小卒子，而先生的体魄，亦实称得起老少年。
國家今日，尚需要先生宏济艰难，为民请命，为国效劳，
以先生的革命精神，定能成此伟大事业，不负天下之
望。谨此良辰，谨祝先生坚持抗战成功，前途进步
无量！
周恩来
中華民國三十年十一月十四日，重慶。

1941年11月14日，国民政府军事委员会副委员长冯玉祥六十寿辰，众多亲友筹备为其祝寿，但冯玉祥认为“作生日作满月大办婚丧事借着敛钱，这是极没意思的事。因有害于社会极大，不但现时受害，而后来的人均受其影响也”。他主张只有多为老百姓做实事，为社会做出贡献，人民才将永远记住他，这才是真正的“长寿”。因此这次更是以“国难当头，概不受贺”为由婉拒，早早就外出“避寿”。

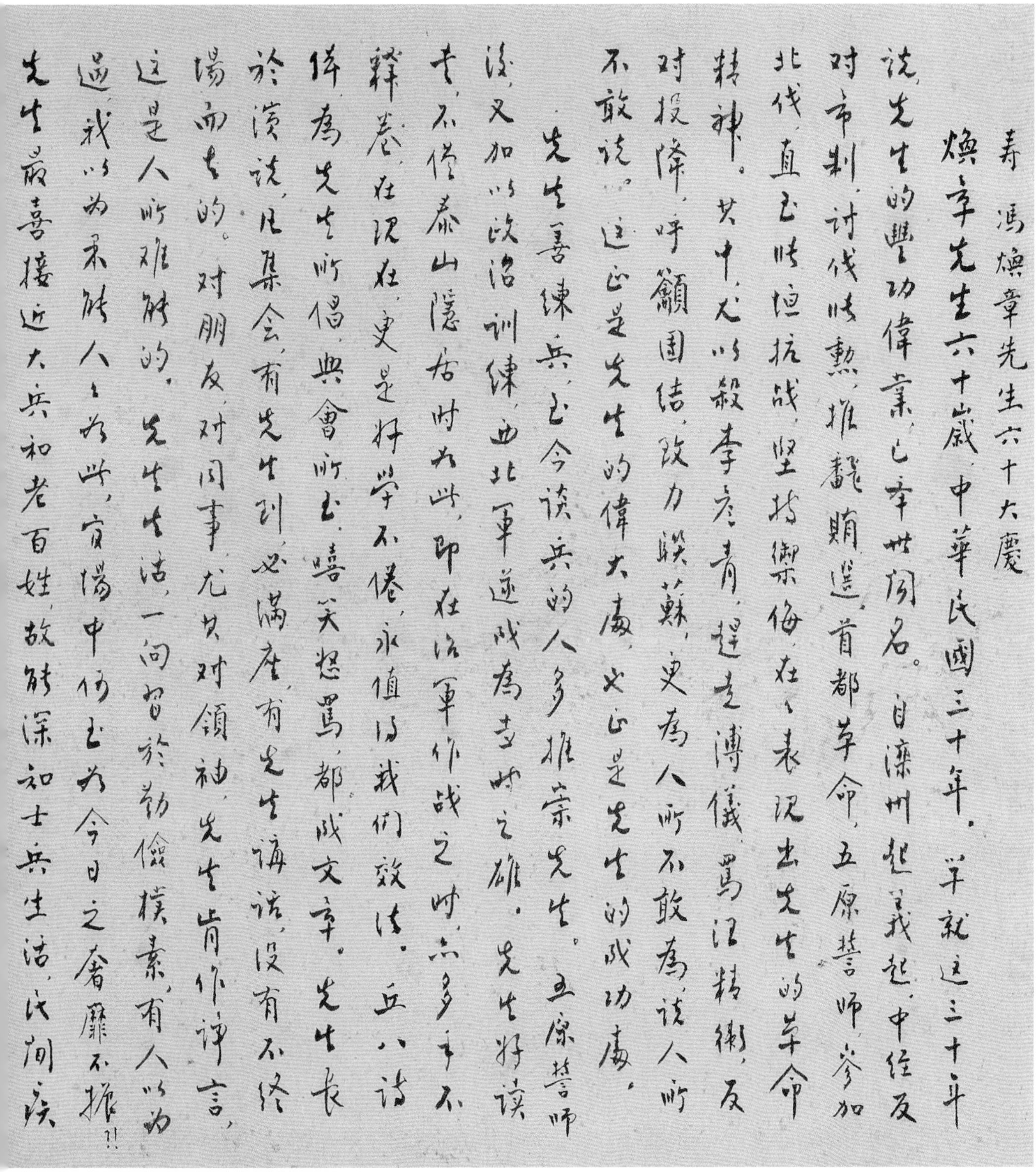

周恩来为冯玉祥六十大寿题词（1941年11月14日）

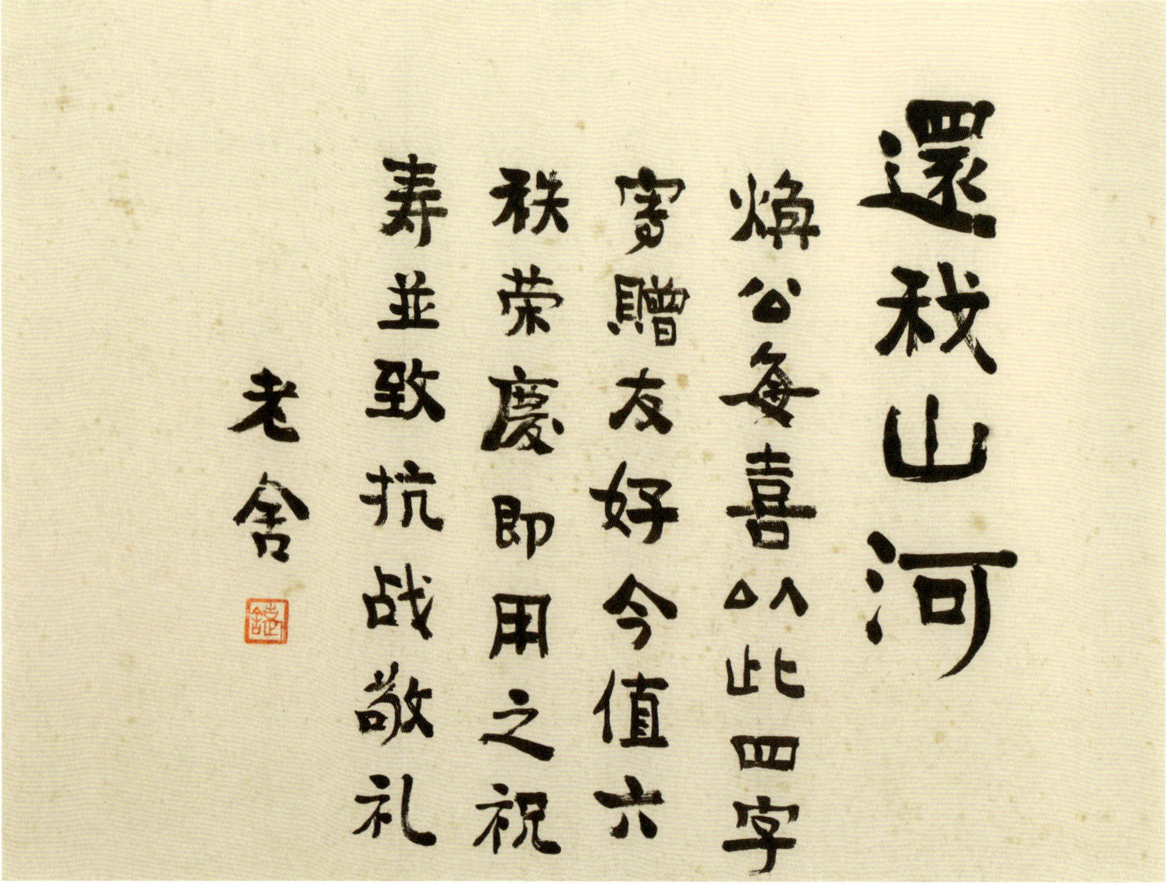

老舍为冯玉祥六十大寿题词

让冯玉祥没有想到的是，尽管他刻意回避，还是收获了诸多惊喜。生日当天，他到重庆璧山丁家坳的同文中学看望师生，并应校长熊祥煦之邀，欣然前往参加晚上的祷告会。其实这是校长专门为他举办的生日会，学生们为他唱歌祝寿，还送了“万寿无疆”的点心和装了60个橘子的果篮。当天，中国共产党主办的《新华日报》还特辟《庆祝焕章先生六十大寿》专版，刊登了中共领导人毛泽东、周恩来、朱德、彭德怀、董必武、叶剑英等人的贺词，对冯玉祥参加民主革命的功绩和爱国爱民的高尚情怀表示赞扬。冯府中更是热闹非凡，社会各界人士欣然前往贺寿。冯的好友王昆仑提议，凡来祝寿的文化界人士，均发给宣纸，写诗、作画、题词作为贺礼，400余幅字画挂满了会客室四壁。冯玉祥对这些珍贵的“贺礼”非常珍惜，专门将之装裱成册，放入特制的木箱里悉心保存。新中国成立后，冯夫人李德全将这些珍贵的档案捐献给国家，于1965年移交至本馆收藏。

邢舜田代表 900 个小朋友祝贺冯玉祥六十大寿的漫画作品

本馆所藏冯玉祥六十大寿贺词集中，以周恩来的亲笔贺词最为珍贵。这份 600 余字的长篇贺词，全面、中肯地评价了冯玉祥的功绩、精神和为人，褒扬他“为人所不敢为，说人所不敢说”的大无畏精神，褒扬他“始终献身于民族国家事业，奋斗不懈”的战斗精神，祝贺他“坚持抗战成功，前途进步无量”。另外，老舍先生所书“还我山河”也十分醒目。冯玉祥一生敬佩岳飞，“还我河山”是岳飞戎马一生、保家卫国精神的写照，冯也常以此四字书赠好友、用以励志。老舍先生贺词一方面用来祝寿，另一方面也是致敬冯玉祥奔走抗日所做的贡献。其中还有一幅江西省 900 个小朋友集体赠送的漫画作品，描绘了孩子们心目中冯玉祥将军的形象。

11 月 23 日，冯玉祥在《新华日报》上发表《答谢启事》和《谢寿诗》，表达了“为挽救国家民族的危亡，抗战到底，决不辜负朋友们对我的殷切期望”的决心。

蒋介石致罗斯福函

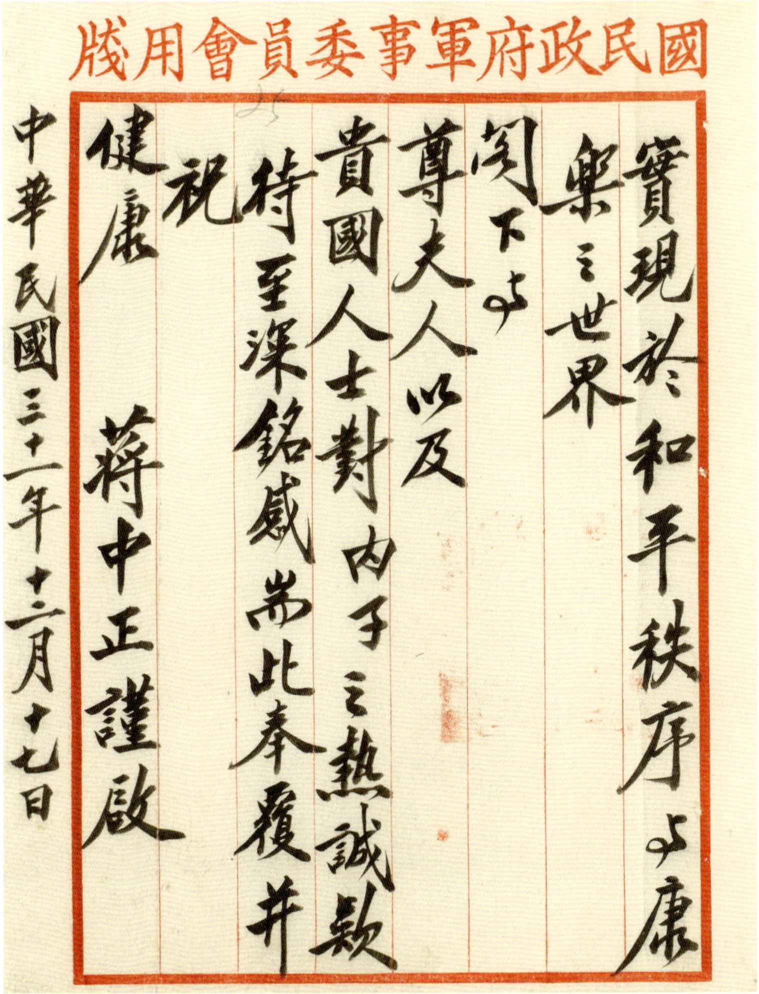
國民政府軍事委員會用牋

實現於和平秩序與康
樂之世界
閣下與
尊夫人以及
貴國人士對內子之熱誠款
待至深銘感，爰此奉覆並
祝
健康 蔣中正謹啟
中華民國三十一年十二月十七日

1941年12月7日，日本偷袭珍珠港，太平洋战争爆发。美、英、中相继对日宣战，国际反法西斯同盟正式形成，中美两国的盟友关系更加密切。为商讨缅甸抗日战事，进一步争取美国对中国抗战的实际援助，蒋介石夫人宋美龄于1942年11月至1943年6月以治病为由出访美国。

宋美龄出访美国之前，蒋介石曾致函美国总统罗斯福表示，“余深信内子此行更能增进余两人私交及扩展我两大民国之睦谊也”。由此可见，他对争取美国援华抗日充满了期待。

宋美龄赴美后，住进哥伦比亚长老教会医疗中心哈克尼斯医院治疗旧疾。在此期间，罗斯福的夫人经常前去探望问候，与宋美龄建立了良好的私人友谊。

为表达对罗斯福夫妇热情款待宋美龄的谢意，蒋介石于1942年12月17日亲笔写下此封致罗斯福函以示感谢，其内容如下：

罗斯福大总统阁下：承赐无线电传真手翰，循诵之余，恍如晤对。科学之进步，通讯之神速，已使吾人日益接近。此乃象征吾联合国家共同努力之长足进展与作战目的之提早达成，庶几

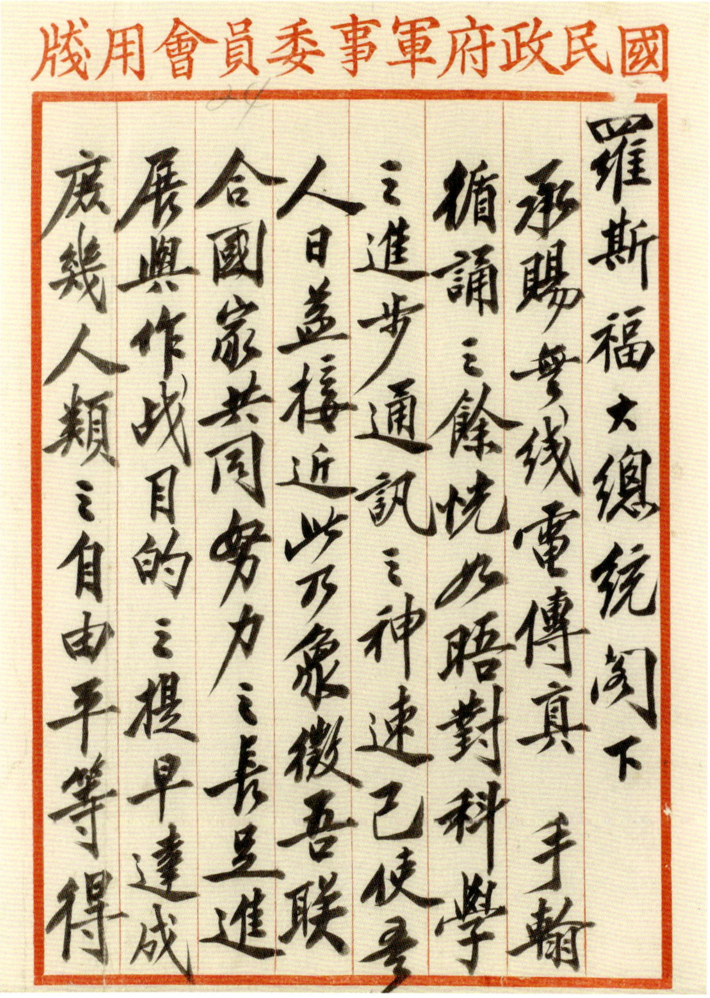
國民政府軍事委員會用牋

羅斯福大總統閣下

承賜無線電傳真手翰

循誦之餘恍如晤對科學

之進步通訊之神速已使吾

人日益接近此乃象徵吾聯

合國家共同努力之長足進

展與作戰目的之提早達成

庶幾人類之自由平等得

蒋介石致罗斯福函（1942年12月17日）

人类之自由平等得实现于和平秩序与康乐之世界。阁下与尊夫人以及贵国人士对内子之热诚款待，至深铭感！专此奉覆，并祝健康！蒋中正谨启。中华民国三十一年十二月十七日。

此函以电传形式发往美国，因此原件得以保存下来。从这短短百余字可知，此时蒋介石与罗斯福关系较为融洽。

1943年2月宋美龄病情好转出院后，在美方的安排下，先后在美国参众两院、纽约市政厅、纽约麦迪逊广场、芝加哥体育场、旧金山市政厅和洛杉矶好莱坞等处发表了多场演讲。她尽显个人魅力，把中国抗战之声传遍全美，刮起了一阵阵“宋美龄旋风”。除演讲外，宋美龄在美期间还多次与罗斯福商谈关于美国援助中国抗战等问题。通过谈判，美方不仅同意提供若干物资援助，而且改变了原定放弃缅甸作战的计划，答应帮助中国开辟新路线，增派海军陆战队赴缅共同抗日。

宋美龄此次访美活动提高了美国对中国抗战在世界反法西斯战争中地位和作用的重视，推动美国政府适当调整了“重欧轻亚”的政策。本馆所藏蒋介石致罗斯福函正是此时期中美联合抗日的历史见证。

《开罗会议珍影集》

1943年底，在世界反法西斯战争从防御转入进攻的关键时期，为了赢得战争的彻底胜利，讨论战后世界局势的安排，11月22日至26日，中美英三国首脑蒋介石、罗斯福、丘吉尔在埃及开罗举行了具有重大历史意义的会议，史称开罗会议。

会议通过了《开罗宣言》，确认了东北四省、台湾、澎湖群岛等所有日本从中国侵占的领土，战后应归还中国，同时指出三国进行战争之目的在于“制止及惩罚日本之侵略”“决不为自身图利，亦无拓展领土之意”“决心以不松弛之压力，从海陆空诸方面夹攻敌人”，直至日本无条件投降。

开罗会议蒋介石、罗斯福、丘吉尔及随从人员合影

会后，为宣扬开罗会议的重要意义，展示和提升中国国际影响力，南京国民政府制作了多种版本的开罗会议影像宣传资料。本馆所藏《开罗会议珍影集》即为其中的一种，内容为开罗会议期间蒋、罗、丘“三巨头”合影，以及蒋宋二人游览埃及名胜古迹时的留影等。

蒋介石、宋美龄游览埃及名胜留影

开罗会议会场全景照片

民国时期筹建三峡水利工程档案

长江三峡因蕴藏着丰富的水力资源而颇受世人关注。早在第一次世界大战刚结束时，孙中山就设想过利用西方的生产设备、技术和资金，开发三峡水力资源，改善川江航道。他在《实业计划》一书中曾作如此构想，“当以闸堰其水，使舟得以溯流以行，而又可资其水力”，并且反复阐述了开发三峡水力资源的重要性，但终因历史条件所限，直至逝世，孙中山这一宏伟构想都未能实施。

1944 年，在资源委员会的主持下，国民政府聘请美国垦务局萨凡奇博士为顾问，组队对三峡水力资源进行了较为系统的勘察。萨氏在国际上享有专业盛誉，来华后，他首先勘察了都江堰、大渡河、长寿龙溪河等地，随后在水利专家黄育贤的陪同下，乘木船沿三峡考察。经过这次考察，萨凡奇认为在黄陵矶可以筑坝，为此他撰写了《扬子江三峡计划初步报告》，详细论证了工程方案、工程造价、综合效益、中美技术合作等问题，并绘制了大坝（坝高 150 米）、船闸（三级船闸）等各种模型设计图。

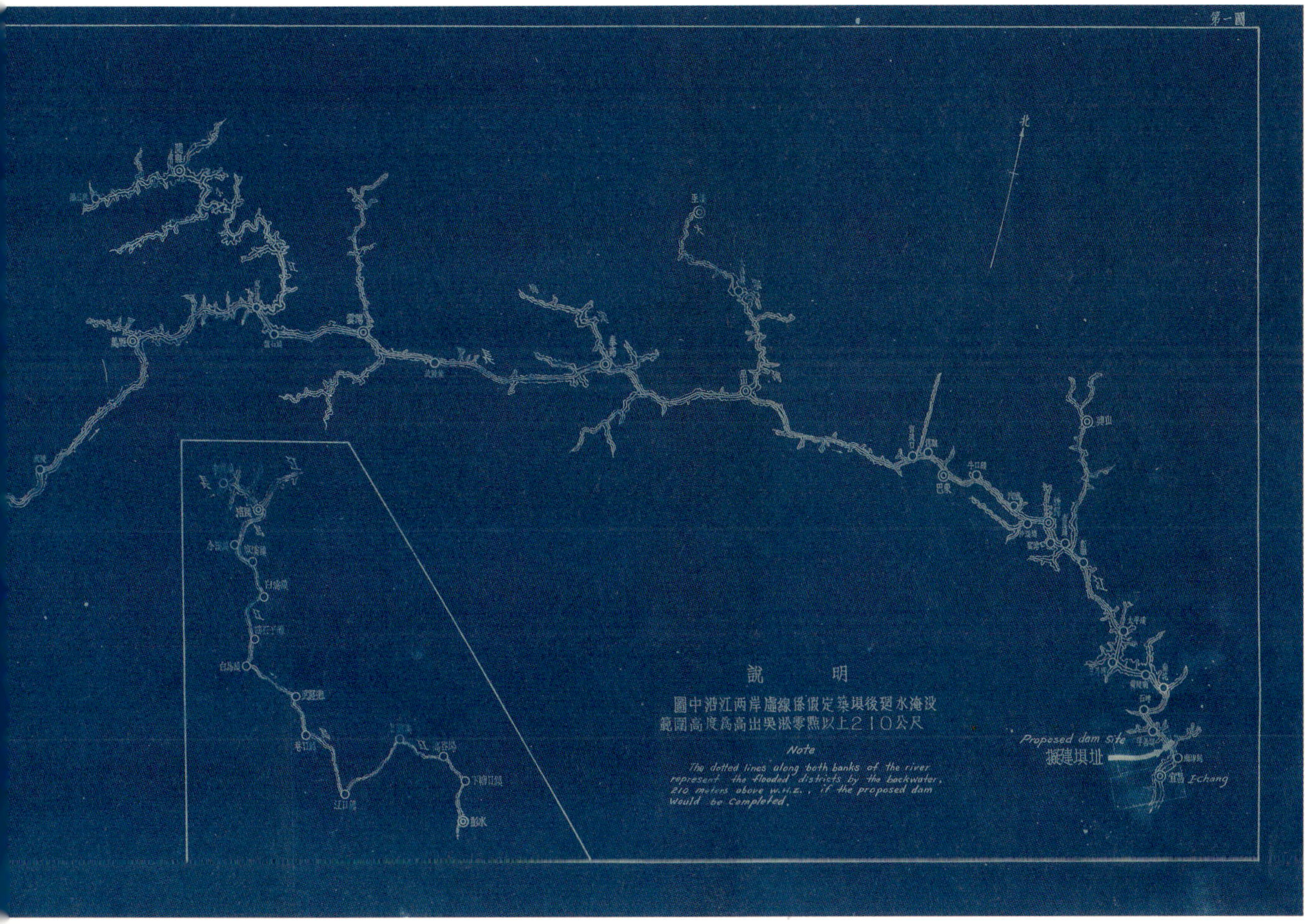

《三峡水库平面图》

《扬子江三峡计划初步报告》

1945年5月，经国民政府批准，三峡水力发电计划技术研究委员会正式成立，钱昌照任主任委员。三峡水利工程的勘察设计进入实际运作阶段。至1947年4月，“各种拦河坝、电厂、船闸的比较布置，各部门工程的比较设计已经做出；洪水量、水库容量、航道深度等也有了初步计算”，只待投入资金即可进行开发建设。

然而三峡水利工程耗资巨大，仅最初两年工程设计阶段就耗用了100多

三峡水利工程设计模型照片

万美元，后期实施开发建设则需巨大的财力支持。而此时，行政院院长宋子文因贪污案引咎辞职，钱昌照也随之离职，三峡水利工程就此搁浅。

本馆所藏民国时期筹建三峡水利工程档案较为全面系统，对新中国的三峡水利工程建设具有一定借鉴意义。1994 年水利部在长江三峡水利枢纽工程筹建时期调阅参考了本馆相关档案，充分发挥了民国档案在国家经济建设中的巨大作用。

《台湾接管计划纲要》

《开罗宣言》公布后，国民政府为做好战后接收台湾的各项准备工作，于1944年4月17日在国防最高委员会中央设计局下设立台湾调查委员会（以下简称“台调会”），任命陈仪为主任委员。台调会主要工作任务有3项：收集台湾有关资料；培训接收人员；起草《台湾接管计划纲要》等预案文件。台调会先向党政军各机关征询意见，再召开研讨会，对各部门意见加以研究，最后才起草接管台湾计划条文。至5月底，台调会即已拟就《台湾接管计划纲要草案》初稿。

1945年初，经陈仪请求，蒋介石令党政军各机关定期与台调会举行联席会议，讨论《台湾接管计划纲要》中各方面接管台湾的诸多问题。陈仪认为接管过程中行政区划、土地问题、公营事业等问题影响全局，关系重大，故在台调会内专设台湾行政区划研究会、台湾土地问题研究会以及台湾公营事业研究会，分别研讨，以示慎重。

1945年3月，经多次修正的《台湾接管计划纲要》最终呈蒋介石核准定案。定案后的《台湾接管计划纲要》共分82条，内容涵盖内政、外交、军事、财政、金融、工矿商业、文化教育、交通、农业、社会、粮食、司法、水利、卫生、土地15个方面，成为战后中国政府接管台湾的纲领性文件。

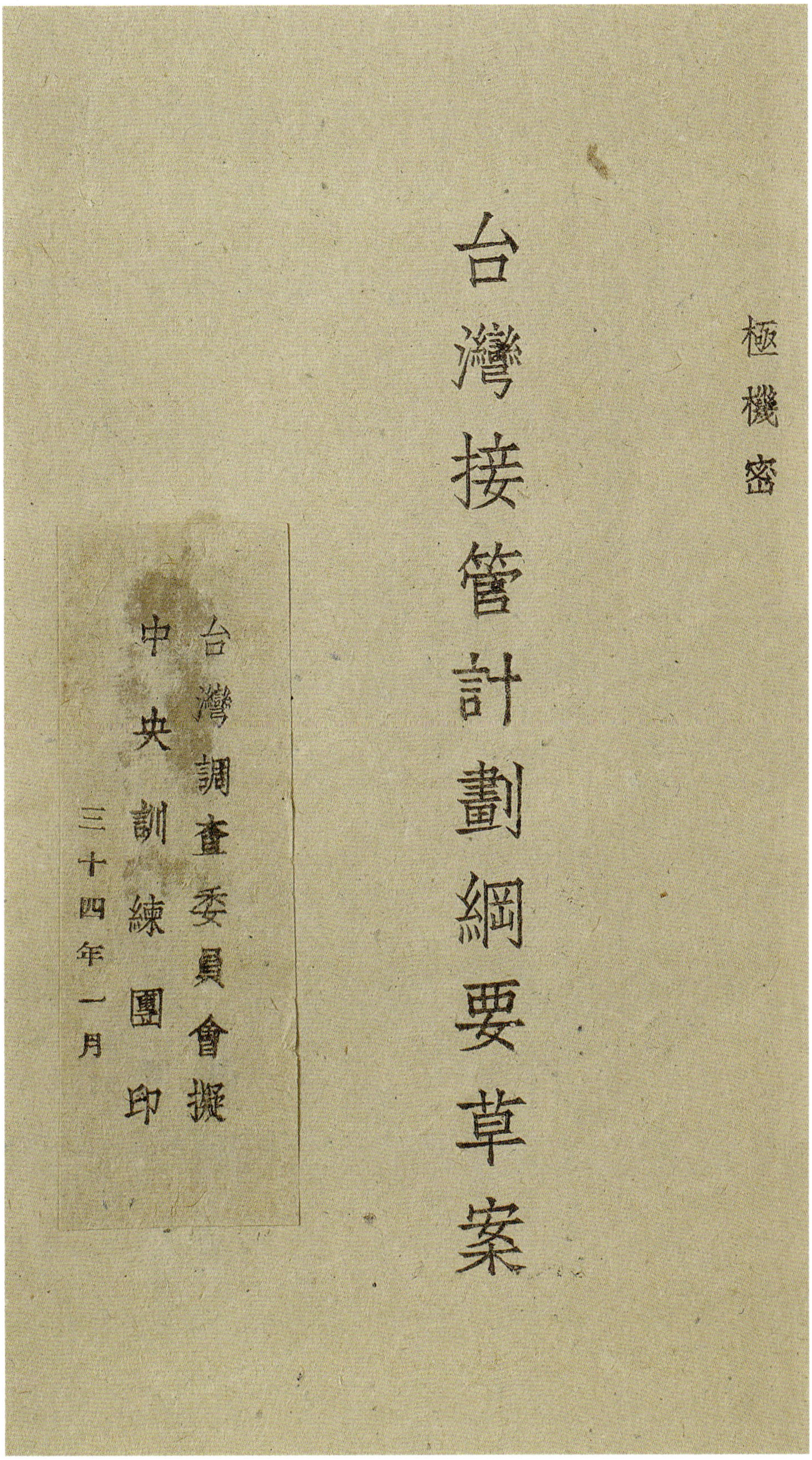
極機密

台灣接管計劃綱要草案

台灣調查委員會擬

中央訓練團印

三十四年一月

《台湾接管计划纲要草案》（1945年1月）

《日本投降纪念照片——南京签降》

宽阔严肃的中央军委大礼堂中置有两张长桌。上方的大桌台是受降席，下方的小桌台是投降席。何应钦端坐大桌台中，指示冈村在降书上签字

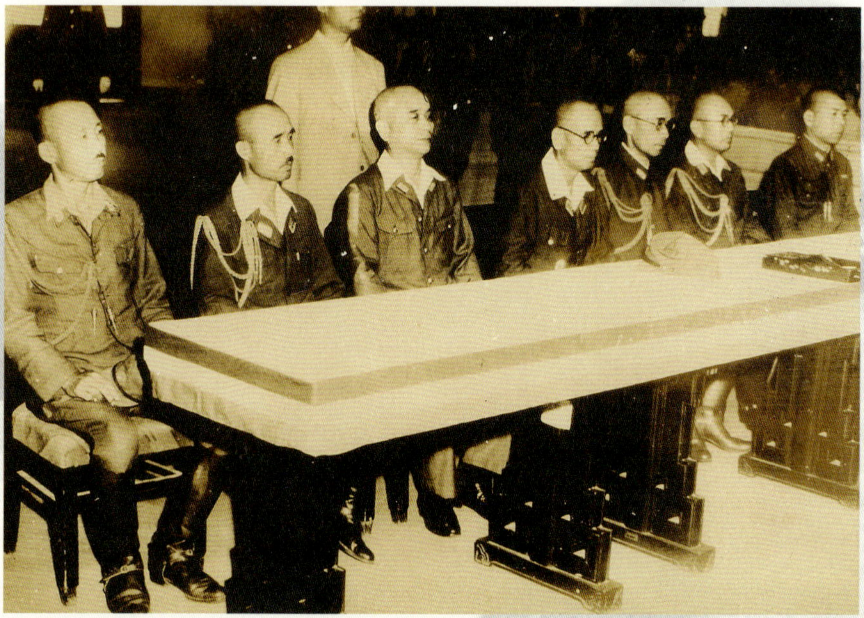

9月9日日本无条件投降中国战区代表冈村宁次一行七人，坐于投降席上候命签字。中坐者为冈村，其左侧为小林浅三郎、今井武夫及小笠原清，右侧为福田良三、谏山春树及三泽昌雄

1945年9月9日9时，中国战区日本投降签字仪式在南京黄埔路中国陆军总司令部举行。何应钦总司令代表国民政府受降，冈村宁次代表日本投降。

日本降书签字完毕后，何应钦即将中国战区最高统帅蒋介石第一号命令面交冈村宁次，整个受降仪式约经20分钟全部完成。

本馆所藏《日本投降纪念照片——南京签降》为1945年东方出版社制作

日军总参谋长小林浅三郎将签过名的降书一鞠躬后双手呈给何应钦

受降席端坐着五位将军，何应钦上将居中，右侧为顾祝同上将、萧毅肃中将，左侧为陈绍宽上将、张廷孟上校

发行，内有照片 8 张，每张照片下方都详细介绍了照片内容。包括布置庄严整齐的签降地点中央军校大礼堂；出席人物合影，受降席端坐着 5 位中国将军何应钦、顾祝同、萧毅肃、陈绍宽、张廷孟，投降席上为日本无条件投降中国战区代表冈村宁次一行 7 人；签降仪式的部分重要瞬间，如“冈村宁次在降书上签字后盖上图章”“日本参谋小林将签过名的降书一鞠躬后双手呈给何应钦”及“何应钦检视降书后在受降书上签名”等。

《台湾警备总司令部军事接收总报告》

1945年8月15日，日本侵略者在中国人民及世界反法西斯力量的沉重打击下，接受《波茨坦公告》，宣布无条件投降。根据《开罗宣言》，由日本非法攫取的台湾、东北等中国领土全部归还中国，台湾回到祖国怀抱因此具有了国际法依据。

9月1日，陈仪受命担任台湾省行政长官兼警备总司令，负责光复后对台湾的军事接收、对日受降及遣返日俘、日侨等项工作。28日，陈仪在重庆成立台湾省行政长官公署与台湾警备总司令部前进指挥所，由行政长官公署秘书长葛敬恩、警备总司令部副参谋长范诵尧分任正、副主任。10月5日，前进指挥所官兵71人赴台办公。10月下旬，陈仪在重庆筹备完毕，飞台视事。25日上午9时，日本台湾总督兼第十五方面军司令官安藤利吉率其众降，台澎地区复归中国版图。陈仪随即依法组织台湾地区军事接收委员会，兼任主任委员，并任命警备总司令部参谋长柯远芬为副主任委员。之后，历经4个月努力，收复台湾各项工作得以最终完成。

《台湾警备总司令部军事接收总报告》由台湾省警备总司令部接收委员会于1946年6月20日发行，详细记述了台湾收复的全过程，包括台湾军事接收准备、台湾地区降敌之概要、台湾军事接收经过概要、俘虏管理、俘虏之遣送、接收军品之点验及集中处理6篇内容，共计30章，是记载台湾回归祖国的重要历史文献，具有极高的史料价值。

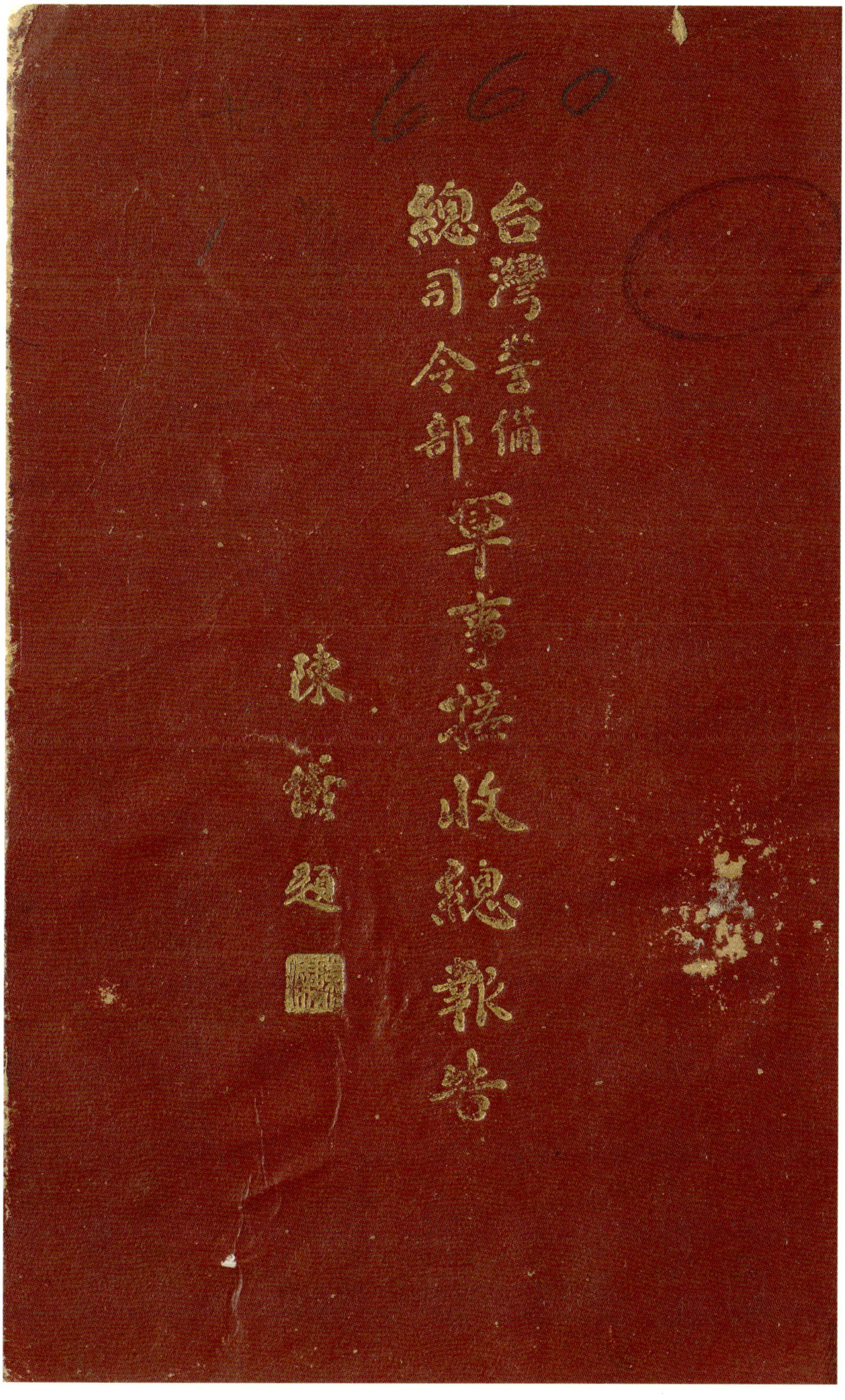

《台湾警备总司令部军事接收总报告》（1946年6月）

杨亮功、何汉文关于台湾二二八事件调查报告及善后办法建议案

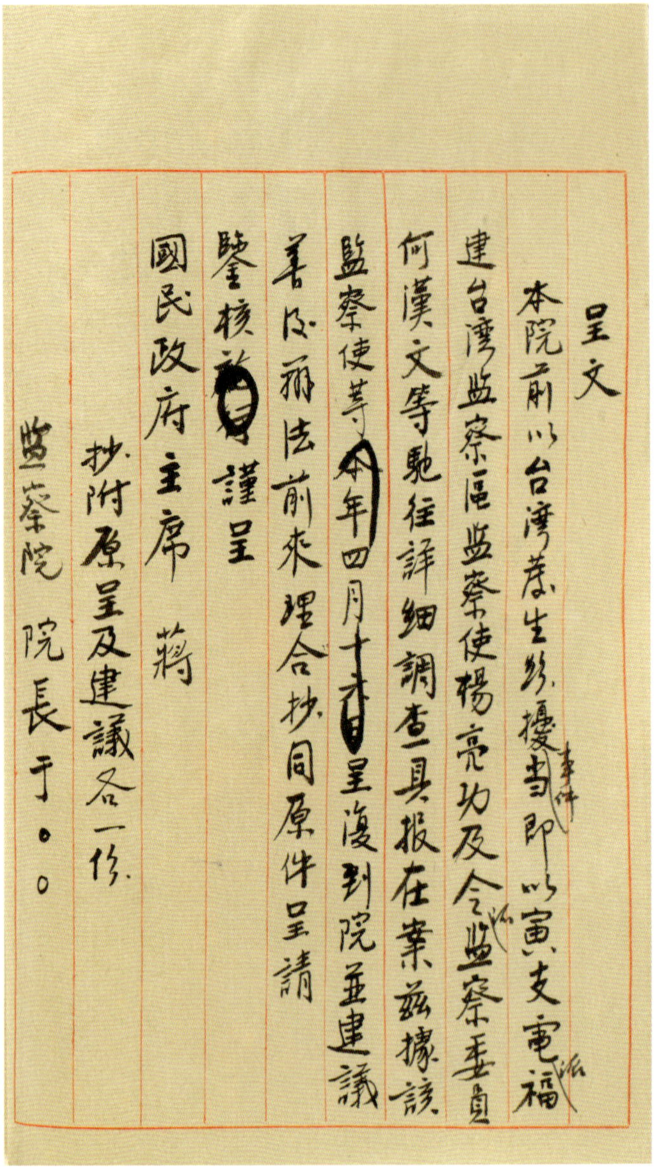
呈文
本院前以台灣發生紛擾當即以寅支電福
建台灣監察區監察使楊亮功及令派監察委員
何漢文等馳往詳細調查具報在案茲據該
監察使等本年四月十日呈復到院並建議
善後辦法前來理合抄同原件呈請
鑒核謹呈
國民政府主席 蔣
抄附原呈及建議各一份
監察院 院長 于〇〇

1945年8月抗战胜利，中国政府依据《开罗宣言》《波茨坦公告》等具有国际法效力的文件，收复被日军侵占的中国领土台湾，台湾重归中国版图。但国民政府的腐败政治对其治理台湾的施政工作造成了较大影响。1947年2月27日，缉私人员在台北市查获贩卖走私香烟时使用暴力对付商贩，激起民愤。民众对当局的种种不满集中宣泄，2月28日全岛爆发了一场反抗专制统治、争取基本权利的民众运动。为应对这一运动，台湾当局调派部队展开了大规模镇压，造成民众死伤，史称二二八事件。

二二八事件是战后台湾发生的最严重的一次政治事件，不仅在当时引起岛内外舆论及各党各派的广泛关注，而且对此后台湾的政治、经济、文化、社会及民众心理等诸多方面产生了较大影响。

二二八事件发生后，国民政府监察院派遣福建台湾监察使杨亮功、监察委员何汉文前往台湾调查。

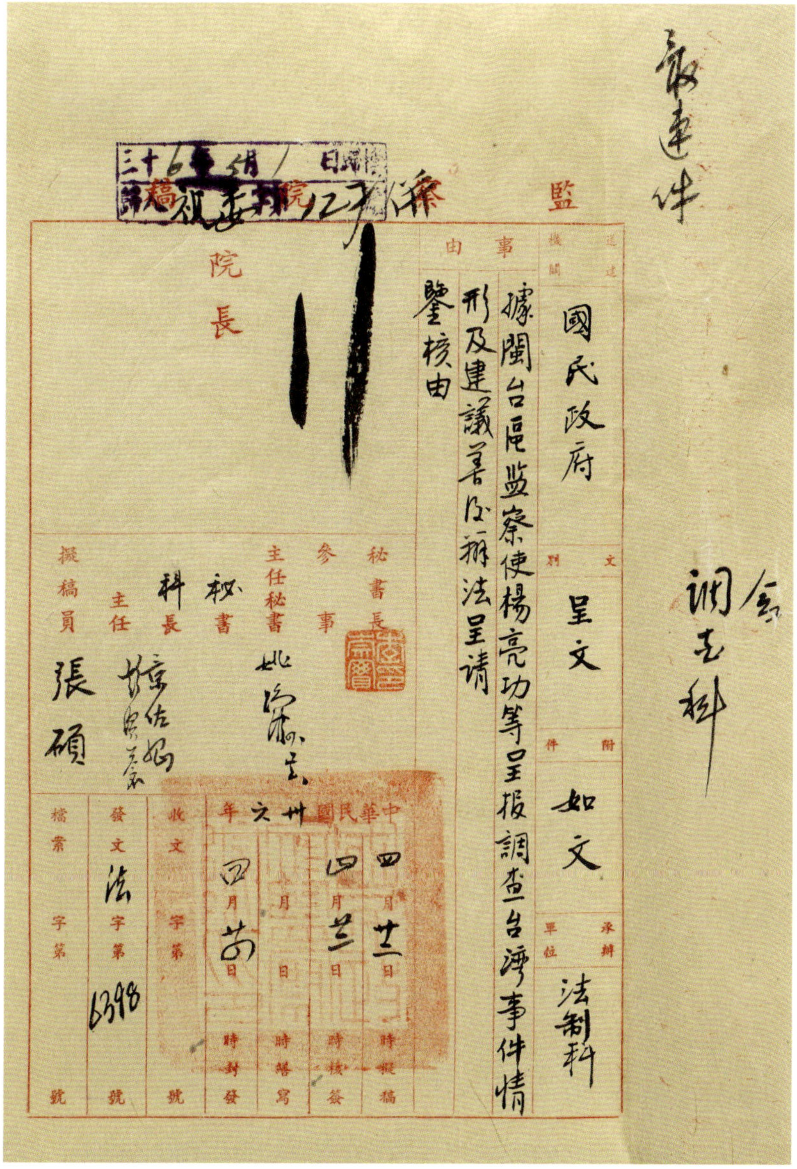
監察院稿

送達機關：國民政府

事由：據閩台區監察使楊亮功等呈報調查台灣事件情形及建議善後辦法呈請鑒核由

文別：呈文

附件：如文

承辦單位：法制科

院長

秘書長

參事

主任秘書

秘書

科長

主任

擬稿員 張碩

中華民國卅六年

四月廿一日 擬稿

四月廿二日 核簽

四月 日 繕寫

四月廿 日 封發

收文 字第 號

發文 法字第6398號

檔案 字第 號

监察院转呈杨亮功、何汉文所呈之台变经过情形及善后办法致国民政府主席蒋介石呈（1947年4月22日）

杨、何二人在完成调查工作后，于4月16日向监察院院长于右任提交了二二八事件发生处理经过的调查报告以及善后办法建议案各一份，后经由于右任转呈蒋介石。

《杨亮功、何汉文关于台湾二二八事件调查报告及善后办法建议案》详细记述了事件发生经过及此事件后台湾各地的状况，对事件发生的原因亦做了分析，形成了结论，并从政治、军事、文化教育、经济、土地和粮食、人事、民意机关及其他8个方面提出了善后处理办法。此组文稿是经过缜密调查形成的官方结论，记录系统翔实，结构完整清晰，分析鞭辟入里，具有较强的可靠性和真实性，对研究二二八事件及台湾光复后各方面状况均有较高的史料价值和参考作用。

中华人民共和国开国大典档案

1949年10月1日15时至21时，中华人民共和国中央人民政府成立典礼在北京天安门广场隆重举行，一个崭新的中国诞生于世界东方。中国人民结束了百余年来被侵略被奴役的屈辱历史，从此屹立于世界民族之林。

为做好开国大典各项筹备工作，中共中央于1949年7月成立了以周恩来为主任，彭真、聂荣臻、林伯渠、李维汉为副主任的开国大典筹备委员会。开国大典筹备工作主要由中央直属机关、华北军区与北平市委三方共同承担。8月，开国大典筹备具体方案形成，各项准备工作也紧张有序地展开。9月20日，中央有关部门及华北、北平市党政军民各机关团体召开会议，决定成立中华人民共和国中央人民政府成立庆祝大会筹委会（以下简称庆祝大会筹委会），公推时任北平市军管会主任、市长聂荣臻为庆祝大会筹委会主任，下设秘书处、宣传部、布置处、指挥部4个部门。

本馆所藏开国大典档案，时间跨度为1949年9月20日至10月23日，此组档案从多方面多角度反映了开国大典前十天的筹备工作、开国大典经过及其善后工作情形。主要内容为庆祝大会筹委会成立、工作计划及部署相关文件，筹备工作中各项往来函件，开国大典照片，庆祝大会相关财务单据凭证，庆祝大会筹委会结束相关工作文件等。

当时，北平刚刚解放，面对极其复杂的社会治安形势，为防止国民党潜伏特务的破坏活动和敌机的空袭干扰，保卫新生的人民共和国以及党和国家领导人的安全，庆祝大会筹委会以高度的政治使命感，高效地做了大量深入细致的工作。庆祝大会筹委会成立第二天，聂荣臻即向中共中央、华北局、政协秘书处等处报告了庆祝大会筹委会成立事宜并附送大会程序草案以及各部处预算等；9月27、28两日，考虑到参加开国大典阅兵的各兵种须于9月30日下午进城集中，为交通安全起见，30日及10月1日公交电车运行须实行管控，聂荣臻亲自致函企业局局长牟泽衔交办此事；为护送老年病弱政协代表安全登上天安门主席台，特意寻找政治可靠的抬椅工友；为防止敌人空袭，安排人员即行清理天安门城楼下防空洞。庆祝大会筹委会安保工作布置细致入微，环环相扣，确保了开国大典庆祝大会的顺利进行。

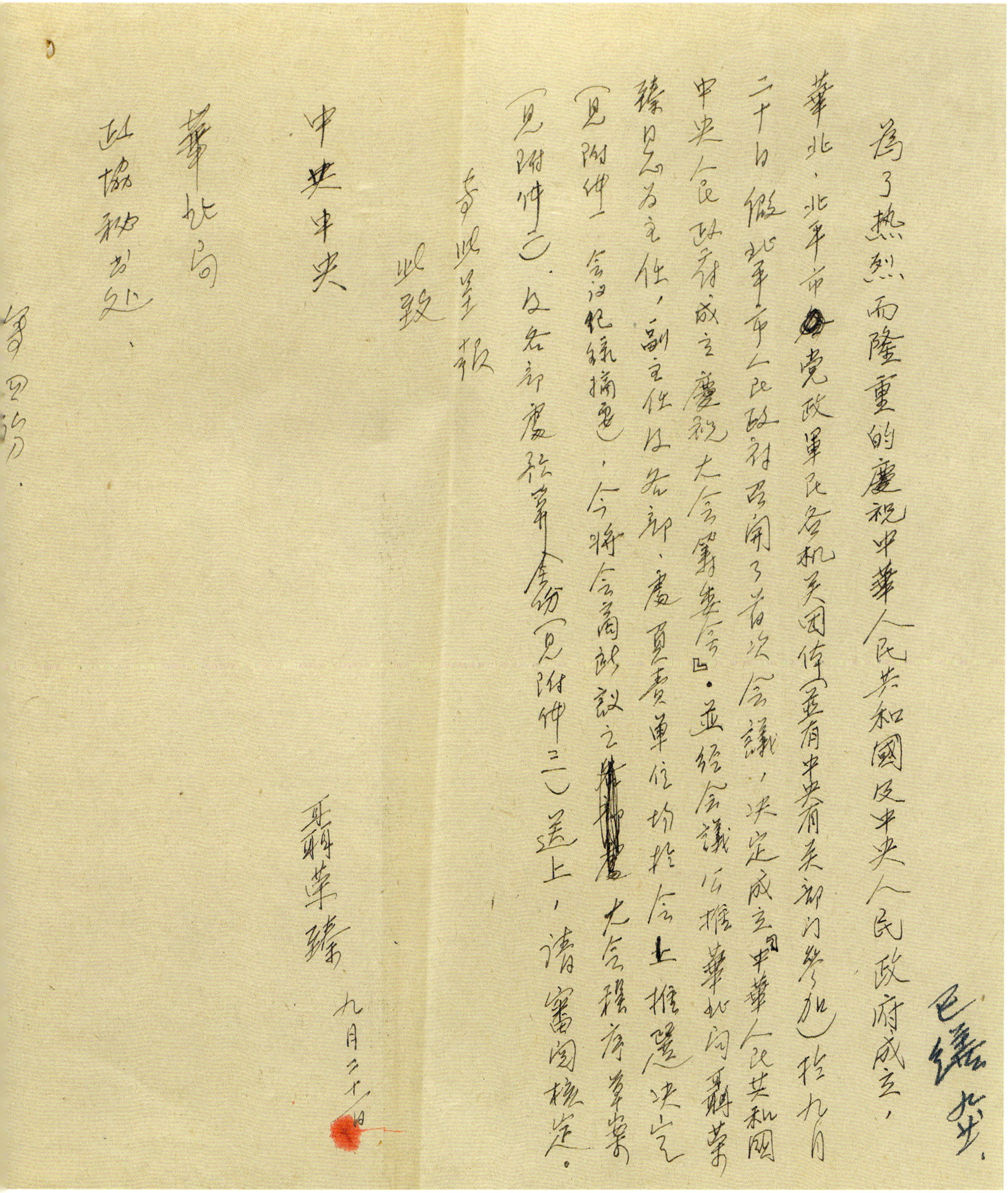
为了热烈而隆重的庆祝中华人民共和国及中央人民政府成立，华北、北平市党政军民各机关团体（并有中央有关部门参加）于九月二十日假北平市人民政府召开了首次会议，决定成立中华人民共和国中央人民政府成立庆祝大会筹委会。并经会议公推华北局聂荣臻同志为主任，副主任及各部、处负责单位均于会上推选决定（见附件一会议纪录摘要）。今将会商所设立大会程序草案（见附件二）及各部处组织草案全份（见附件三）送上，请审阅核定。

专此呈报

此致

中共中央

华北局

政协秘书处

聂荣臻

九月二十一日

第四份

聂荣臻致中共中央、华北局、政协秘书处报告（1949年9月21日）

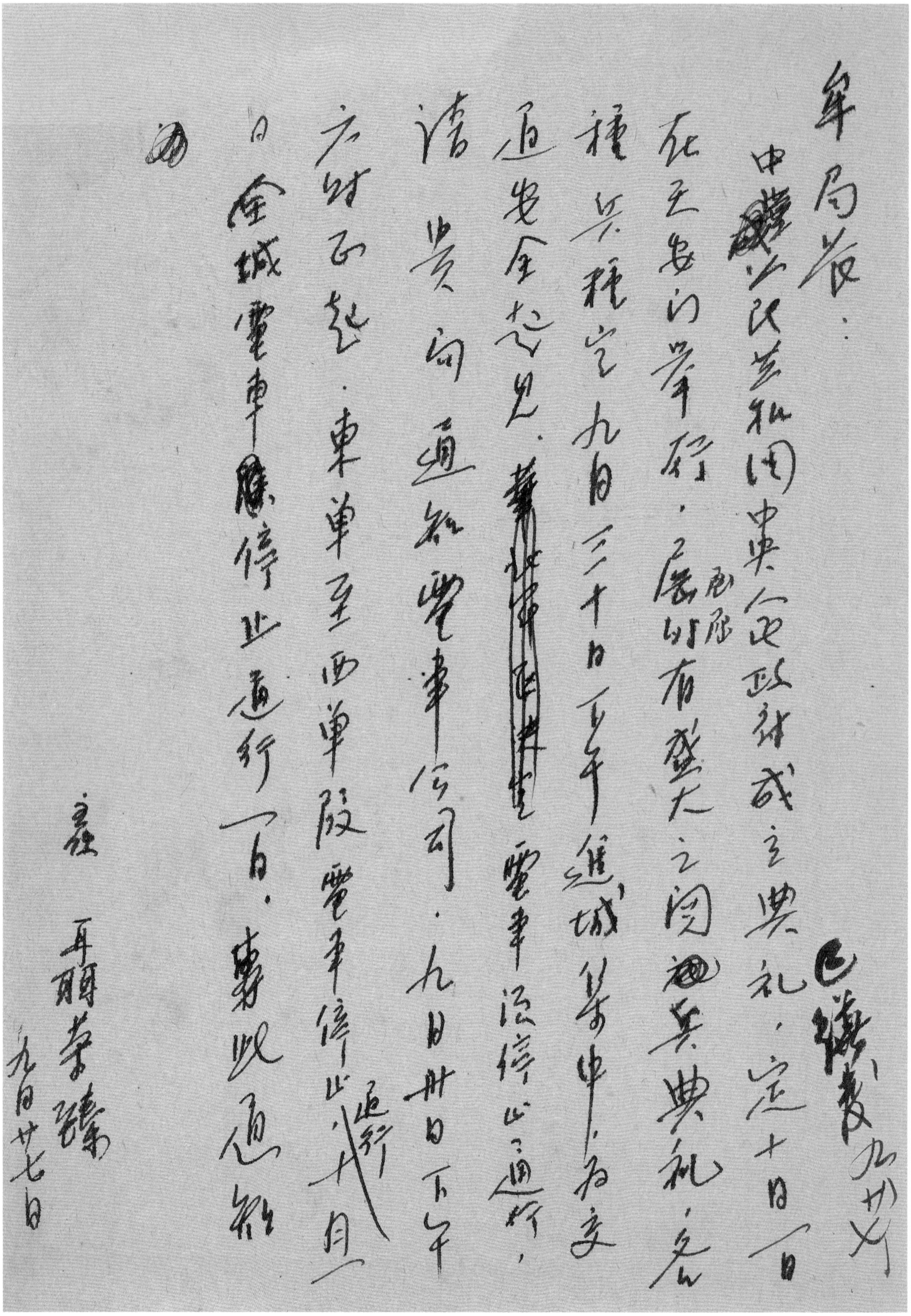
牟局长：
中华人民共和国中央人民政府成立典礼，定十月一日在天安门举行，届时有盛大之阅兵典礼，各种兵种定九月三十日下午进城集中，为免交通发生危险，电车须停止通行，请贵局通知电车公司，九月卅日下午六时起，东单至西单段电车停止通行，十月一日全城电车停止通行一日。专此通知
敬
聂荣臻
九月廿七日

聂荣臻致企业局局长牟泽衔函（1949年9月27日）

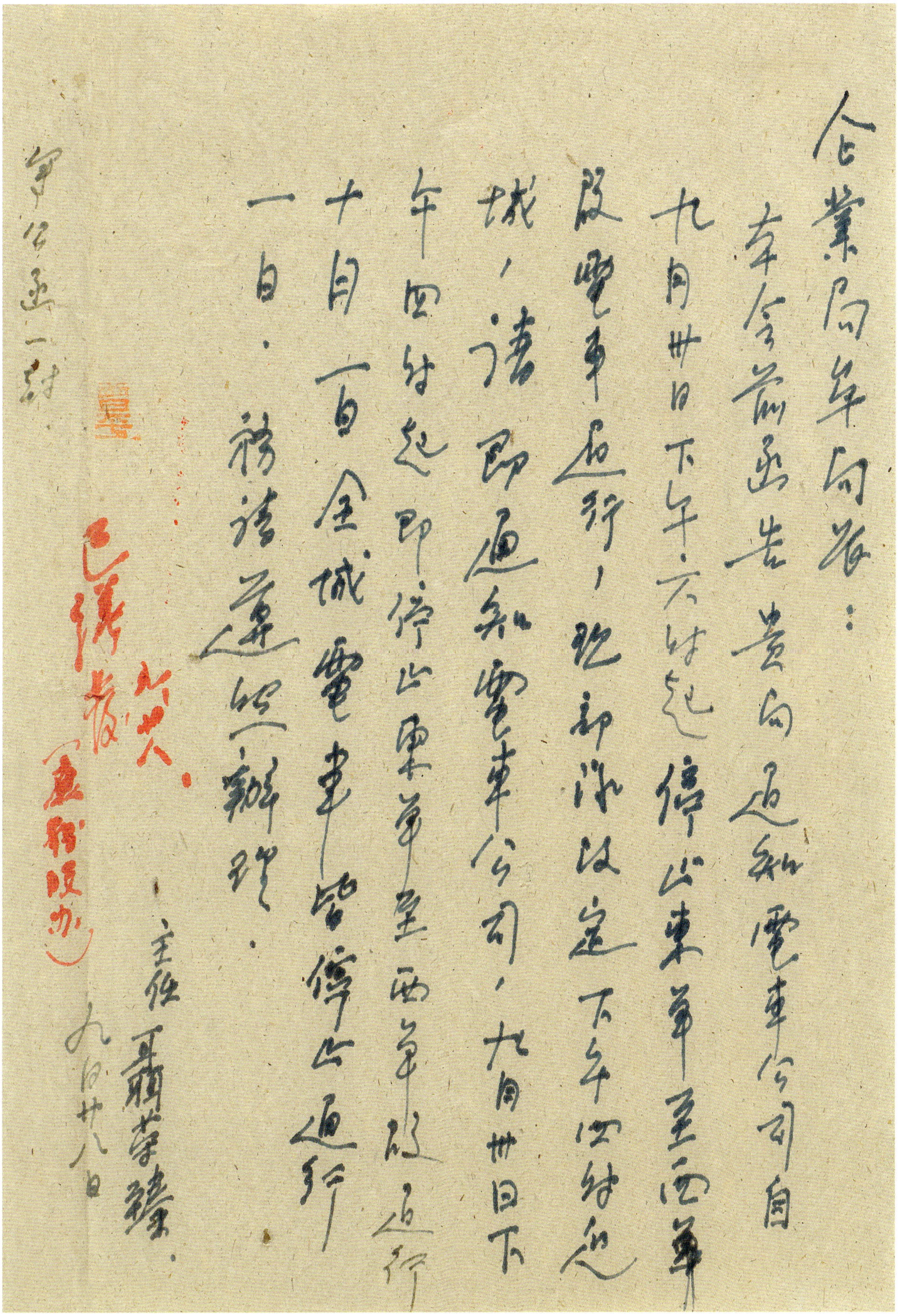

企業局牟局長：

本會前函告 貴局通知電車公司自九月卅日下午六時起停止東華門至西華門段電車通行，現新改定下午四時起城，請即通知電車公司，九月卅日下午四時起即停止東華門至西華門段通行，十月一日全城電車皆停止通行一日。特請 遵照辦理。

主任 聶榮臻

九月廿八日

已謄發 廿八

（原稿陳辦）

牟公函一封

聂荣臻致企业局局长牟泽衔函（1949 年 9 月 28 日）

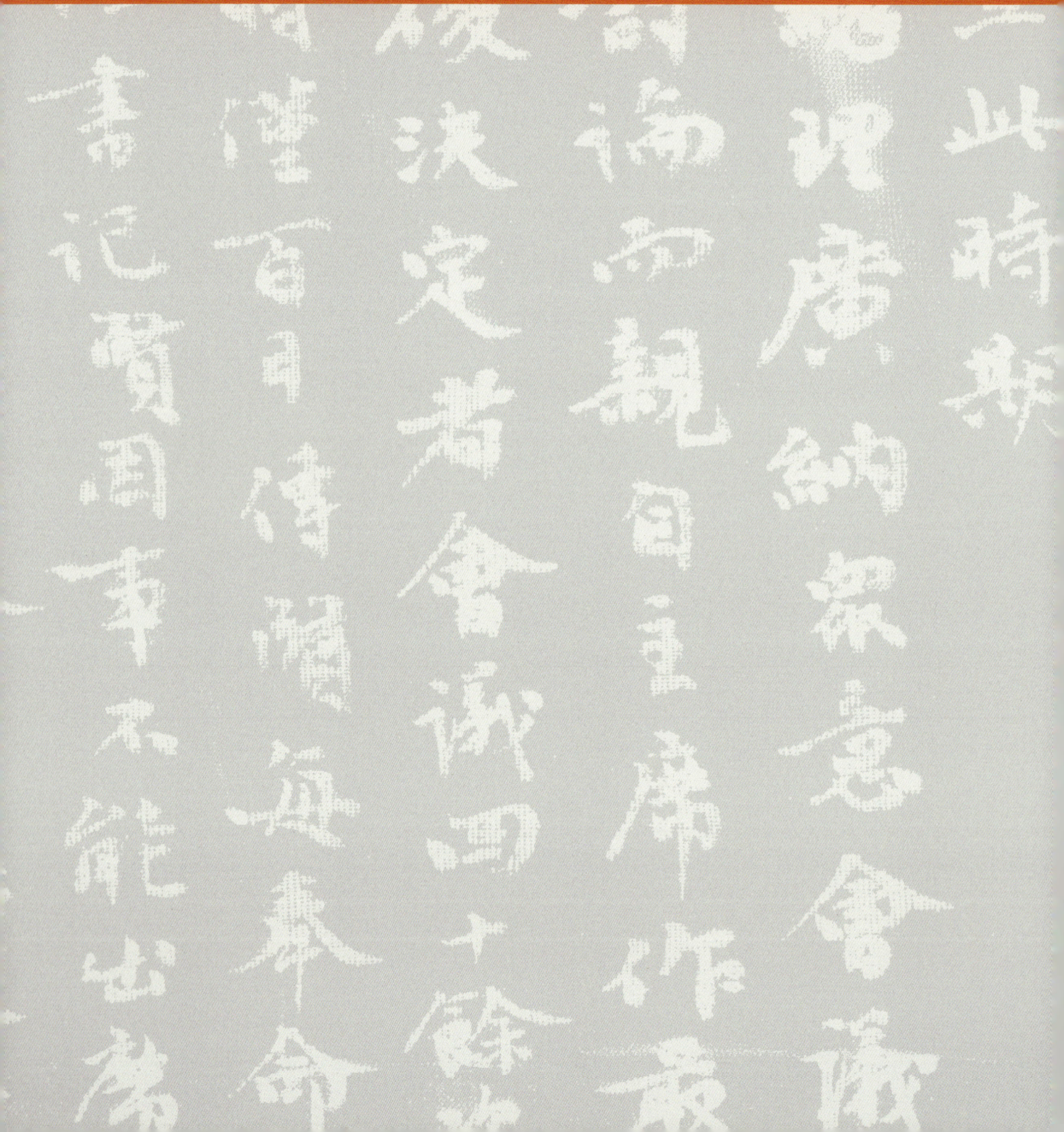

中国第二历史档案馆
馆藏档案精粹

实物档案

中央苏区苏维埃革命旗帜

1927年9月9日秋收起义爆发后，中共中央召开临时政治局会议，明确宣布放弃使用国民党旗帜，正式提出建立中华苏维埃政权的口号。同年10月，中共南方局、广东省委联席会议通过《中共广东省委第十四号通告：最近工作纲领》，明确指出："废除国民革命军的名义，改称工农革命军，废除青天白日旗，改用红旗，以斧、镰为标志。"这是中国共产党的领导机关第一次做出关于党的旗帜的正式决定。从此，镰刀斧头正式成为了中国共产党旗帜的标志。

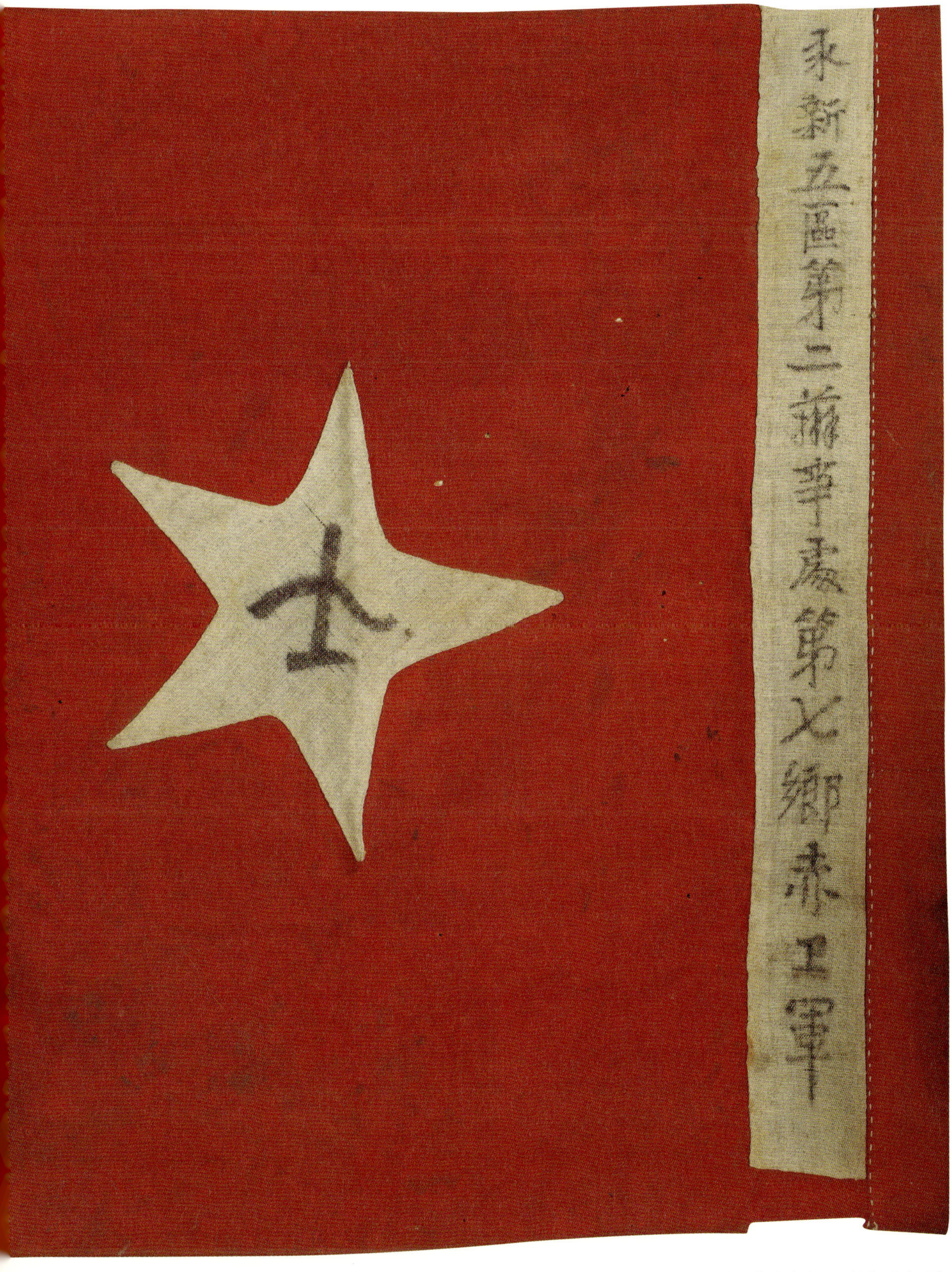

永新五区第二办事处第七乡赤卫军旗帜（布质）

本馆所藏中央苏区苏维埃革命旗帜有5面，其中江西省吉安市永新县五区第二办事处第七乡赤卫军旗帜和泰和县二区第一乡中共儿童局旗帜极具特点。永新、泰和两县相邻。土地革命时期，永新、泰和是井冈山革命根据地的重要组成部分，其中永新是中央苏区创建时期的重要区域，著名的“三湾改编”“龙源口大捷”等重大历史事件均发生于此。

永新赤卫军旗帜为布质，正方形，边长78厘米，其式样与“三〇式”军旗相仿。泰和儿童局旗帜为布质，直角三角形，直角边长分别为103厘米、113厘米，其式样与劳动童子团旗帜相仿。

永新赤卫军旗帜、泰和儿童局旗帜是本馆整理档案时所发现的，其来历已无从考证，初步推测为国民党当局所收集的情报资料，这也为研究中共党史和革命史留下了珍贵的实物档案。

泰和二区第一乡中共儿童局旗帜（布质）

苏维埃银铜币

1927年，蒋介石发动“四一二”反革命政变，大肆镇压中国共产党。为反抗国民党暴政，中国共产党在各地组织发动武装起义，先后在全国建立了17个革命根据地，并成立了苏维埃政府。在革命根据地的建立发展过程中，因受到国民党政权的封锁及包围，经济、金融活动都受到极大限制。为维护苏维埃政权金融稳定，促进经济发展，苏维埃政府在中央苏区、左右江、湘鄂西、海陆丰、鄂豫皖、闽浙赣、川陕省、陕甘8个根据地陆续开办了银行，发行了苏区专用货币。这些货币以纸币为主，兼有银、铜、布等材质，其中中央苏区、皖西北特区（鄂豫皖）、川陕省、湘鄂西4个根据地的苏维埃政权铸造了银铜币。

本馆所藏苏维埃银铜币为中央苏区、皖西北特区（鄂豫皖）、川陕省3个根据地造币厂所铸造，共计6种13枚。

中央苏区银铜币由中央根据地造币厂（后更名为中央造币厂）铸造。该厂于1930年在江西省赣州市兴国县东村乡设立，其前身是江西省苏维埃造币厂。翌年11月中央苏维埃政府成立后，中央根据地造币厂搬迁到瑞金洋溪村，更名为中央造币厂。生产初期只能手工制造银币，直到1932年3月缴获了一套铸币机和一批钢模，才开始机械铸造规范的银铜币。其所铸造银币为二角面值，铜币为一分、五分两种面值。

中央苏区、皖西北特区（鄂豫皖）、川陕省银铜币

皖西北特区（鄂豫皖）银铜币由鄂豫皖省苏维埃政府所设银行铸造。1931 年 5 月，皖西北特区苏维埃政府在安徽省金寨县成立，12 月改名为皖西北道区苏维埃政府。1931 年 7 月，鄂豫皖省苏维埃政府成立。之后，鄂豫皖根据地陆续建立了 3 家银行，其中铸造铜币最多的为皖西北特区苏维埃银行，其所铸银铜币均镌有“皖西北”“全世界无产阶级联合起来”等字样，为二十文、五十文两种面值，版式则有多种。

川陕省银铜币由川陕省苏维埃政权铸造。1932 年 12 月，川陕省临时革命委员会成立，1933 年 3 至 4 月间在四川省巴中市通江县郊设立造币厂，厂房、机器、材料多为缴获所得，技师、工人和管理人员 200 余人也是由原厂接收而来。其所铸铜币镌有“赤化全川”口号，为二百文面值。另有 1934 年制五百文面值。

苏维埃银铜币因制造机器、材料以及技术等条件限制，除中央苏区银铜币外少有精良出品，加之战乱影响、年代久远，苏维埃银铜币存世极少，而其所具有的革命纪念意义与历史研究价值越来越受到社会各界特别是钱币收藏界的重视。

中国工农红军第四军军司令部保护邮差的布告

1931 年 1 月，中国共产党领导下的红一军与红十五军在河南商城南部长竹园会合，随即两军合编，改称中国工农红军第四军，全军 1.2 万余人，主要活动在鄂豫皖交界地区。红四军在徐向前、曾中生等人领导下，对发展和巩固鄂豫皖革命根据地做出了杰出的贡献。

中国工农红军和革命根据地的发展，使国民党统治集团大为震惊。从 1930 年底开始，国民党当局对中央苏区革命根据地连续发动了 5 次大规模的军事“围剿”，战争绵延不断，致使邮政事业受到极大冲击，邮局、邮路被破坏，邮差的人身安全也受到威胁。为使百姓免受战乱之苦，红四军广发布告，阐明邮政“乃发展文化工具之一，不但可以传达各地消息，且能汇兑财物，一般群众，实利赖之”。还提出了保护邮差的口号与宗旨，对“遵守苏维埃法令服务及无防［妨］害革命之行动与企图”的邮政和办事人员，特别是劳苦的邮差，均予以保护。

这份布告于 1931 年由红四军军长徐向前、政治委员曾中圣［生］签发，正文 265 字，其内容不仅强调红军是维护和争取群众利益的武装，会保护邮局财产和邮差安全、制裁破坏邮政者，还号召邮局办事人员在照常服务的同时加入革命事业。

五次反“围剿”期间，中国工农红军处境艰险，致使很多早期的革命文献未能保留下来。这份布告是当时国民政府邮政部门作为情报资料收集并归于邮政总局全宗中保存的档案。现如今此布告已成为中国工农红军保护邮差、确保邮路畅通的历史见证，亦是研究中华邮政史以及中国革命史的珍贵历史文献。

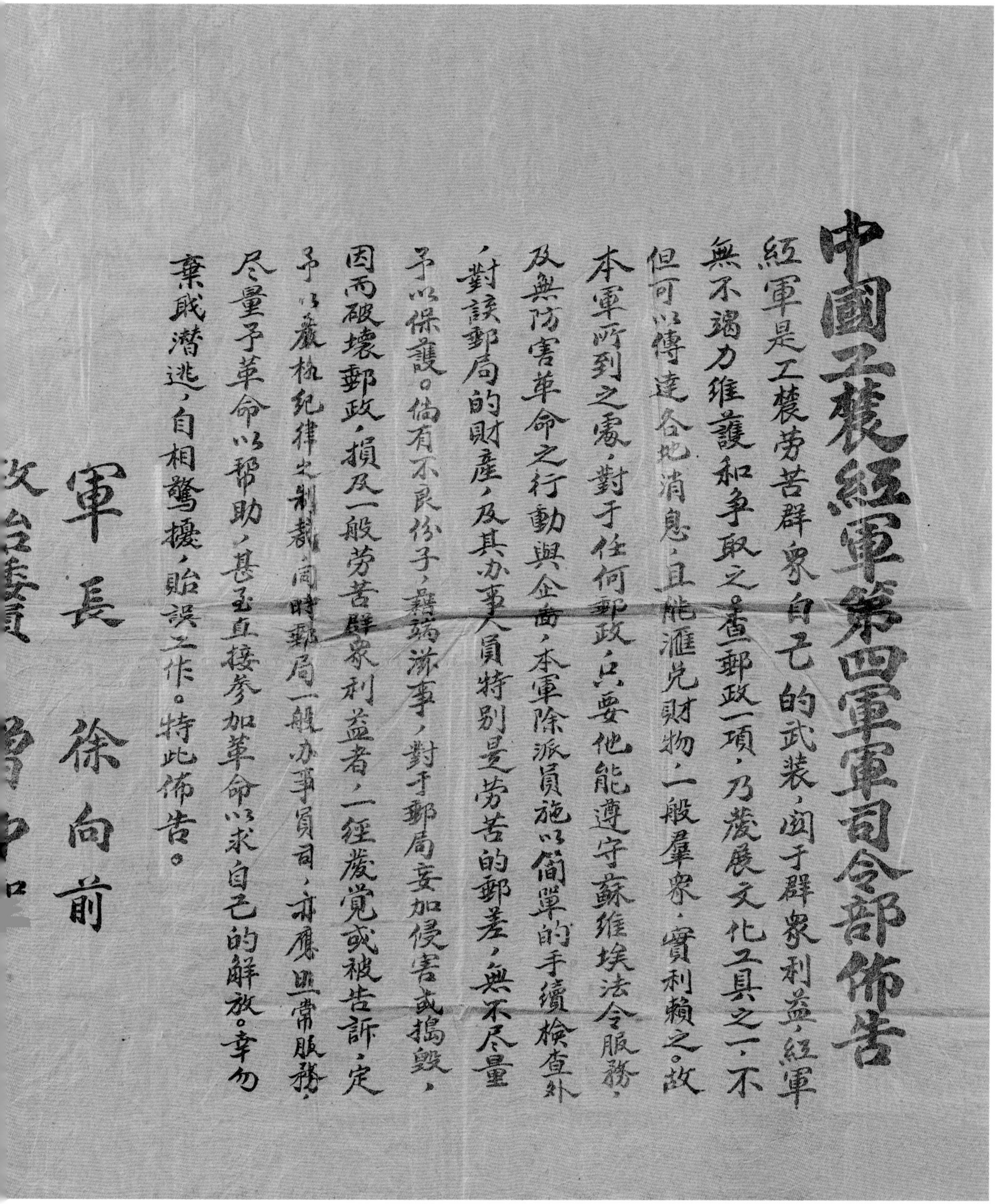
中國工農紅軍第四軍軍司令部佈告

紅軍是工農勞苦群衆自己的武裝，關于群衆利益，紅軍無不竭力維護和爭取之。查郵政一項，乃發展文化工具之一，不但可以傳達各地消息，且能滙兑財物，一般羣衆，實利賴之。故本軍所到之處，對于任何郵政，只要他能遵守蘇維埃法令服務，及無防害革命之行動與企圖，本軍除派員施以簡單的手續檢查外，對該郵局的財產，及其办事人員特別是勞苦的郵差，無不尽量予以保護。倘有不良份子，藉端滋事，對于郵局妄加侵害或搗毀，因而破壞郵政，損及一般勞苦群衆利益者，一經發覺或被告訴，定予以嚴格紀律之制裁。同時郵局一般办事員司，亦應照常服務，尽量予革命以帮助，甚至直接參加革命以求自己的解放。幸勿棄職潛逃，自相驚擾，貽誤工作。特此佈告。

軍長 徐向前

政治委員 曾中

中国工农红军第四军军司令部布告（1931年）

解放区毛泽东像邮票

解放区毛泽东像邮票

以国家元首或政党领袖肖像为图案的邮票，是人像邮票邮品类的主要形态之一。自1944年3月山东省战时邮务总局发行第一套毛泽东像邮票至今，毛泽东的形象不断出现在中国解放区、新中国以及世界各国发行的邮票上，总数已多达数百版。

本馆所藏毛泽东像邮票是1946年2月15日苏皖边区邮政管理局发行的第一版毛泽东像邮票，由华中印钞一厂印制。此邮票为5分蓝色便邮，凸版，白纸印刷，无齿孔，图幅18.5毫米×22毫米。其图像是毛泽东正面半身像，四周衬以花边纹饰，主图下方标有“苏皖边区邮政”，上方印有“便”字，左右两侧印有阿拉伯数码面值“5”，上方两边角印有中文面值“伍分”。

1945年底，中国共产党领导下的苏中、苏北、淮南、淮北四个解放区的民主联合政府苏皖边区政府在清江浦（今江苏省淮安市）成立。苏皖边区邮政管理局也随之成立，并接管了相应区域的邮局，要求其所管理的邮局间互寄邮件及寄往华北中共地区的邮件均须贴用其自行印制的“苏皖边区邮政”邮票，并收取华中币作为邮件资费。

1946年3月23日，国民党政府江苏邮政管理局致函重庆邮政总局，汇报江苏地区各处邮政工作情形以及各处邮政被接管的情况：“查本区高邮等地邮局三十六处相继被中共接管，一切详情业经本局……先后具报在案。”其中还特别汇报了“苏皖边区邮政管理局”的设立情况，并随函附送苏皖边区政府训令、苏皖边区邮政管理局训令、各类邮件资费表、地图以及如皋邮局呈送的毛泽东像邮票等。

解放区毛泽东像邮票的发行在稳定苏皖边区邮政正常运转方面起到了积极作用，为人民邮政的创立与发展奠定了坚实基础。尽管在战争年代，邮票的设计和印制都较为粗糙，但这珍贵的革命文物是真实的历史遗存，也是解放战争时期中国共产党建立地方人民政权、开创人民邮政历史的真实写照，给后人继承艰苦奋斗的光荣传统留下了珍贵历史教材，具有重要的历史意义及价值。

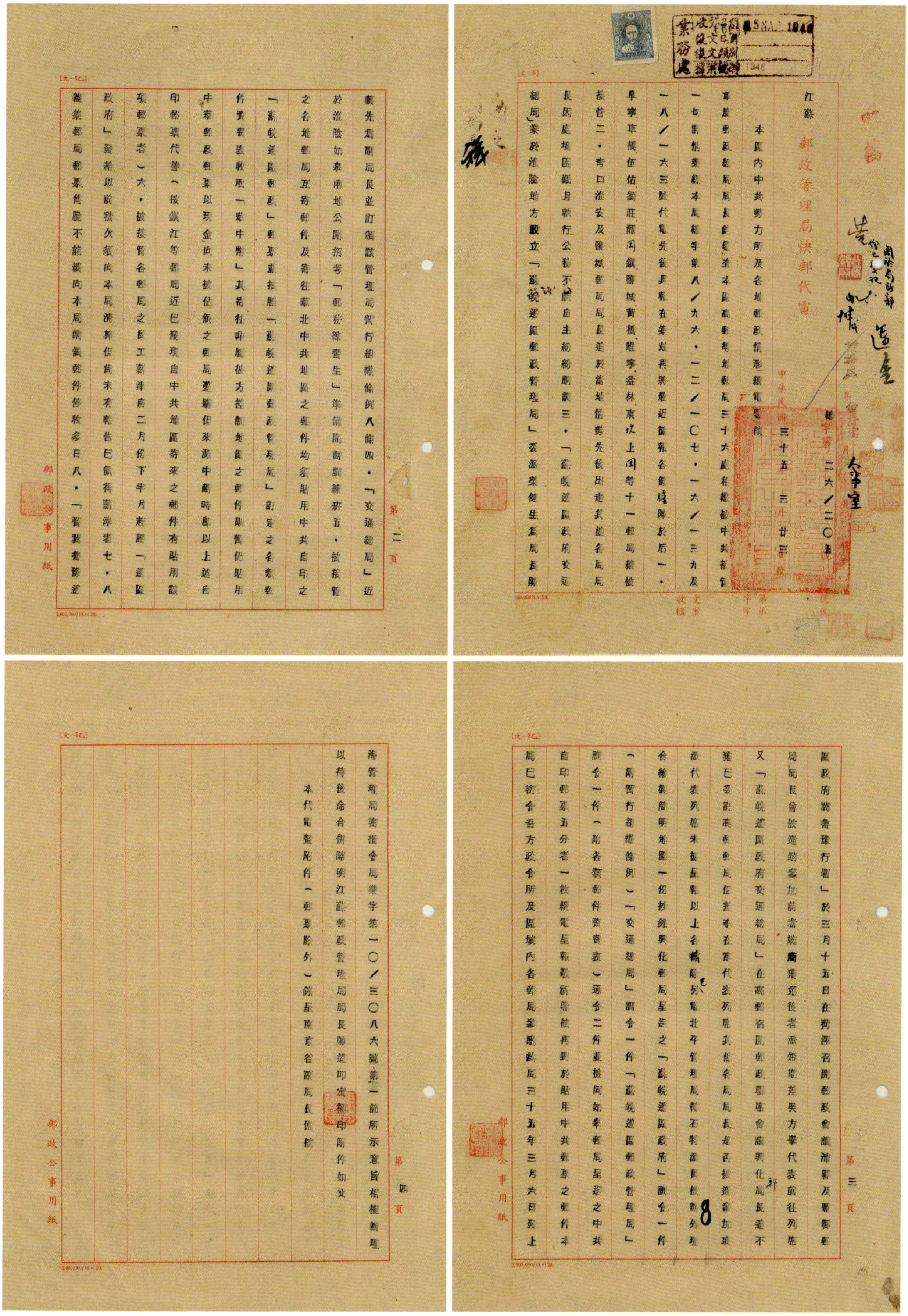
江蘇郵政管理局快郵代電

總字第二六／二〇五號 中華民國三十五年三月廿三日

本區內中共勢力所及各地郵政情形續電鑒核

重慶郵政總局局長鈞鑒：查本區高郵等地郵局三十六處前經被中共接管一切情形業經本局總字第八／九六、一二／一〇七、一六／一三九及一八／一一六三號代電先後呈報在案。茲再將最近據報各館情形臚陳於后：一、阜寧、車橋、伍佑、劉莊、龍岡、鎮、鹽城、黃橋、睢寧、益林、東坎、上岡等十一郵局業被接管。二、青口、淮安及鹽城郵局局長等於當地情勢先後出走，其他各局局長因處境困難，且執行公務不能自主，紛紛辭職。三、「蘇皖邊區交通總局」業於淮陰地方設立「蘇皖邊區郵政管理局」，委派梁健生爲局長，陳叢先爲副局長，並訂頒該管理局暫行組織條例八條。四、「交通總局」近於淮陰、如皋、南通地公開招考「郵務練習生」，準備開辦訓練班。五、被接管之各地郵局互寄郵件及寄往華北中共地區之郵件，均須貼用中共自印之「蘇皖邊區郵政」郵票，並按照「蘇皖邊區郵政管理局」訂定之各類郵件資費表收取「華中幣」，其寄往非屬彼方控制地區之郵件則暫仍貼用中華郵政郵票，以現金向未被佔領之郵局蒐購，但來源中斷時，即以上述自印郵票代替（按鎮江等郵局近已發現自中共地區寄來之郵件有貼用該項郵票者）。六、被接管各郵局之員工薪津自二月份下半月起歸「邊區政府」發給，以前積欠須向本局清算，但尚未有報告已領得薪津者。七、八義集郵局郵票售罄，不能續向本局請領，郵件停收多日。八、「晉冀魯豫邊區政府冀魯豫行署」於三月十五日在菏澤召開郵政會議，沛縣及豐縣郵局局長曾被邀請參加，前者婉辭獲免，後者派郵差與方事代表前往列席。又「蘇皖邊區政府交通總局」在高郵召開郵政聯席會議，興化局長並不獲已，委請高郵局信差李吉甫代表列席，其他各局局長是否被邀參加，現派代表列席，未據呈報。以上各情除另電北平管理局核示特派員核辦外，理合繕具節略暨地圖一份，抄錄興化郵局呈送之「蘇皖邊區政府」訓令一件（附暫行組織條例）、「交通總局」訓令一件、「蘇皖邊區郵政管理局」訓令一件（附各類郵件資費表）、通令二件，並據同如皋郵局呈送之中共自印郵票五分者一枚，隨電呈報鈞核。再對於貼用中共郵票之郵件，本局已密令吾方政令所及區域內各郵局參照鈞局三十五年三月六日發上海管理局密指令局業字第一〇／三〇八六號第一節所示意旨相機辦理，以待後命，合併陳明。江蘇郵政管理局局長陳謨叩寅梗印 附件如文

本代電暨附件（郵票除外）錄呈南京谷副局長備核

江苏邮政管理局关于江苏地区各处邮政工作情形致重庆邮政总局代电（1946 年 3 月 23 日）

民国北京政府总检察厅之印

总检察厅之印（铜制）及印模

总检察厅之印由民国北京政府印铸局于1912年刻制，此印为铜质，直纽，边长7.7厘米，印文采用柳叶篆，阳文。其装具为覆斗状木匣。斗为度量之衡器，以覆斗造型作为装具，寓意印为权力之物，置于覆斗之内，其使用应公平、公正。

总检察厅之印（铜质）暨覆斗状木匣

民国北京政府的检察机关分为4级，中央设总检察厅，省设高级检察厅，道、县设地方检察厅和初级检察厅。其中，总检察厅为民国北京政府最高检察机关，于1912年3月成立，与大理院相配设置，并独立行使职权。总检察厅设有书记处，下设文牍、统计、会计、庶务4科。当时的机关印信分为印、关防、钤记和官章4种，印为永久性机关的凭证。总检察厅作为政府部门的常设机关，其所镌为印。

民国北京政府五玺印模

1912年3月10日，袁世凯攫取辛亥革命胜利果实，出任“中华民国临时大总统”，成立民国北京政府。袁氏为巩固统治地位采取了一系列措施，其中一项即为刻制正式“国玺”。

1913年4月，为与列强各国签订《中国政府善后借款合同》，民国北京政府特赶制“中华民国之玺”以供钤盖。这枚“国玺”字体并不是很规范，采用了异体字，此字体也是辛亥革命中军政府及南京临时政府的印信所采用的主要体式。

1914年12月，在袁世凯的授意下，大总统政事堂印铸局刻制了象征军政大权高度集中、独裁体制的“中华民国之玺”“封策之玺”“荣典之玺”“大总统印”“陆海军大元帅之印”5方玉玺。前期刻制的“中华民国之玺”则宣告作废。

12月30日，民国北京政府颁布之《国玺、大总统印、大元帅印钤盖条例》规定：中华民国之玺，关于国家大典礼、大政事及国际交换国书等项用之；封策之玺，关于颁爵袭职及其他封赠册轴等项用之；荣典之玺，关于给予勋位、勋章、褒章及其他荣典文书等项用之；大总统印，关于授官任职各状及其他政务文书等项用之；陆海军大元帅之印，关于陆海军统率事项之文书用之。

本馆现存有这5方玉玺的印模，从印模可推断这套玺印的形制大小与历代帝王的“传国玺”相近似，印面为正方形，边长12.8厘米。玺印沿用历代帝王玉玺的篆体，采用玉箸篆。据相关史料记载：五玺为白玉镌刻，高3.8厘米，印纽造型别致，中华民国之玺、封策之玺、荣典之玺、大总统印为双环饰以嘉禾，陆海军大元帅之印为双环饰以虎鹰。虽与历代玉玺上的“盘龙”或“交龙”都不一样，但实则有帝王之寓意，“嘉禾”为古代帝王登极或天下大治的天降祥瑞之物，“虎鹰”则寓意王者之师的威武无敌。

中华民国之玺印模

封策之玺印模

荣典之玺印模

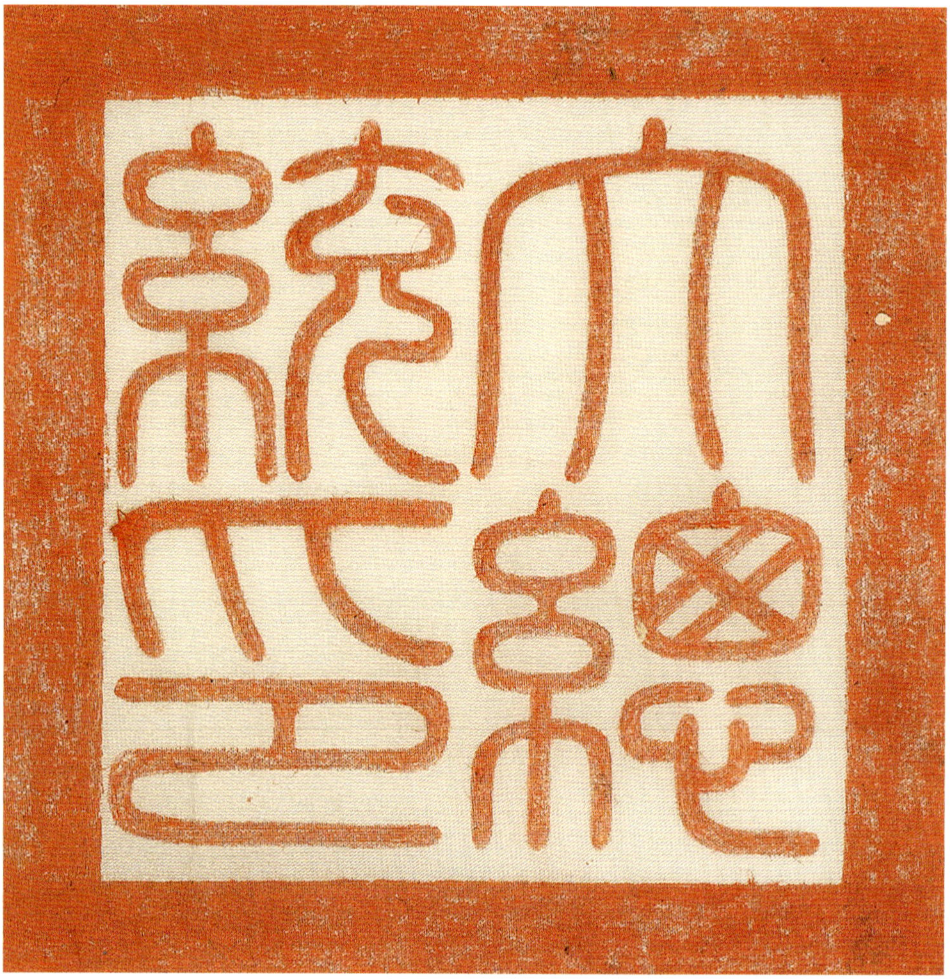

大总统印印模

陆海军大元帅之印印模

陆海空军副司令印及蒋张联名签字印

1929年4月，根据《中华民国国民政府组织法修正案》中有关规定，中华民国陆海空军总司令部于南京成立，蒋介石任总司令。8月，为整理缩编全国军队，蒋介石召集“国军编遣实施会议”，决定将全国陆军缩编为65个师。但此项计划遭地方军阀抵制而未能实施，进而引发了新军阀间的“中原大战”。

此时张学良东北军势力大增，占据东北、华北广大地区。“中原大战”交战各方阎锡山、冯玉祥与蒋介石都在积极拉拢张学良。关键时刻，张学良倒向了蒋介石一方。蒋介石为感念东北军入关助战有功，于1930年6月21日任命张学良为中华民国陆海空军副司令，并由印铸局铸发了“陆海空军副司令印”，此印为上将印，铜质，直纽，边长7.5厘米，玉箸篆。中华民国陆海空军副司令是国民政府陆海空三军的副帅，地位仅次于蒋介石。有趣的是，蒋介石是总司令，但张学良既不是“副总司令”，也不是“总副司令”，只是个“副司令”，一字之差，或亦暗藏玄机。

按照民国时期公文行文签署规定，发布公文时由主官签名，副官副署。因此，陆海空军总司令蒋介石与副司令张学良刻制了联名签字印。此印分为两种，一是铜印，长7.5厘米，宽4.5厘米，高6厘米；另一是角质印，长7.5厘米，宽4.5厘米，高4.5厘米。印章中“蒋中正”“张学良”分列左右，字体为蒋张二人的签字行书。

1931年10月底，中华民国陆海空总司令部撤销，加之蒋介石迫于粤系军阀的压力，于是年12月15日辞去国民政府主席、行政院院长和中华民国陆海空总司令职务，陆海空军副司令印及蒋张联名签字印随即作废。

蒋介石、张学良联名签字印（角质）及印模

冯玉祥七七事变周年纪念印章

新疆和田玉誉满天下，其极品料玉石本身已然价值不菲，如若再赋予其重要人物和重大事件的元素，其文物价值及历史研究价值更是不可估量。本馆所藏冯玉祥七七事变周年纪念印章正是这样一件集多重价值于一体的和田宝玉印章。

冯玉祥七七事变周年纪念印章，和田玉质，长 15.5 厘米，宽 5 厘米，高 11.5 厘米，铁线篆。其背面未经雕琢，完好地保留了刀劈斧砍般粗粝的天然线条，犹如支离破碎、分崩离析的半壁河山在日本侵略者的铁蹄下痛苦挣扎。细看纹理，似有一位头戴钢盔、手持枪戈的战士凝神俯卧射击敌人；隐约间又似有一只微张的手掌抚触着大地，誓死护佑着祖国的河山。“石不能言最可人”，这种因势就形、因心成像的寓意与霍去病墓冢内的“马踏匈奴”有着异曲同工之妙。其底部整体造型犹如一颗蓄势待发的子弹，充满了愤怒的张力，显示出誓将日本侵略者赶出中国的决心。“为民族独立自由抵抗日本帝国主义”的印文，采用的是结体优美、为近现代书法家所青睐的铁线篆，朱文字体方中带圆，纤细而韵味十足。其正面为阴刻的隶书“中华民国廿七年七月七日，新疆盛督办晋庸由航空寄来，在汉口荣宝斋刻”。凹处涂以金粉，金昭玉粹，相得益彰。

冯玉祥七七事变周年纪念印章（正面）

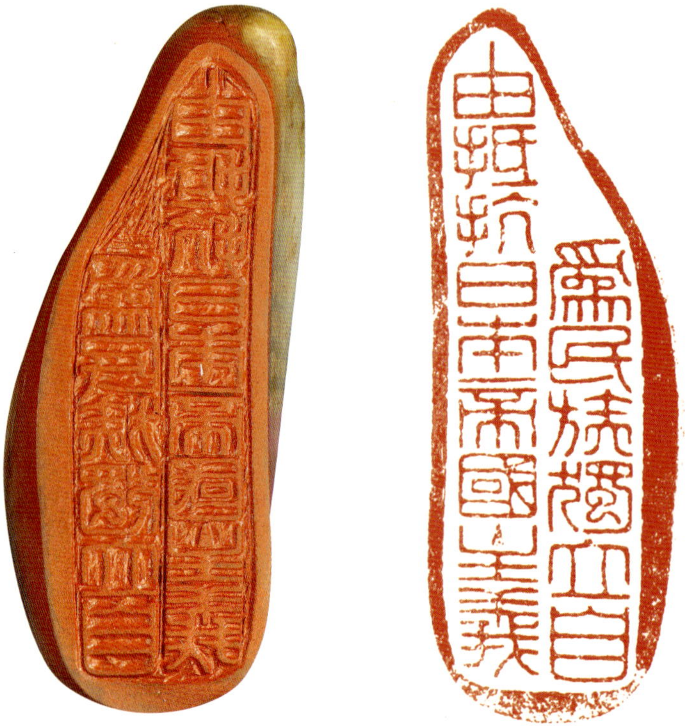

冯玉祥七七事变周年纪念印章（底部）及印模

由题款可知，此纪念印章的玉料为盛世才所赠。时任新疆督办盛世才曾带兵驻扎过和田，对和田玉相当在行。他曾以整箱和田玉赠送苏联等各方友人以示交好。盛世才与冯玉祥交往密切，早年赴日留学时，就曾得到过冯玉祥的鼎力相助，为报知遇之恩，盛世才用心良苦，特意派专机将这块上好的和田玉送至武汉冯玉祥手中。

冯玉祥得此美玉，如获至宝。他细观这块未经雕琢的和田玉籽料，一面千沟万壑，如秋山之萧索；另一面白如截肪，细如凝脂，似孩儿脸美人背，真可谓精品中的精品。玉石粗粝的一面有着深深的疤痕，犹如山体崩裂，这不正像那破碎不堪的河山吗？自七七事变以来，日寇入侵，神州沉沦，生灵涂炭、满目疮痍……自己一向主张积极抗日，为何不借用这块玉石来表明心迹呢？

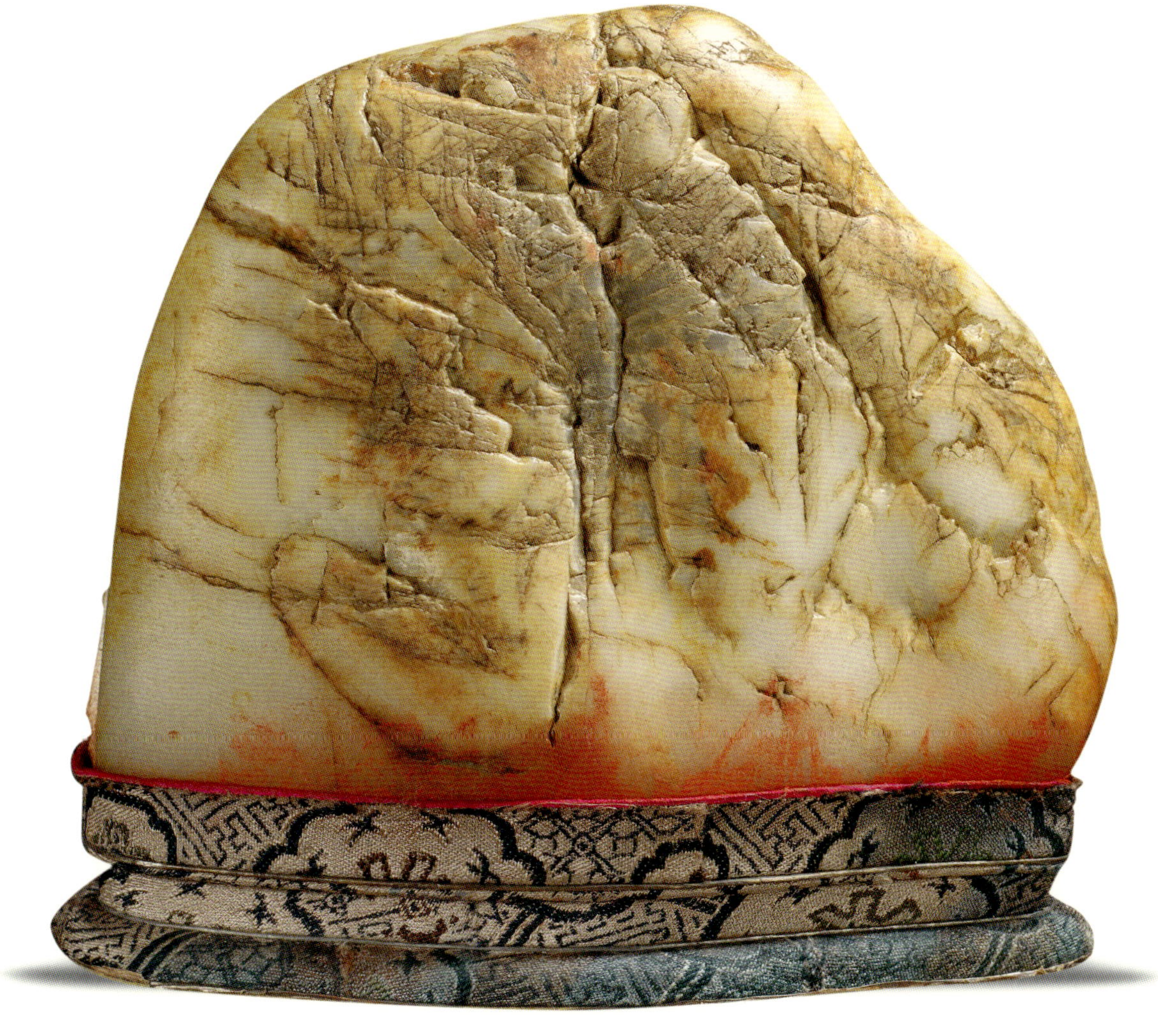

冯玉祥七七事变周年纪念印章（背面）

于是，冯玉祥将此方玉石送到了享誉中外的老字号——荣宝斋加工制印。荣宝斋主营书画，始建于清康熙十一年（1672），当时已有200余年的历史，除北京总店外，南京、上海、武汉等地均设有分店，雕刻工艺精湛，可堪信任。

“中华民国二十七年七月七日”是七七事变一周年纪念日，冯玉祥将这枚和田美玉篆刻成了七七事变周年纪念印章，饱含着他深切的爱国情怀与坚定的救国之志，浩气长存。

孙中山等人题赠戴季陶书法立轴

孙中山等人题赠戴季陶书法立轴作于1914年夏，为绢本，长122厘米，宽48厘米。

1913年二次革命失败后，孙中山旅居日本，胡汉民、廖仲恺、居正等人伴其左右。在居日近百天内，孙中山召集了40余次会议，共商革命大计。一次会议间隙，时任孙中山机要秘书戴季陶捧出笔墨纸砚，请与会诸公为其题词，以为纪念，众人欣然同意。

孙中山提笔书写了“澹泊明志，宁静致远”。他思忖戴季陶是在场同志中最为年轻的一个，因此引用诸葛亮《诫子书》中“非澹泊无以明志，非宁静无以致远”的名句，为其题写了“澹泊明志，宁静致远”8字，以此加以勉励。

胡汉民接着提笔，题下了“天下之动，贞夫一者也”。胡汉民乃清末举人出身，书法功力深厚，楷书、行书具褚遂良、米芾笔意，清挺峻拔。胡之所以题《易经》中“天下之动，贞夫一者也”相赠，是有其缘由的。戴季陶曾任有同盟会喉舌之称的《天铎报》总编，并以“天仇”（暗示与清王朝有不共戴天之仇）为笔名，以极犀利的词锋，写出极激越的言论，煽动力至强。胡汉民对戴季陶的才华相当赏识，将“天下之动”的大任寄托于其肩上。

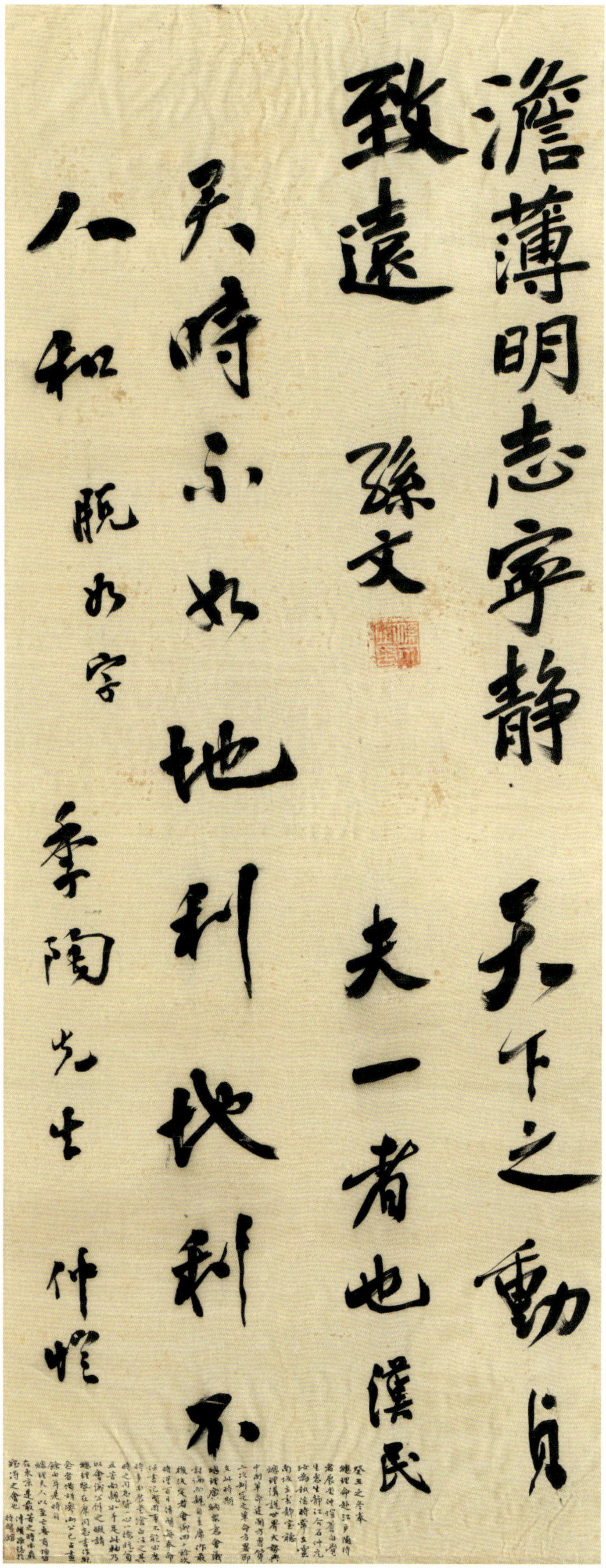

孙中山、胡汉民、廖仲恺题赠戴季陶书法立轴（1914年）

第三位题写的是廖仲恺。廖是辛亥革命元老，孙中山之挚友。其书法渊源晋唐，不逊宋人，笔圆而姿媚丛生，起笔收锋，跌宕自如。在廖看来，二次革命失败的原因，不在于袁世凯兵力之强大，而在于革命党人人心涣散。因此他题写了《孟子·公孙丑下》文中警戒之句“天时不如地利，地利不如人和”，以此说明取得革命胜利的各种因素中，天时、地利皆不如团结与凝聚人心重要。其时，廖公在书写中无意间遗漏了一个“如”字，本来这个“如”字可在题字的上方或下方补写，但他考虑到若在“人”字上方添加，书写位置上就同孙中山所书等高，孙中山是一党之领袖，廖虽为孙之挚友，但如果这样做，有违上下等级忌讳；而在“不”字下方补加，则整体结构位置将低于胡汉民所书，又为其心所不愿。廖仲恺遂在其书后以小号字补写上“脱如字”三字。岁月倥偬，世事无常。抗战胜利后，当戴季陶独坐待贤馆品读孙中山等人给他的题词时，不免感慨万千，遂在题词下方作了如下补志：

癸丑之冬，奉总理之命赴江户，随侍者展堂、仲恺、苍白、觉生、惠生、静江、介石、仲元、汝为、执信。时常在灵南坂立云静室听总理讲说世界大势与中国革命建国方略，第二次制定之革命方略，即在此时期。总理广纳众意，会议讨论而亲自主席，作最后决定者。会议四十余次，时仅百日。传贤每奉命任书记，贤因事不能出席时，多由展堂、沧白任之。其时之同志皆一心一德，既贫且苦，而亲如手足。此轴乃以会议公余之暇，请总理暨在席同志书作纪念者。惜胡、廖两公已占尽余面耳！是时，自总理夫人以至亡妻有恒皆在东京，是最苦之时，亦最难得之会也。

“其时之同志皆一心一德，既贫且苦，而亲如手足”，然而此一时，彼一时，昔日兄弟同心同德的年代已成过眼云烟，面对国民党党内人心离散及其所导致的政治腐败，戴季陶心中充满了“流水落花春去也”的伤感，以至于作为国民党政权的陪葬者，1949 年 2 月在广州服安眠药自杀身亡。

于右任《民治校园杂诗》行书立轴

于右任（1879—1964），原名伯循，字诱人，后以谐音“右任”为名，笔名“骚心”，别号“髯翁”，晚号太平老人，陕西三原人。历任南京临时政府交通部次长，国民军联军驻陕总司令，国民政府审计院院长、监察院院长等职。

于右任政事之余酷好书法，尤以草书最为世人称道，其草书自然率性、意境横生，被誉为“近代草圣”。而早年于右任的作品以楷书、行书居多，他初学赵孟頫，后力攻北碑，特别是对魏碑的收集和研习，并以此为基础，形成了婉约劲挺、古拙俊俏的书风。

1921 年 9 月护法战争时期，为讨伐北洋军阀而组成的陕西靖国军中的一部分将领在北洋军阀的引诱下立场动摇，取消了“靖国军”称号，改为陕西陆军第 1 师，靖国军总司令于右任被迫隐居其早年在三原西关创办的民治小学校园。在此期间，他创作了《民治校园杂诗二十首》，主要以花草植物之色性，喻英雄志士之情怀。

本馆所藏《民治校园杂诗》行书立轴即其中之一。此立轴为纸本，长 53 厘米，宽 33 厘米。其用笔中侧兼备、提按自如，结体舒展轻松，意趣纯朴自然，体现了于右任日渐成熟的行书风貌。

诗文写道：“老作园丁喜不支，小畦荒秽复尤谁。三棱草锈除虫菊，二丑花缠向日葵。别有伤心看落照，自锄余地种相思。山川如故人情改，手捋苍髯唱《黍离》。”

诗篇通过对民治小学校园中生活的白描，文温而丽，意悲而远，将国之兴亡、民之生存的主线贯穿其中，充分体现了作者虽身处逆境，依然向往自由平等的信念，读来令人倍加感叹。

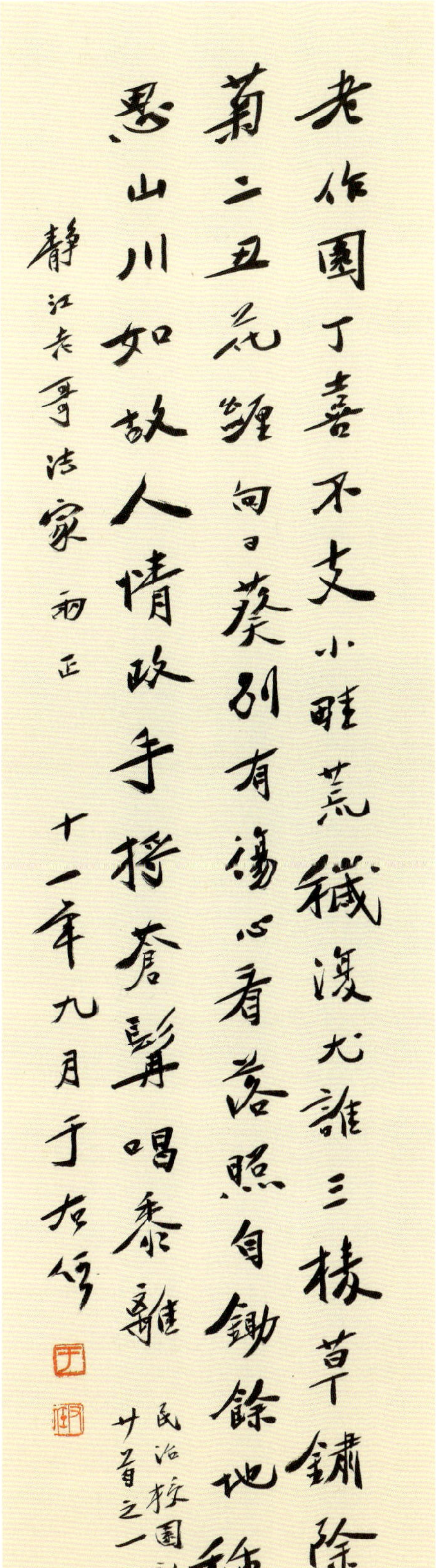

于右任《民治校园杂诗》行书立轴（1922 年 9 月）

林风眠《水鸟图》立轴

林风眠（1900—1991），本名风鸣，后改风眠，广东梅县人，近现代画家、美术教育家，国立艺术专科学校（现中国美术学院）首任校长。

林风眠18岁时负笈欧洲，赴法国学习油画。在此期间，他的画风经历了从写实主义到表现主义的过渡。1926年林风眠回国后，先后担任北平艺专校长和国立艺术院院长。与当时康有为、陈独秀、徐悲鸿等人强调“重写实、轻写意”不同，林风眠在美术教育上提出“中西调和”的理论，即“介绍西洋艺术，整理中国艺术，调和中西艺术，创造时代艺术”，强调将中国艺术重抒情的内在形式与西方艺术重写实的外在形式相结合。

本馆所藏林风眠《水鸟图》立轴为绢本，长155厘米，宽52厘米，创作于1931年。此画用没骨法描绘了一群风雨来临前欢腾扑棱的水鸟。近处，一群水鸟正微展羽翼，前景中6只水鸟轮廓清晰，背景中4只水鸟隐约可见，水鸟通体用黑色表现，鸟喙施以明黄色，鸟身下方用淡墨线随性勾勒的水波轻盈而灵动。远处柳影婆娑、水色迷离，近景与远景有机地融为一体。

此幅作品一方面体现出林风眠早期的国画风格，但又有一些突破性地融入了西方印象派、野兽派的绘画元素，表现事物大胆采用大面积的色块和瓷绘般的线条，力求在具象和抽象间寻求一种动态平衡。另一方面也体现出林风眠的美育观念已深刻植入到自身的创作中，即勇于打破中国画传统观念的束缚，引入西方的色彩和光影去表现，力图在中西艺术“调和”的基础上重塑民族文化精神。

与其中晚期的国画风格相较，林风眠早期国画以墨色为主，色彩为辅，形象经过高度概括，后经吸收西方油画等画技，前后风格变化较为明显。本馆所藏《水鸟图》正是林风眠留学归国后作品，体现了林风眠作品风格演变之轨迹，可作为研究近代画家中西结合画风的代表作品。

林风眠《水鸟图》立轴（1931 年）

张大千《仕女图》立轴

艺术大师张大千（1899—1983）善画仕女，其仕女画取法古人，创新而不泥古，因能雅俗共赏而备受推崇。对于女性之美，才情横溢的张大千具有独到的见解："要娴静娟好，有林下风度，遗世而独立之姿。"张大千所绘女子，少女有少女的青涩，少妇有少妇的丰腴，可见其观察细致入微。他常谦逊地说，自己只是在观察、欣赏女性之美以搜求绘画素材时，比别人更仔细更留心罢了。由此足见，以熟悉留心的人物为原型进行创作——即"师法自然"是他作画的特点之一。

张大千早期仕女画深入传统、风格清丽，取法明清诸家，对唐寅、华喦等画家研习较多，人物形象纤弱无骨，衣纹线条简洁流畅，在用色上偏重于白描，或略施淡彩。然而，20 世纪 40 年代初，张大千在不惜耗费巨资远赴敦煌摹壁之后，他的仕女画人物造型由病态之美逐步演变为健康之美。他取盛唐壁画雍容丰腴特征，设色明显受佛教造像及藻井图案影响，融入了藏传佛教施用矿物颜料的技艺，所以作品显得华彩富丽，最终形成工笔重彩的人物画风格，其仕女画创作由此进入了成熟时期。

本馆所藏张大千《仕女图》立轴为纸本，长 63 厘米，宽 35 厘米，创作于 1942 年，按时间推断应为其初入敦煌临摹之时为赠送友人所作。该画依然采用白描手法，画中体态丰腴、眉目清丽的少女清雅脱俗、姿态娴雅地立于太湖石前，双手负于身后，手中执一纨扇，目眺远方，神情若有所思。题跋是熟悉的"大千体"：壬午重阳后三日莫高窟下写拟，国英小姐清赏。

细观此画，可见人物面部和身形的描绘颇受敦煌壁画影响，画法上采取中锋用笔，以线代面，勾勒起来看似随意，人物神态却跃然纸上，真正做到了将敦煌壁画中的人物与民国女性面貌完美地结合，既不落凡俗，又颇具现代感，不啻为张大千前后期仕女画法变化之典型作品。

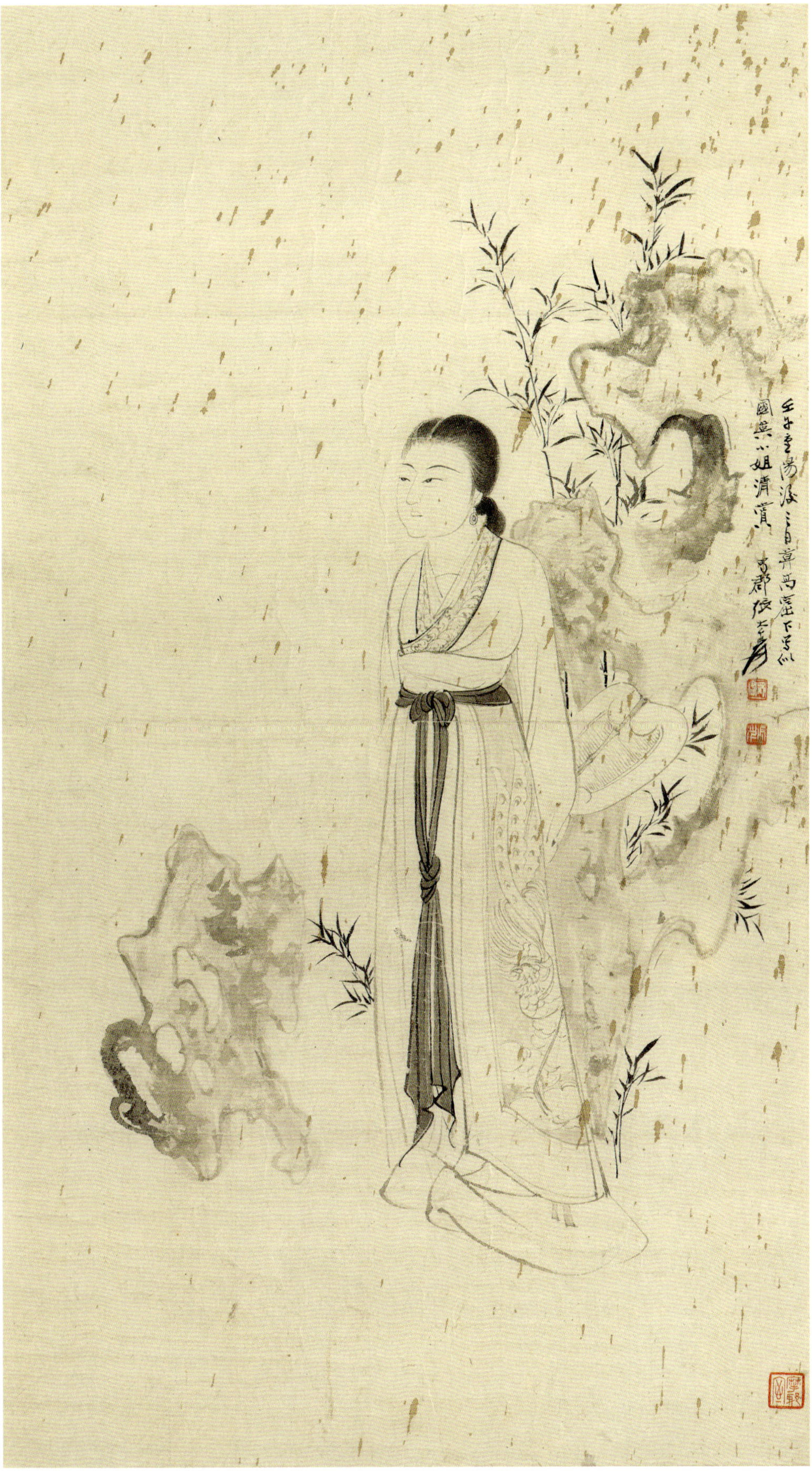

张大千《仕女图》立轴（1942 年）

张书旂《鸽子图》立轴

张书旂（1900—1957），原名世忠，字书旂，别号“七炉居士”，浙江省浦江县人，曾任中央大学教授，与徐悲鸿、柳子谷并称 “金陵三杰”。张书旂亦是著名的国际文化使者，抗战期间曾积极投身抗日救亡文化运动，举办救济难童画展、张自忠将军奖学金画展等，颇具社会影响力，其作品曾赠予美国、英国、加拿大等多国领导人。

张书旂精通山水与人物画，亦擅长花鸟画，他创造性地采用 “中西融合”的画风，构思巧妙地利用画纸底色作为中间色，匠心独运地在物体浅色部分施以白粉，因而使所绘事物更具立体感。因此特色，张书旂亦有“白粉主义画家”之称。张书旂尤以画鸽见长，其1939年所作《世界和平信使》（亦称《百鸽图》）被作为国礼赠予美国总统罗斯福，赠送仪式于1940年初在重庆嘉陵宾馆举行，美国驻华大使应邀参加。该画后被收藏陈列于白宫之内。

本馆所藏张书旂《鸽子图》立轴为纸本，长115厘米，宽46厘米，于1948年在南京创作。此幅《鸽子图》构图采用上下分布，空中2只鸽子在自由飞翔，地面上4只鸽子闲庭信步、顾盼生姿，呈现出一番娴静美好的景象。此画依旧利用浅色宣纸的底色作为中间色，过渡自然贴切；鸽子的头部和羽毛运用白粉描绘，愈加凸显羽毛的轻盈柔软；鸽尾羽毛施以墨色，颇显画面层次感。整幅画作墨色饱满、色彩清新、笔意洒脱，绘画技巧娴熟。画中的黄色雏菊采用没骨画法，赭色芦苇看似随意勾勒，寥寥数笔便使周围的景象生动而鲜活地跃然纸上。

张书旂在海上画派、岭南画派的基础上，对写意花鸟画进行了不断地探索与突破，最终在传统中国画的基础上获得再创新，形成了自身的独特画风，颇具雅俗共赏之特色。张书旂晚年定居美国，大多数作品藏于国外，难得一见，本馆所藏此幅作品价值愈显珍贵。

张书旂《鸽子图》立轴（1948 年）

《大清邮筒设计图》及《北京大清邮政信筒图》

1896年3月20日，清光绪帝在总理各国事务衙门《议办邮政折》上朱批“依议”二字，正式批准开办大清邮政官局，中国近代邮政由此诞生。

大清邮政开办初期，普通民众对邮政业务，包括寄收信件的途径、收费方式、信筒的投递时间、信件是否能安全送到等寄递细节都存有不解与疑问。有的人不清楚邮票用法及如何购买，有的人担心邮局先收钱后送信是否有信誉保证。看到邮局在街上竖立的信筒，众人也不知其用途，一时议论纷纷。为普及邮政常识，北京邮政局在各大报刊上刊发文章介绍邮局业务及信件收寄方式，另外还要求北京各分局在显眼位置摆放大清邮筒模型，以利宣传。

本馆所藏《大清邮筒设计图》即为当时邮筒的手绘设计图。图中邮筒通体绿色，上方为信件投递口，中间一条蟠龙脚踩祥云盘旋于邮筒底座之上，邮筒侧面标有“大清邮政”字样。按照此设计图制作而成的大清铜制铸龙邮筒，曾出现在北京的大街小巷，现如今仅存于邮政博物馆以及大清邮局旧址中。

Enc. to Shai Dept. No. 1788 of 1911
43
第七十三號信筒
LETTERS
I.P.O
N°73
大清郵政

《大清邮筒设计图》

本馆所藏《北京大清邮政信筒图》为宣传邮务及信件收寄方式之用。图中标注了京城各街巷所有信筒的具体位置，“京城方面既大而广”，因此为了方便民众寄信，邮政局专门在各街巷安置了信筒，此举“直不啻将邮局迁近于各居户之左右矣，既可免寄信者亲自奔走之苦，又可免专人投送之劳，其便益孰甚焉”。另外对于购买邮票、信件投递时间等也有阐述，“凡欲购邮票者，可向每信筒附近之铺户购取”“所有代售邮票之铺户，其字号均于信筒上标明，以免错误”；邮局每天分4次派专人收取信筒里的信件，“一在上午九点钟，一在正午十二点钟，一在下午四点钟，一在下午七点三十分钟”。为解除民众对信件投递安全的疑惑，邮政局特表明“此项信筒皆系坚铁造成……除邮局特派之差外，他人绝不能设法开启，且雨水亦不能浸入”“所有各街巷之信筒均经编列号数”“如将信件妥慎投入，断无遗失之虑”。如有信件遗失的情况，会检查信件投递的各个环节，并有相应的惩罚措施。

在邮政局的大力宣传下，加上收寄范围广、工作效率高、价格便宜、投递方便等种种好处，随着时间的推移，邮政业务逐渐为人们所了解，使用信筒的人也就日渐多了起来。本馆所藏此两件邮政档案，是近代中国邮政开办与发展历史的见证。

《北京大清邮政信筒图》

北京

大清郵政信筩圖

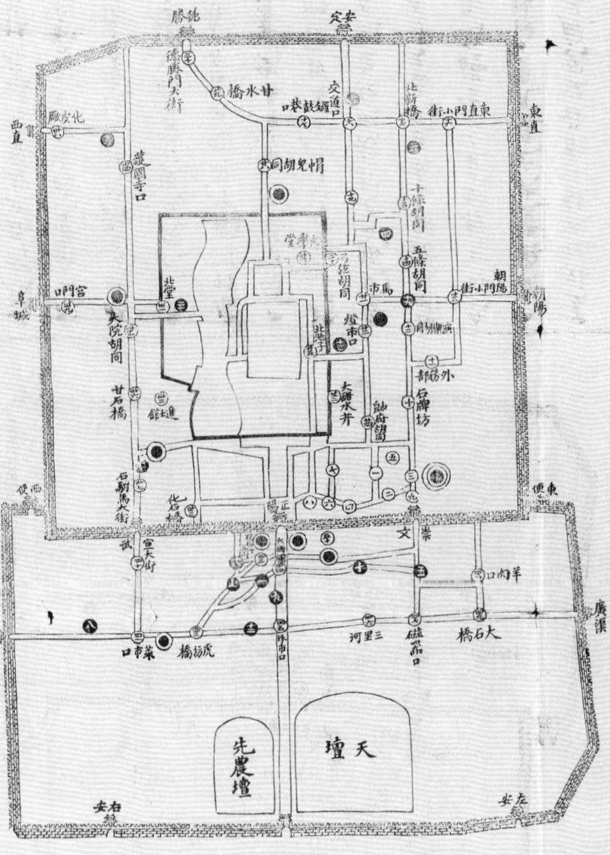

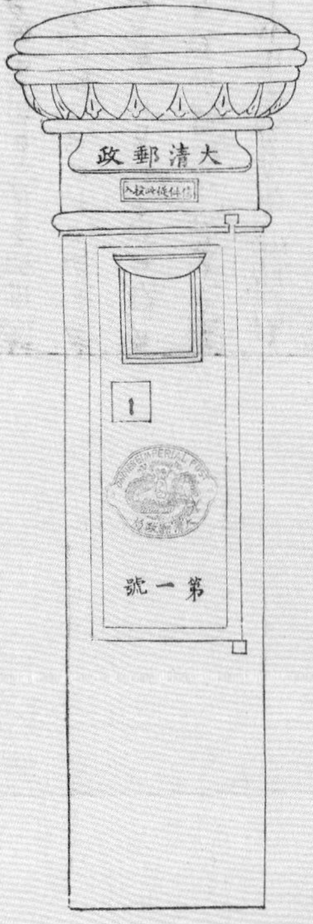

京城方面既大而廣彼此交接頗以甚便者厥惟郵遞之函件而已職是之故郵局特於各街巷安置信筩以便投遞本城之函件似此新法則郵局所收各函件均可及時投送無或停滯若有覆函尚能從速書就不過數時便可投到凡欲購郵票者可向每信筩附近之鋪戶購取所有代售郵票之鋪戶其字號均於信筩上標明以免錯誤如每信重在英平半兩以內者本城地面郵資一分中國境內郵資二分以次類推所有投置信筩內之函件均須照常粘足郵票不得短少各處信筩每日早晚揀派妥差檢收函件四次所有檢收函件之時刻均於信筩上一一註明俟將函件檢收到局亦即分為四次投送一在上午九點鐘一在正午十二點鐘一在下午四點鐘一在下午七點三十分鐘此項信筩皆係堅鐵造成關鎖亦極嚴謹除郵局特派之差外他人絕不能設法開啟且雨水亦不能浸入如將信件妥慎投入斷無遺失之慮凡有函件寄交本城者只須粘貼郵票一分不久即可投到直不啻將郵局遷近於各居戶之左右矣既可免寄信者親自奔走之苦又可免專人投送之勞其便益孰甚焉如欲寄交城外各村鎮而距京城在四十里以內者准一律按照本城信資索取資費一分其投遞時日或每日一次或間日一次須視道路之遠近為斷所有各街巷之信筩均經編列號數其安置之處所可圖中查閱所最要者寄信人若非親自辦理務宜遴派可靠之人代為投置蓋郵局往往接到寄信人函稱所寄之件并未收到等語待詳細追查率係寄信者用人未當竟將購票之錢私行用去并未將函件交到郵局也此等情事既悞寄信人之要事又損郵局之名譽殊堪痛恨信筩內逐日所收之數郵局亦登簿存記以備異日考查之需望寄件諸君慎於託人莫存疑義則幸甚

《中华帝国开国纪盛邮票册》

1915年12月12日，袁世凯宣布接受帝位，推翻共和，复辟帝制，改“中华民国”为“中华帝国”，废除民国纪元，改“民国五年（1916）”为“洪宪元年”，并定于1916年元旦“登基”。

为筹备“登基盛典”，民国北京政府特设“帝制大典筹备处”，各项筹备工作亦紧锣密鼓地拉开了序幕。“中华帝国”开国纪念邮票及“中华帝国”普通邮票的印制发行即是筹备工作之一。“中华帝国”开国纪念邮票由意大利人乔治（L.George）负责雕刻母模，设计采用雕刻凹版印制。1916年1月15日，经交通部审核印样并报请“帝制大典筹备处”批准，最终由袁世凯“圈定”，确定该套邮票分3种版面及面值：正阳门（伍分）、天安门（壹角）、承运殿（伍角），印数为伍分220万枚，壹角60万枚，伍角6万枚，共计286万枚。此外，还要求加大各面值邮票印数，用于制成《中华帝国开国纪盛邮票册》，作为礼品赠送万国邮联及各国政要。

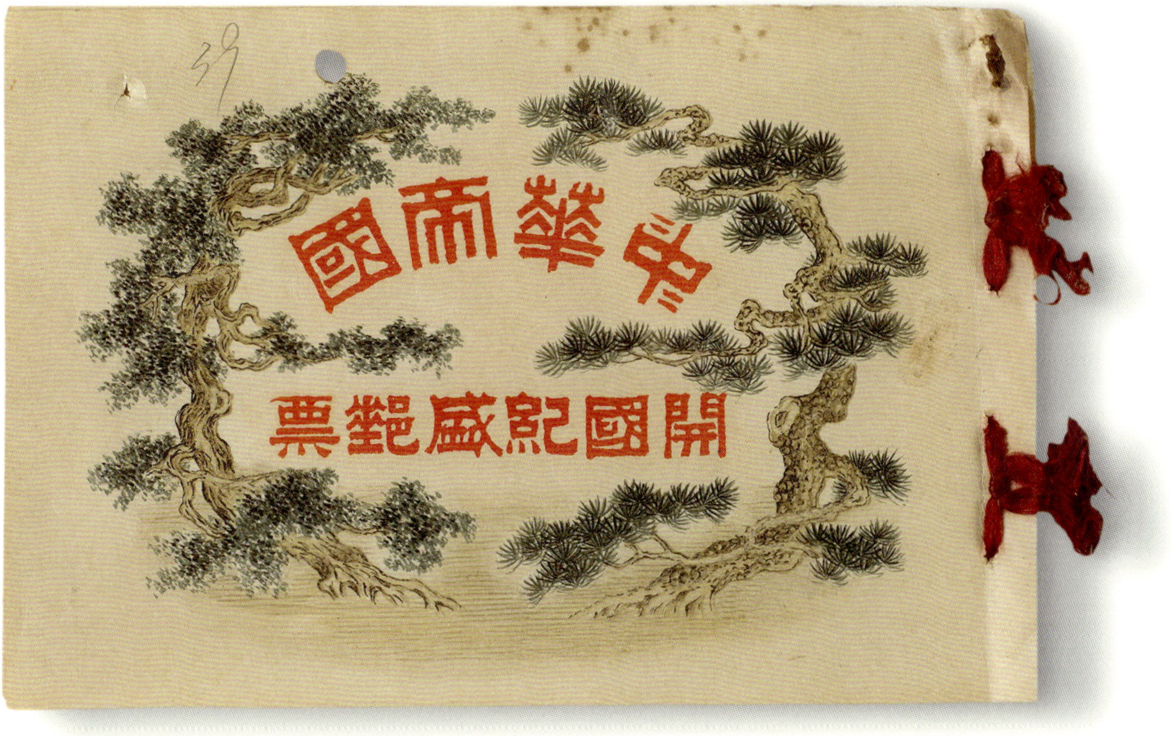

《中华帝国开国纪盛邮票册》封面

本馆所藏《中华帝国开国纪盛邮票册》为横版，长 19.3 厘米，宽 12.2 厘米，右侧设四孔，以红绸系之，作为册脊。整册共 3 页。其内页中间并列 3 个长 3.8 厘米、宽 3 厘米的红线单线框，是为邮票粘贴处，外围以长 14.4 厘米、宽 8.3 厘米的红色水波纹围边。其底封为白色空白页。

袁世凯复辟帝制，倒行逆施，不得人心，失败是必然结果。3 月 22 日，袁世凯称帝 83 天后即被迫宣布退位，废除帝制。6 月 6 日，袁世凯病逝。为纪念袁世凯称帝登基而印制的“开国纪念邮票”，已无任何意义，除留存 2000 套加盖英文“SPECIMEN”（样票）以作备案外，其余均一毁了之。

钱君匋航空救国邮票设计图

钱君匋（1907—1998），浙江桐乡屠甸镇人，著名篆刻家、书法家，装帧艺术的开拓者。钱君匋的封面设计力求融贯中西，善用比喻和象征的手法，构图元素突出，风格清新雅致，他在书籍装帧方面博采众长，独树一帜，因而受到文化艺术界的推崇，被誉为“钱封面”。

20世纪20至30年代，钱君匋任职于上海开明书店，负责音乐、美术编辑和图书的封面设计工作。在此期间，他曾为鲁迅、沈雁冰、丰子恺、刘半农等作家、画家和理论家设计了数百件著作的封面。1937年八一三淞沪抗战前夕，钱君匋被迫离开上海，回浙江老家暂避战火。人虽离沪，但他仍旧关注着抗战的情势。

1937年9月23日，上海《申报》刊登了交通部邮政总局的“征求邮票图案”的启事：“兹为募集航空捐款以期补助国防经费起见，拟发行航空救国邮票一套，除邮资外，并分别附加捐款若干，任人自由购用。”启事中还附有征集邮票的种类、花纹、尺寸等相关要求。钱君匋关注到此消息后便立即着手设计，希望以一技之长为抗日救国出力。回想自8月以来的淞沪战事：中国空军与停泊在黄浦江上的侵华日军第三舰队旗舰“出云”号缠斗；日军组织

钱君匋航空救国邮票设计图之一（1937 年）

钱君匋航空救国邮票设计图之二（1937 年）

钱君匋航空救国邮票设计图之三（1937年）

数十架飞机对中国海军进行报复性轰炸，“宁海”“平海”等诸多主力舰均被日机击沉……钱君匋思绪良多。为了突出“航空救国”这一主题，激发国人捐款抗战，钱君匋的设计稿中飞机占了较大的幅面。在邮票设计稿旁，钱君匋均按照启事中的要求一一对设计用意进行了标注说明。翱翔在祖国版图上空的飞机，表明只有航空发达，才能保卫祖国，全民均有缴纳航空救国捐之义务；以庞大飞机为骨干，展示我国飞机之雄姿，激发用邮者之航空救国心；奋力疾驰于黑暗之中的三架飞机，表示只有推进航空事业，才是救国之明灯，进而照亮抗战之前途。

在纷飞的战火中，钱君匋将设计样稿寄往岌岌可危的南京。然而，因种种原因，交通部邮政总局最终未能发行钱君匋所设计的“航空救国”邮票，但钱君匋抗日救国的决心与行动已尽数体现在这些航空救国邮票设计图中，令人铭记。

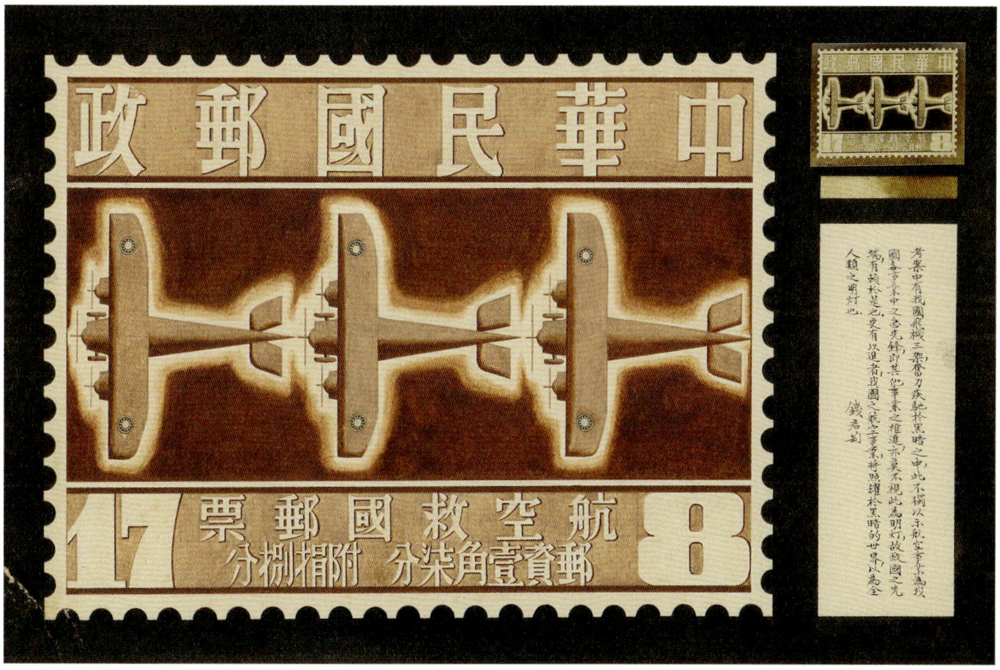

钱君匋航空救国邮票设计图之四（1937 年）

钱君匋航空救国邮票设计图之五（1937 年）

熊猫邮票设计图

熊猫邮票设计图（竖式）

清末民初，我国邮票曾用蟠龙及鱼雁等为图案，龙系象征帝王，而鱼雁系代表书札之意，至于用奇禽异兽为图案，应以司格礼先生向交通部建议的熊猫邮票为首创。

1947 年 4 月 22 日，交通部邮政总局致函邮电司："查以珍禽异兽为邮票图案在我国尚未印过……原建议人司格礼先生附来图案两张。"司格礼先生提供的熊猫邮票设计图有竖式和横式两种。竖式设计图长 14 厘米，宽 19.1 厘米，图中间位置为一只呈坐立姿态的熊猫，一手撑在身后，一手捧着竹子，正在进食，模样憨态可掬，甚是悠闲。其背景为拱形边纹装饰下的翠竹与山峦。横式设计图长 19.1 厘米，宽 14 厘米，图中间位置为一只正在侧身爬行的熊猫，眼睛炯炯有神，毛发根根分明，十分可爱。其背景与竖式设计图相仿，只是翠竹与山峦的位置略有不同。

熊猫邮票设计图（横式）

邮政总局认为，外国印制动物图案的邮票“已数见不鲜”，而在我国，以禽兽为邮票图案“尚属创举”：“我国开化最早，奇禽异兽久已逃匿，熊猫而外，一时恐难觅得其他动物可以为邮票图案者。”且熊猫仅产于我国川东，是世界罕见的珍兽，中外人士视熊猫如同至宝，以熊猫作为邮票图案在中国发行“当可受人欢迎”，也可“藉寓宣传之意”，于是采纳了司格礼先生的建议。然而，熊猫邮票并不在邮政总局当年的发行计划之列，其设计印制就变成了加急任务。邮政总局供应处立即启动了熊猫邮票精细设计及印制事宜的招标工作，并且约定了交货期限。其后，多数厂家回函推辞，原因主要在于造价不足，交货期限紧迫，仅有上海中央印制厂、中央印制厂北平厂、中华书局、大东书局、大业印刷公司 5 家公司做了回应。最终此次印制任务交由中央印制厂北平厂承办。

7 月 15 日，邮政总局突然接到交通部指令，要求暂缓发行熊猫邮票。至此，紧张筹备了几个月的熊猫邮票印制工作，最终只能停滞在设计阶段，民国时期熊猫邮票的印制发行终成泡影。

特制邮筒、信箱

普通邮筒、信箱

1947 年，交通部邮政总局为充分展示全国邮政举办情形，提高民众对邮政认知，扩大邮务工作影响，拟在南京筹建邮政博物馆，并计划于 1948 年 3 月 20 日首届邮政节时对市民开放，为此组建了邮政博物馆筹备委员会，并任命曾玉明为主任委员。

1947 年 11 月 4 日，曾玉明组织召开邮政博物馆筹备委员会第一次会议，商议博物馆选址、采购布置陈列用品柜以及要求各邮局提供陈列物品并附相应说明等事宜。1948 年 1 月 28 日，筹备处致函器材供应管理局上海供应处，要求筹制部分邮用公物，如铁质私人信箱、航空信箱、甲乙丙丁种保险铁柜以及邮用老虎车、塌车、元宝车等陈列用模型。规定各种陈列模型，除有特殊性者外，每件最大不得超过 17 英寸长、11 英寸宽、18 英寸高，制造务须精细美观，呈送各物均应附具说明，解释其历史应用情形、制造材料及使用地点等。

赶班邮筒、信箱

上海供应处接到任务后，订制了部分陈列用模型。然而因时局影响，至1948年3月20日，邮政博物馆最终因筹备时间仓促、经费不足、场地未定等诸多原因，未能如期开放，所筹制的陈列物品也由于管理不善、多次搬迁等原因而所剩无几。

本馆所藏两套陈列用邮筒、信箱模型，每套由一只圆柱体邮筒和一只长方体信箱组成，此组模型即为上海供应处为筹建邮政博物馆所特制。圆柱体邮筒底座直径13.5厘米，高33.5厘米；长方体信箱长17.8厘米，宽12厘米，高24.5厘米。另外，这两套邮筒、信箱模型漆有不同颜色，一套为下绿上蓝色，为普通邮运，即以肩挑马驮方式运输者；另一套为下绿上红色，为赶班邮运，即以汽车轮船方式运输者。此组邮筒、信箱模型，作为民国时期邮政用具之代表，具有鲜明的时代特征。

胡适为首届邮政节题词

1947年春，国民政府交通部为纪念海关邮政开办，同时为宣传邮政事业取得之成绩，于5月15日颁令规定自1948年起每年3月20日为邮政纪念日，同时颁令要求“邮政纪念日应由各局与当地主要日报商辟邮政纪念专刊，登载有关文字、照片、图表，藉资宣传”。

交通部设立邮政节，创办纪念专刊，并非一时兴起。1946年国民党发动内战后，军费开支庞大，滥发纸币，造成物价飞涨，加之交通阻塞，运输成本猛增，亏损日益严重，邮政经济陷入空前危机。1946年5月，俞大维接任交通部部长，发起“改良邮政”运动，以期达到扭转亏损局面之效。翌年2月，霍锡祥出任邮政总局局长，他有邮局工作经历，对邮务可谓驾轻就熟，在其大力推动下，邮务的革新和改良工作得到了一定的推进。之后，公众服务机构、行动邮局、新式邮亭、赶班邮筒以及航空邮政业务的创设，也使邮政事业得到一定的发展。邮政节的设立，正是中华邮政期待走向辉煌的一项举措。

1948年3月20日，各地邮局及当地日报均对首届邮政纪念日进行了大力宣传，南京、上海等地还推出了邮政展览。由交通部邮政总局主办，现代邮政月刊社编印出版发行的《现代邮政》第二卷第四期（邮政纪念日特刊）在首页位置刊登了文化名人胡适为首届邮政节的题词，全文如下：

古人说，“家书抵万金”，邮政局做的事是替千千万万人传达他们的心灵——传达母子之间的慈爱、男女之间的恋爱、朋友之间的敬爱——每二十公分何止万金！所以，每一个邮差的勤劳，每一次邮政业务的改进，都在我们的心里得着最诚恳的感谢。民国三十七年邮政节胡适（印）。

胡适时任北京大学校长，是白话文运动的倡导者和实践者，以其社会地位和影响力，请他题词的原因自明。再者，胡适当时之所以答应为邮政节题词，有其潜在的人情关系。交通部部长俞大维的表兄陈寅恪、妹夫傅斯年，均是胡适的挚友，相交甚笃，而邮政总局局长霍锡祥与胡适老师王云五是老乡，且颇受王的赏识。因此，胡适欣然受邀提笔为首届邮政节题词。

本馆所藏胡适为首届邮政节题词原件为纸本，长30.8厘米，宽21厘米。题词中“每二十公分何止万金”，以“二十公分”代表信件，其实是根据民国时期引进的西方度量衡制度演变而来的，20公分即20克，是为信件的计价克重。

当时交通部推行的各项措施，只在南京、上海等几个大城市举行，并未普及，更没有深入农村，而

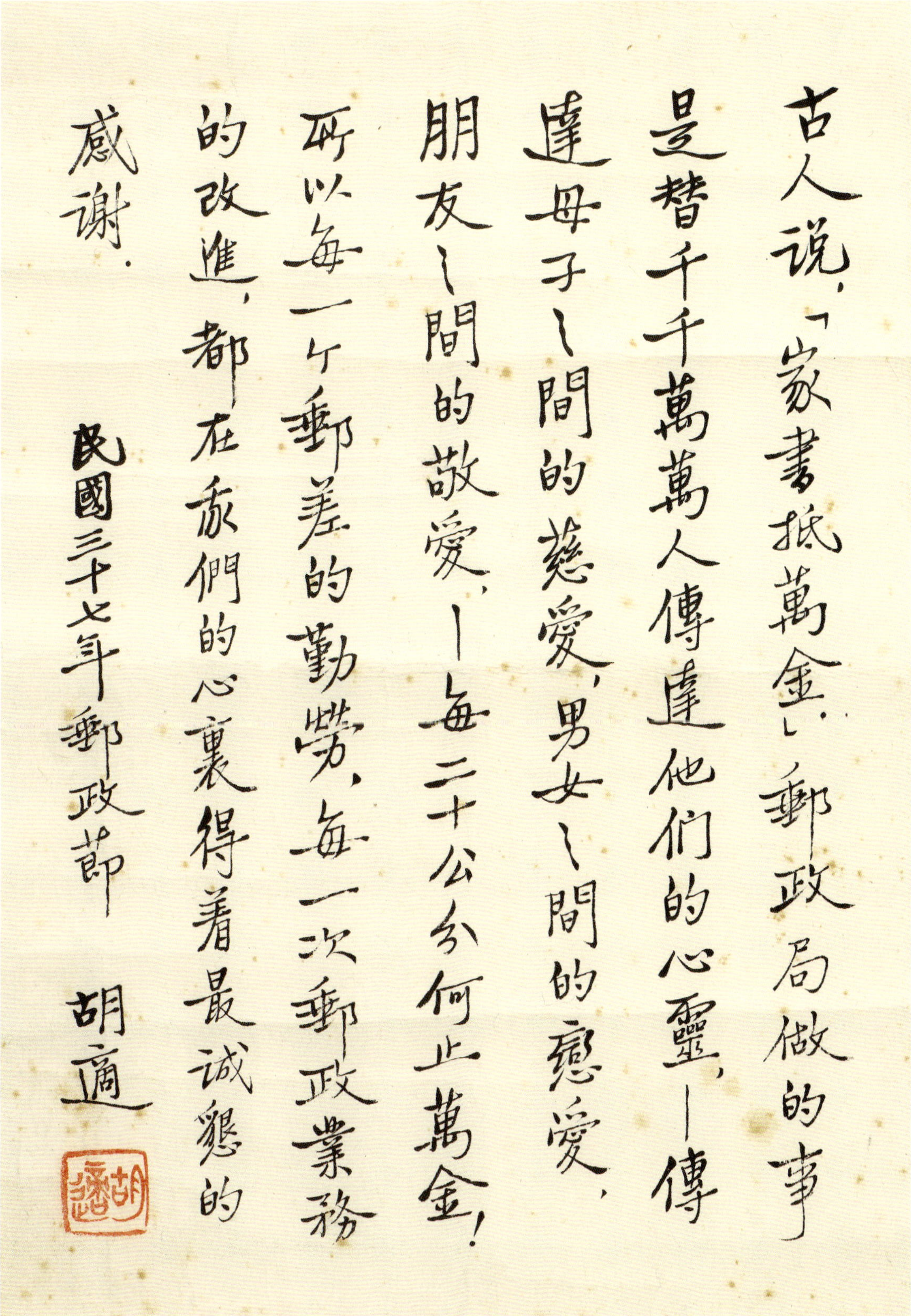
古人说，「家書抵萬金」，郵政局做的事是替千千萬萬人傳達他们的心靈，——傳達母子之間的慈愛，男女之間的戀愛，朋友之間的敬愛，——每二十公分何止萬金！所以每一个郵差的勤勞，每一次郵政業務的改進，都在我們的心裏得着最诚懇的感謝。

民國三十七年郵政節 胡適

胡適

胡适为首届邮政节题词（1948 年）

航空邮政成本高昂，难以为继。因此，民国邮政事业的繁荣就如昙花一现般短暂。不过，正如胡适所说，对于邮政传递的种种情谊，邮递员的辛勤付出和无私奉献，邮政业务的改良革新和不断完善，“都在我们的心里得着最诚恳的感谢”。

中国银行『李像券』

李鸿章像大清银行兑换券改中国银行兑换券伍圆样券正反面（加盖“上海”地名）

“李鸿章像兑换券”系大清银行委托美国钞票公司所印制，因票面印有李鸿章像而得名，该券亦称“李鸿章像券（票）”，简称“李像券”。

1909年，清政府计划整顿币制，发行全国统一币钞，于是对照先前发行纸币使用情况，决定印制“李像券”银元票。为确保币钞印制质量，特委托美国钞票公司承印宣统元年版李鸿章像银元票。1909年5月，美钞公司开印李像一元券30万张、五元券30万张、十元券20万张、五十元券10万张、一百元券10万张，共100万张。因该券印制质量较为精良，1911年清政府再次委托美国钞票公司分两次增印，分别是1911年4月增印290万张，共1220万元；1911年7月增印1500万张，共3500万元。后因辛亥革命爆发，其中部分钞券的印制延至1913年。

李鸿章像大清银行兑换券改中国银行兑

李鸿章像大清银行兑换券改中国银行兑换券全国通用壹圆样券正反面（加盖“中国银行”）

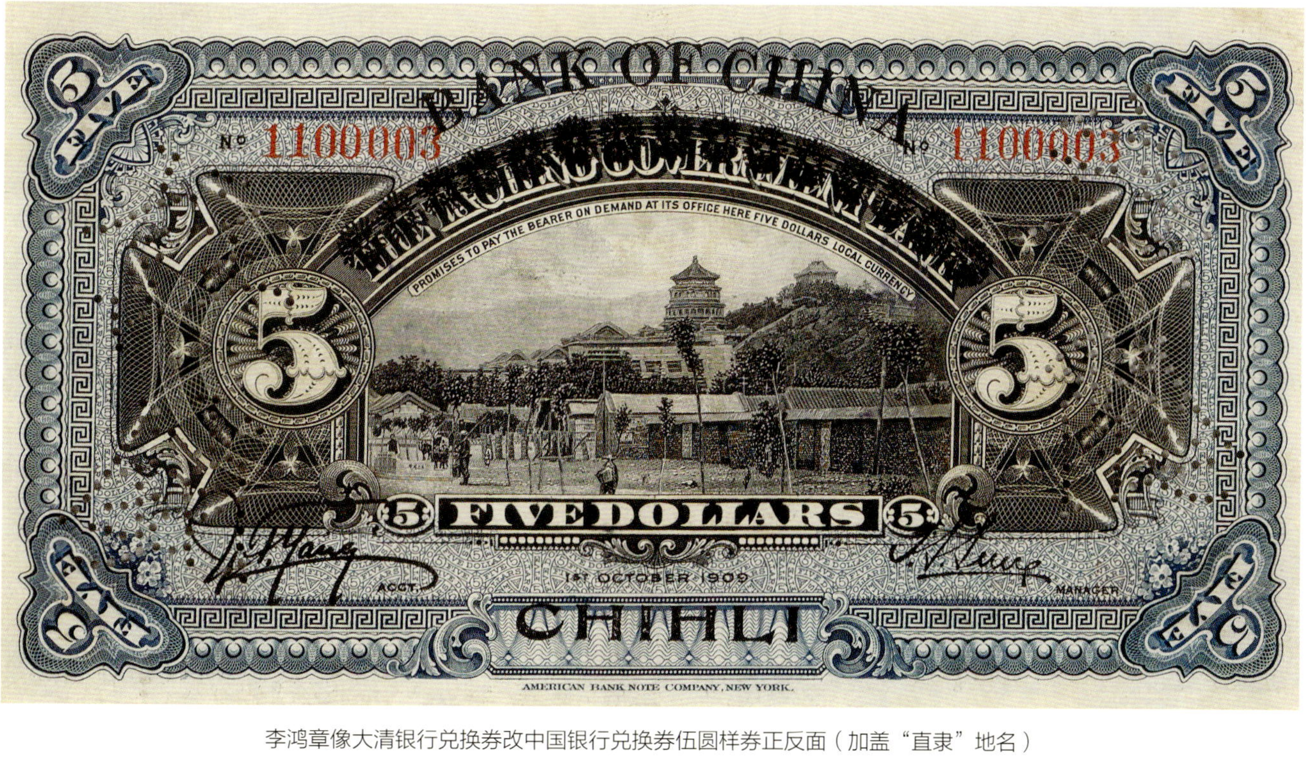

李鸿章像大清银行兑换券改中国银行兑换券伍圆样券正反面（加盖“直隶”地名）

李鸿章像大清银行兑换券改中国银行兑换券拾圆样券正反面（加盖“汉口”地名）

1912年，民国初建，上海大清银行商股联合会具呈临时大总统孙中山，请将大清银行改名为中国银行。当年6月，中国银行北京总行筹备处成立，6月17日开始办公，并预备发行新式纸币。在新钞券未发行之前，只能用旧钞券“加盖”新行名及年号方式过渡，于是上海中国银行将1911年增印的部分“李像券”，改填“中国银行”行名后发行使用。后为消化“李像券”，1912—1913年，大清银行总清理处多次上书财政部，建议中国银行继续“取用”此券，财政部权衡利弊后，接受了该建议，决定将增印之钞券全数归中国银行取用，以免浪费。

中国银行分别在上海、北京两处改印“李像券”，上海地名“李像券”为五元、十元两种面值。其余“李像券”在北京总行改印，为一元、五元、十元三种面值，其中，一元券有全国通用券和地名券之分。后由于币制不统一以及上海、北京、汉口等处“洋厘行市相差甚巨”等因，通用券没有流通空间，所以改印的“李像券”多作为地名券发行使用。

“李像券”由大清银行发行，后由中国银行改印，是民国币制史上唯一跨越两个时代的纸币，是民国初年币制过渡期使用的改制币。“李像券”的发行开启了民国发行钞券30余年历史的序幕，它是特殊历史时期的产物，见证了清政府旧王朝的结束和中华民国新政权的开始，在当时起到了稳定金融、安定民心的作用。

中国银行『南京券』

在民国时期由中央及地方当局发行的众多种类纸币中，中国银行南京分行发行的“南京券”有着特殊的地位，因为它是中华民国南京临时政府的首发纸币，堪称民国第一纸币。

民国元年，上海大清银行商股联合会具呈中华民国临时大总统孙中山，请将大清银行改名为中国银行，随后南京临时政府的财政多依赖中国银行发行军用券与募集公债才得以运转，中国银行也成为当时南京临时政府事实上的中央银行。

同年2月，中国银行南京分行成立，遂发行面值为一元和五元的两种纸币，该纸币由上海商务印书馆代印，因纸币上印有“南京”二字而得名“南京券”。该券采用正反面中英文双色印刷。一元券，票幅134毫米×81毫米，正面为中文褐色，正中印有“中国银行”“通用银圆”“壹圆”字样，下印“南京”“上海商务印书馆代印”字样；背面为英文绿色，正中印有“BANK OF CHINA”“ONE DOLLAR LOCAL CURRENCY”“BY ORDER OF THE BOARD OF DIRECTORS 叶济伛 Acct 邹颂丹 Manager”，下有“NANKING”字样。五元券，票幅148毫米×94毫米，正面为中文蓝色，背面为英文橘红色，所印文字与图案除面值不同外，其余与一元券一致。一元券印发了50万张，五元券印发了10万张，共计100万元。

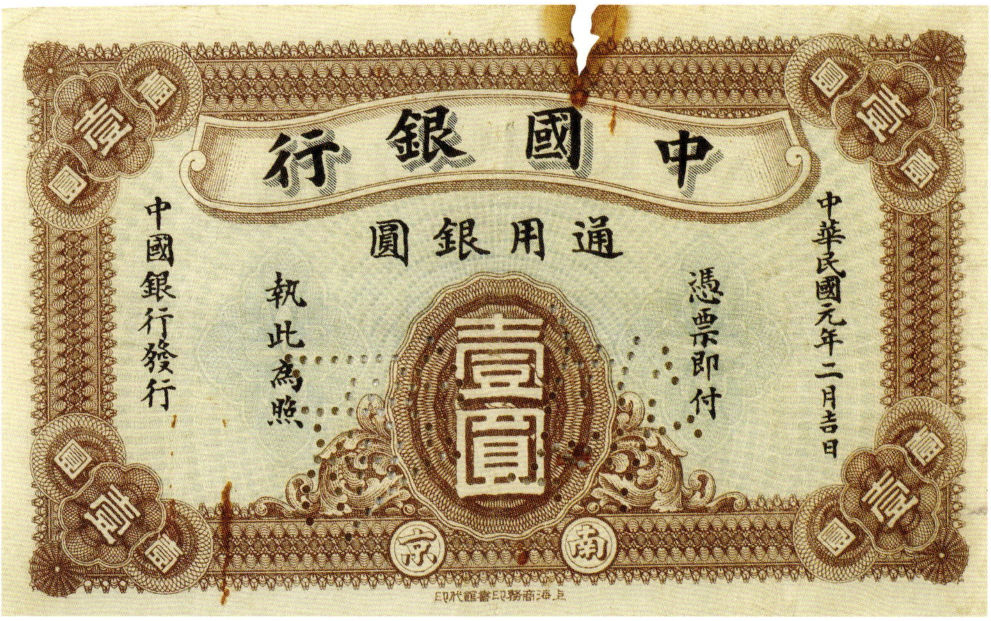
中國銀行
通用銀圓
執此為照
壹圓
憑票即付
中國銀行發行
中華民國元年二月吉日
南京
上海商務印書館代印

$1
BANK OF CHINA
№ 149804
Promises to Pay the Bearer on Demand
ONE DOLLAR LOCAL CURRENCY
at its Office here value received
Nanking, 10th February, 1912.
BY ORDER OF THE BOARD OF DIRECTORS
Acct
Manager.
NANKING
PRINTED AT THE COMMERCIAL PRESS

壹圆“南京券”正反面

1912年4月1日，民国临时大总统孙中山让位于袁世凯，政权北迁，南京临时政府遂告结束。中国银行南京分行也于1912年12月停业，“南京券”即被逐步收回，共收回一元券499802张，五元券99989张，未收回共209张。1914年11月，中国银行向民国北京政府财政部申请销毁“南京券”，随后财政部派佥事沈昌祺督同办理销毁事宜，民国第一纸币“南京券”遂结束了其短暂而意义非凡的一生。

本馆所藏“南京券”为中国银行上海分行致总行公函的附件，该函记述道，抗日战争全面爆发前，上海已成为东亚名城，自然也成为日本侵华及中国抗日的前沿阵地。中国银行上海分行每日门庭若市。某日，一身穿和服的日本人来到柜台，从兜中掏出两张纸币，要求柜员帮其兑换成现行流通钱币。沪行的柜员根本没见过这种纸币，而这纸币上却真真切切地写着“中国银行”四个大字，柜员不敢怠慢，随即向经理汇报。经理也未见过这种纸币，但他仍然让柜员按面值给这个日本人兑换了中国银行流通纸币。事后，该经理认为这有可能是日本人蓄意滋事，甚至意欲破坏经济。鉴于事态的严重性，便将整个事情的经过连同这两张纸币上报给中国银行总行。这样，这两张纸币才得以保存下来。由于“南京券”发行时间短，很快被收回销毁，因此世面极为少见。这段记载说明，连后来中行内部人员也不曾见过“南京券”，更不了解其印发、收回、销毁经过，更进一步说明了此券的珍贵价值。

中國銀行
通用銀圓
中國銀行發行
中華民國元年二月吉日
執此為照
憑票即付
伍圓
南京
上海商務印書館代印

$5
BANK OF CHINA
No 007941
Promises to Pay the Bearer on Demand
FIVE DOLLARS LOCAL CURRENCY
at its Office here value received.
Nanking, 10th February, 1912.
BY ORDER OF THE BOARD OF DIRECTORS
Acct
Manager
NANKING

伍圆“南京券”正反面

中国银行『袁像券』

1914年初，民国北京政府财政总长周自齐在未征得中国银行同意的情况下，串通制用局局长徐恩元，由徐出面与美国钞票公司订立了印钞合同，预印制标注中国银行的一元票1亿张，票面采用大总统袁世凯肖像作为图案，即为“袁像券”。后民国北京政府财政部与中国银行双方几经交涉商议，最终决定印制“袁像券”一元面值5000万张，其余改印五元、十元、五十元、一百元四种面值5000万张，总计仍为1亿张，总面值为6亿元。

“袁像券”5种面值票面样式基本相同，其正面正中为袁世凯免冠戎装半身像，旁边辅以不同的椭圆形花边饰纹，大写面额之下为红、黄、绿三色套印底纹，一元、五十元、一百元“票面流水号”为红色，五元、十元“票面流水号”则为蓝色，其他部分均为单一灰色。其背面为英文版式，单一颜色，因面值不同颜色也不相同。其尺寸因面值不同也略有差异。

中國銀行
R000107
R000107
壹圓
壹圓
憑票即付中華民國國幣壹圓正
中華民國三年十月四日印
AMERICAN BANK NOTE COMPANY, NEW YORK.

BANK OF CHINA
Nº R000107
Nº R000107
PROMISES TO PAY THE BEARER
ON DEMAND AT ITS OFFICE HERE
ONE YUAN
OF THE NATIONAL COINAGE
OF THE REPUBLIC OF CHINA.
1 YUAN
1 YUAN
4TH OCTOBER 1914.
AMERICAN BANK NOTE COMPANY, NEW YORK.

壹圆“袁像券”正反面

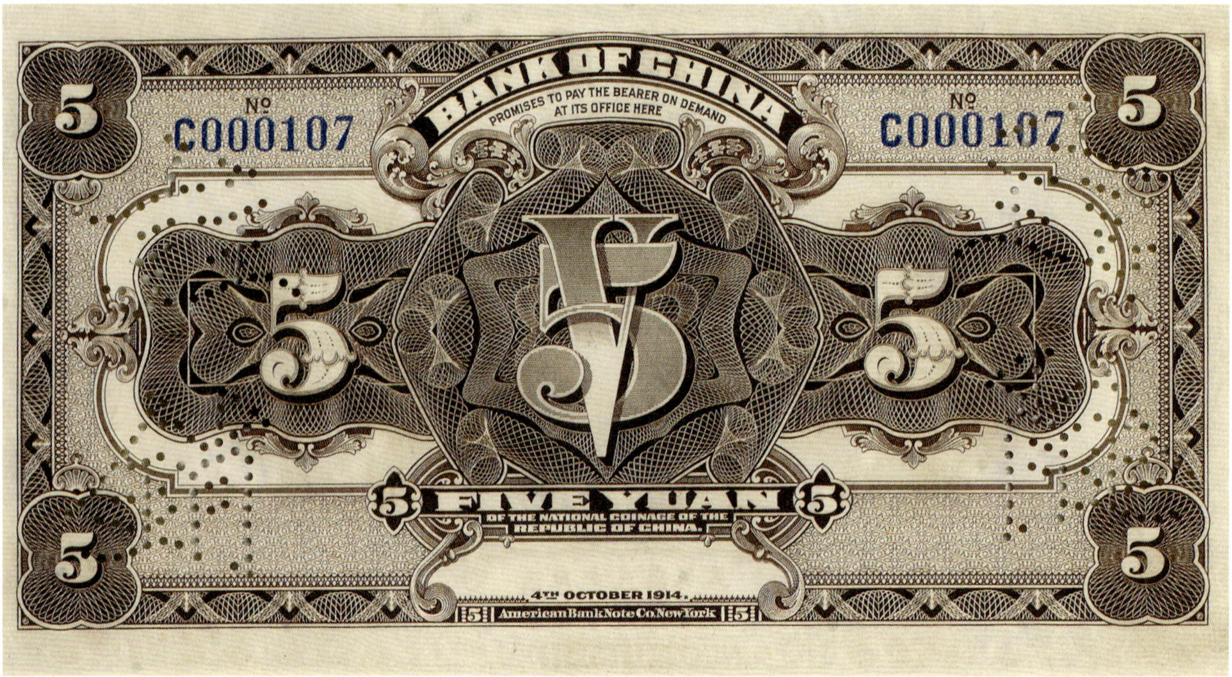

伍圆“袁像券”正反面

具体为：一元券，票幅 148 毫米 ×81 毫米，背面灰色；五元券，票幅 167 毫米 ×89 毫米，背面灰紫色；十元券，票幅 174 毫米 ×92 毫米，背面暗红色（赭石色）；五十元券，票幅 180 毫米 ×96 毫米，背面褐红色；一百元券，票幅 185 毫米 ×100 毫米，背面紫灰色（焦茶色）。此外，与中国银行以前所印制各券相比，此券有两个特点：一是在正面袁世凯头像之下印有具体说明，如壹圆券印有“凭票即付中华民国国币壹元”字样，此处“国币”

拾圆“袁像券”正反面

二字意在强调“袁像券”的发行是与《国币条例》相吻合的；二是在正面下端边框正中写有“中华民国三年十月四日”字样，以前票面上只注明“年”，至多到“月”，而无具体日期。此处注明日期，且与 1913 年 10 月 4 日国会公布《总统选举法》同一日期，应有纪念民国正式设立总统之意。

中國銀行
A400107
A400107
伍拾圓
伍拾圓
憑票即付中華民國國幣伍拾圓正
中華民國三年十月四日印
AMERICAN BANK NOTE COMPANY, NEW YORK.

BANK OF CHINA
PROMISES TO PAY THE BEARER ON DEMAND AT ITS OFFICE HERE
No. A400107
No. A400107
50
FIFTY YUAN
OF THE NATIONAL COINAGE OF THE REPUBLIC OF CHINA.
4TH OCTOBER 1914.
American Bank Note Co. New York

伍拾圆“袁像券”正反面

中國銀行
A999907
A999907
壹百圓
壹百圓
壹百
憑票即付中華民國國幣壹百圓正
中華民國三年十月四日印
AMERICAN BANK NOTE COMPANY, NEW YORK.
BANK OF CHINA
PROMISES TO PAY THE BEARER ON DEMAND AT ITS OFFICE HERE
ONE HUNDRED YUAN
OF THE NATIONAL COINAGE OF THE REPUBLIC OF CHINA
№ A999907
№ A999907
100
100
100
ONE HUNDRED
ONE HUNDRED
YUAN
4TH OCTOBER 1914.
AMERICAN BANK NOTE COMPANY, NEW YORK.

壹百圆“袁像券”正反面

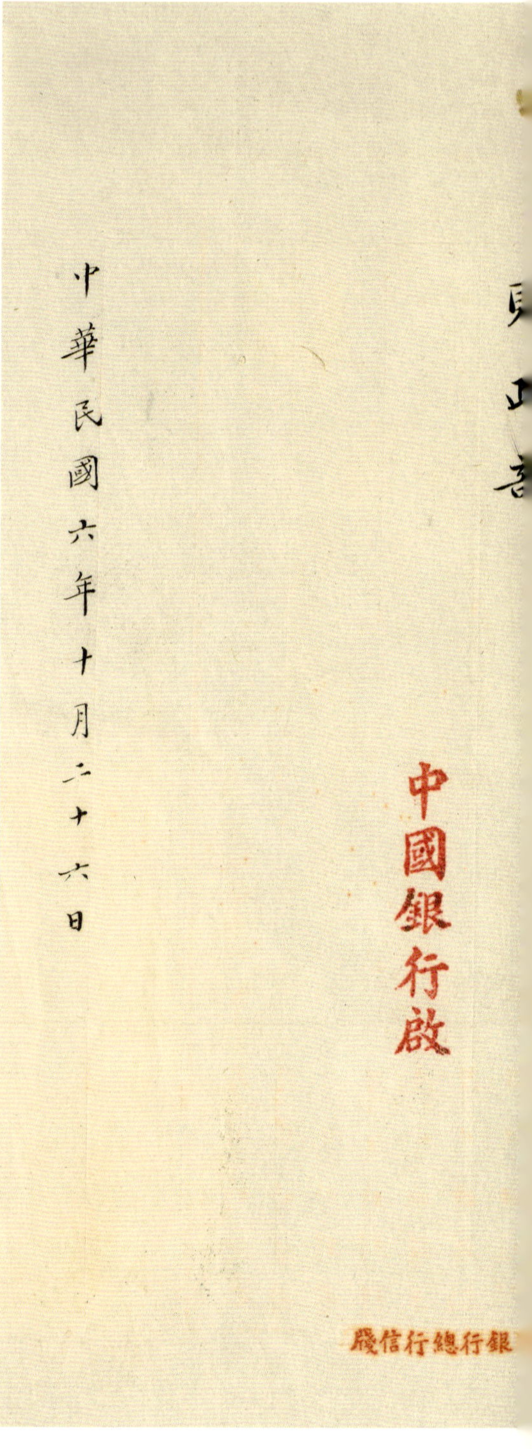

“袁像券”总印制面值为6亿元，最后一批承印的3500万元钞券于1915年4月在美国印制完毕，装船运华，行至日本附近洋面，遭遇暴风雨天气，船只沉没，后经打捞，所获无几，连同此前已印制的5.65亿元钞券存放于财政部及中国银行库房内。

1916年6月6日，袁世凯病逝，“袁像券”自然不能发行，最终这一大批钞券变成了废币。

1917年10月26日，中国银行致函财政部申请销毁该批钞券，函称：“惟本行库房狭小，且一遇事变，又须觅地寄存，往返搬运诸多不便，拟请将此项钞券五万六千五百万元由大部派员即行眼同消［销］毁。”

“袁像券”在民国钱币史上的地位不可小觑，它是民国时期第一套使用国家元首头像作为票面图案的纸币，因未及流通即行销毁，存世极少，具有较高的近代币制以及钞票设计艺术等历史研究价值。

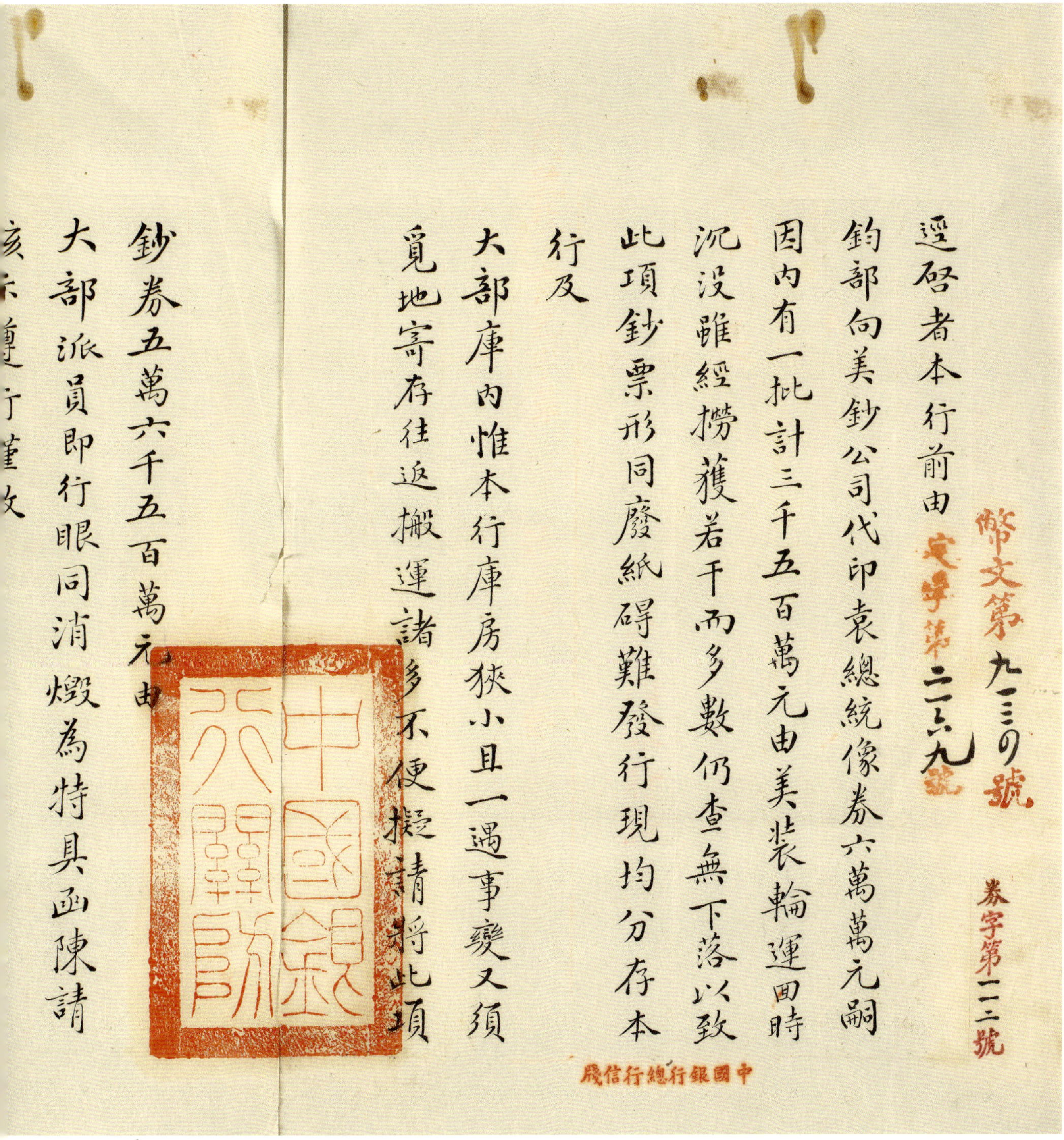
幣文第九三〇號
文字第二一六九號
券字第一一三號

逕啓者本行前由
鈞部向美鈔公司代印袁總統像券六萬萬元嗣
因內有一批計三千五百萬元由美裝輪運回時
沉沒雖經撈獲若干而多數仍查無下落以致
此項鈔票形同廢紙礙難發行現均分存本
行及
大部庫內惟本行庫房狹小且一遇事變又須
覓地寄存往返搬運諸多不便擬請將此項
鈔券五萬六千五百萬元由
大部派員即行眼同消燬為特具函陳請
核示遵行謹致

中國銀行總行信牋

中国银行申请销毁“袁像券”致财政部函（1917年10月26日）

中国银行『人牛耕耘图券』

1933年，中国银行天津分行在货币流通过程中“发现有人伪造一元、十元两种纸币，自非另换新版不足以杜流弊”，故上报中国银行总行，并于9月27日函请国民政府财政部同意委托伦敦德纳罗印钞公司制印“天津地名一元新券二百五十万张”。后经财政部“核准在案”，中国银行开始制发天津地名一元“人牛耕耘图券”。

“人牛耕耘图券”于1934年制版，由英国德纳罗公司印制，票幅157毫米×81毫米，“其正面图样为农夫与耕牛、背面图样为宝塔（北京慈寿寺塔图）及亭桥（北京颐和园知春亭图）风景片”，正面以褐紫色为主，背面以褐色为主。

1935年1月29日，德纳罗公司将印成的第一批25万张一元券交由英商太古公司通州轮转运天津时，中途被海盗悉数劫去。

1940年11月底，中国银行总管理处编印之《本行各项钞券清单》（除作废券）中记述该券的文字极为简略：“天津地名一元券（券面有人牛耕耘图），未经发行，不能通用。”

该券未及流通之主要原因有三：其一，该券被劫。1935年2月9日，中国银行总管理处即函津行：“此次德纳罗公司交由太古公司通州轮装运尊处一元新券二十五万张计共五箱，中途被海盗洗劫。兹据该公司报称：现经证实已被匪盗将票箱打开，致全数散失。其余印好未交之券，亦未便再为发行，应即作废。”被劫之数虽然有限，但其余全数只能作废。其二，部分被劫流散的“人牛耕耘图券”被伪造签字企图蒙混上市使用，被银行发现后悉数扣留销毁。其三，流失在外的部分“人牛耕耘图券”不知去向。

基于上述原因，现存“人牛耕耘图券”较为罕见，仅能在相关图籍中一睹其真容。本馆所藏“人牛耕耘图券”品相完好，其价值愈显珍贵。

壹圆“人牛耕耘图券”样张正反面

百万金圆券

抗战胜利后，人心思定，百废待兴。然而，国民党统治集团违背人民迫切要求休养生息、和平建国的意愿，坚持反共反人民的内战政策。为支付急剧增加的庞大军费开支，国民政府财政部大量印发法币，导致货币贬值，物价疯涨，通货膨胀严重，引发了全国财政经济危机，政府无力控制，民心大失。

1948年5月，王云五出任国民政府实行“宪政”后的第一任财政部部长，为缓解通货膨胀不断加剧的经济压力，实现蒋介石快速推动币制改革的要求，经国民党中政会通过，决定于8月19日在全国推行币制改革。紧接着，蒋介石发布了《财政经济紧急处分令》，明令全国取消法币，改行金圆券币制。

随后颁布的《金圆券发行办法》主要有以下几项内容：每1元金圆券折合法币300万元，折合东北流通券30万元；私人不得持有黄金、白银和外汇，限期于9月30日以前收兑黄金、白银、银币和外国币券，违反规定者一律没收；照颁令以前的水平冻结物价。此举旨在强迫私人交出金条、白银、银圆与各种外币的同时，强制冻结商品价格，以防商人囤积居奇。

无奈当时经济形势每况愈下，通货膨胀急剧加速，此前小面值金圆券已无法承受拉升经济之重任，经短期运作，金圆券如脱缰之野马般急剧贬值，进而导致百万面值金圆券应运而生。

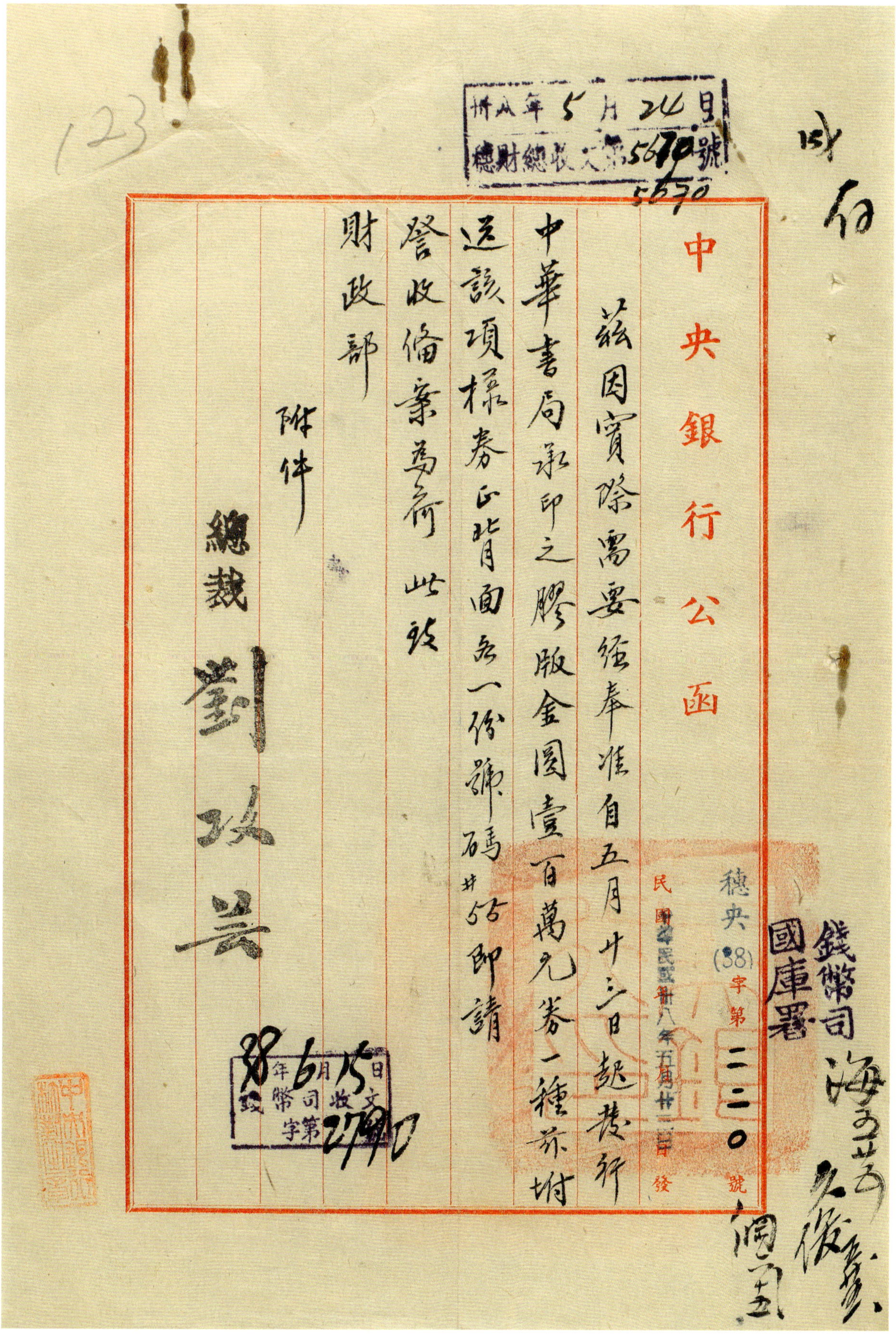

卅八年5月24日
總財總收文第5670號

中央銀行公函

稿央(38)字第二二〇號
民國卅八年五月廿三日發

茲因實際需要經奉准自五月廿三日起發行中華書局承印之膠版金圓壹百萬元券一種茲坿送該項樣券正背面各一份號碼卅55即請察收備案為荷此致

財政部

附件

總裁 劉攻芸

38年6月15日 錢幣司收文 字第2790

中央银行申请发行百万金圆券致财政部公函（1949年5月23日）

1949年5月23日，中央银行致函财政部："兹因实际需要，经奉准自五月廿三日起发行中华书局承印之胶版金圆壹百万元券一种，兹附送该项样券正背面各一份，号码#55，即请察收备案为荷。"

本馆所藏百万金圆券样张即为上述公函附件。此券由中华书局承印，为胶版纸币，印有蒋介石头像，面值一百万元，为中央银行发行的大面值纸币之一。此样券的特殊之处，除面值巨高之外，还在于其发行时间——1949年5月，彼时中央银行已随国民政府南迁至广州，国民党政权已经摇摇欲坠。

金圆券的发行，是在国民政府政治、经济、军事全面崩溃的大背景下，未经过充分论证，仓促强制推行的金融改革政策，加之国民党党内及相关利益集团的各自盘算，注定了其必然失败的命运，而百万金圆券的发行，则加速了国民政府币制改革的最终失败。1948年8月金圆券刚发行时，2元金圆券能兑换1块银圆，及至1949年6月，5亿金圆券才能兑换1块银圆。这场搜刮民脂民膏的币制改革在短短1年不到的时间内便彻底宣告失败。1949年7月3日，国民政府宣布停止发行金圆券，改以银圆券取代，金圆券自此退出历史舞台。金圆券的发行不仅给人民带来深重灾难，也加速了国统区经济的崩溃和国民党政权的覆灭。

中央銀行
000000
000000
金圓券
壹佰萬圓
壹佰萬
張
樣
1-A
樣0055

THE CENTRAL BANK OF CHINA
1000000
GENERAL MANAGER
GOVERNOR
ONE MILLION GOLD YUAN
1949
SPECIMEN
CHUNG HWA BOOK CO. LTD.
樣0055

百万金圆券样张正反面

民国商标

南洋兄弟烟草公司“爱国”商标

我国历史上第一部成文的商标法是1904年清政府颁布实施的《商标注册试办章程》。至1930年，南京国民政府才开始颁布实施《商标法》和《商标法实施细则》，从而建立了较为全面系统的商标管理制度。根据《商标法实施细则》规定，民国商标可分为烟草类、纺织类、酒类、药类、干点糖果面包类、文具类、肥料类、乐器类等共70余类。本馆所藏民国商标的注册公司有4万多家，所注册的商标数量共计6万余枚，此处仅精选6组极具代表性的商标档案予以介绍。

烟草及其制品类商标。烟草于明朝中后期传入我国，迨清末民初，卷烟开始作为商品流通，出现了卷烟产品的商标。华侨简氏兄弟于1909年在香港创办的南洋兄弟烟草公司是民国时期较大的烟草公司。该公司旗下注册了众多商标品牌，如“爱国”“喜鹊”“飞艇”“穆桂英”“光明”“金字”“大猫”“梅兰芳”“红七星”等。烟草类商标受西方设计理念影响，颜色靓丽，形式精美，多有英文版式，颇具特点。

申新纺织公司“招财进宝”“龙船”“飞童”“红人钟”“文明结婚”商标

纺织类商标。纺织品在民众日常生活中需求量大，市场竞争也较为激烈，故该行业知名商标也是最多的。无锡荣宗敬、荣德生兄弟创办的上海申新纺织公司，是中国近代棉纺织工业中规模最大的民族资本企业，有9个纺织厂，产品众多。其申请注册的纺织品商标数量也非常多，有“红人钟”“飞童”“四平莲”“四喜”“招财进宝”“文明结婚”“龙船”“美人”等数十种。其中“红人钟”牌棉织绒毯商标设计将传统的中国元素与近现代商标设计理念较好地融合，红白底色、青年撞钟及祥云等图案尽显中国特色。该商标四角写有“中”“华”“国”“货”四字，生动简洁，寓意鲜明。申新纺织公司的注册商标基本都标有“国货”“使用国货”字样，表现出强烈的民族意识。

審定書稿 第三六八〇號
呈請書到局 時日 號數：中華民國十八年七月十五日 字第一七〇八號
完成手續呈文到局 時日 號數：中華民國 年 月 日 字第 號
呈請人：張裕釀酒公司 烟台
代理人：嚴蔭武律师 上海四川路四十八号
商標名稱：金葉雙狮牌
商標圖樣

张裕酿酒公司“解百纳”“味美思”商标及“金叶双狮”牌优质白兰地商标审定书稿（1929 年 7 月 15 日）

酒类商标。近代以前，我国食品加工业多依靠手工操作的前店后坊式小作坊，罕有现代意义上的产品商标。直到 1892 年，实业家张弼士在山东烟台创办张裕酿酒公司，我国才出现了第一家机器酿造葡萄酒的酿酒公司。该厂曾注册使用过“双麒麟”“解百纳”“金叶双狮”“金牌”“味美思”等葡萄酒品牌商标。这些商标基本都使用了该公司在 1915 年巴拿马万国博览会及南洋展会上所获奖牌的图样。

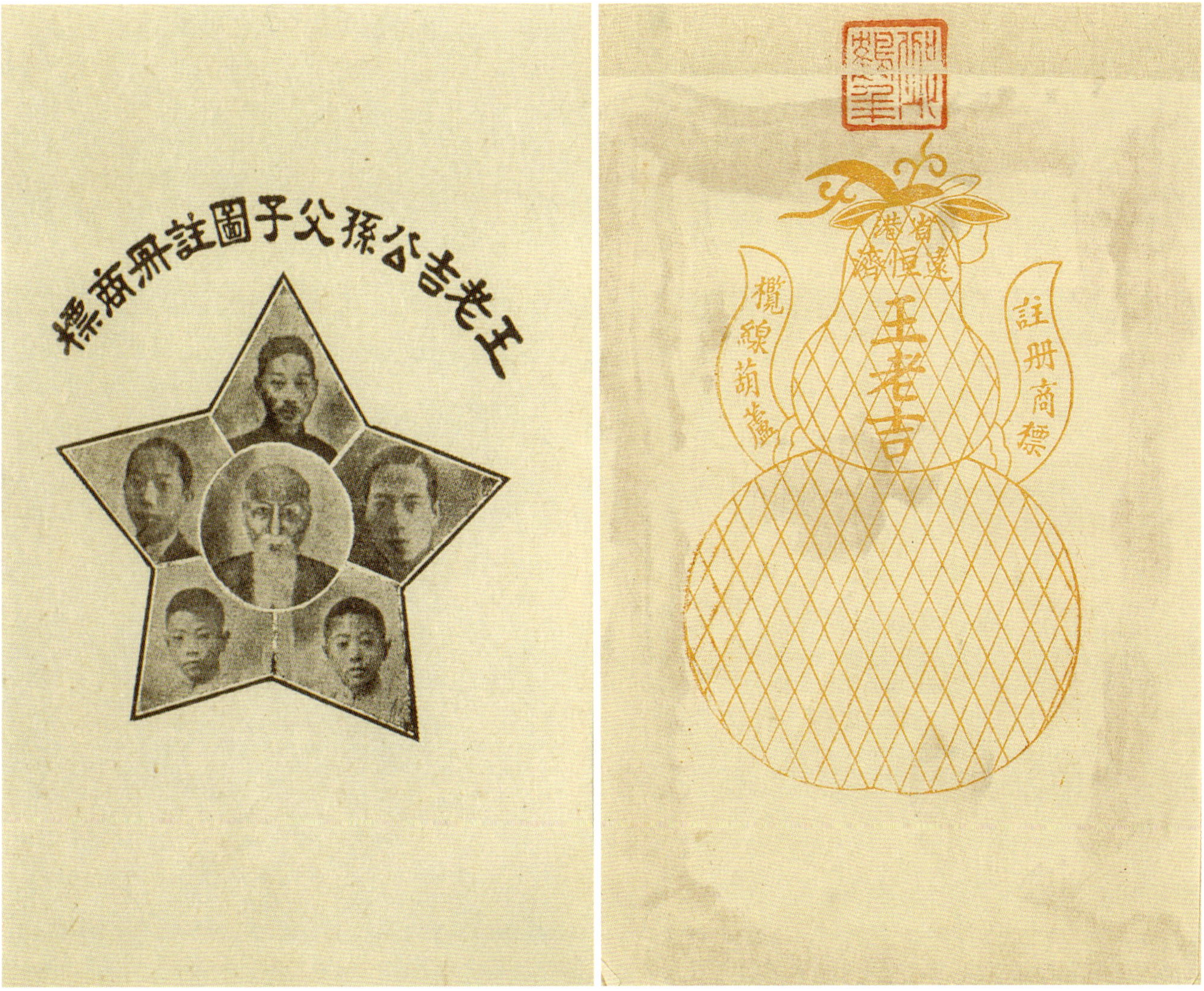

广州王老吉远恒济“王老吉公孙父子图”“榄线葫芦”商标

药类商标。著名的王老吉凉茶在民国时期就获得了国民政府实业部商标局颁发的注册证。1938 年 5 月，时年 28 岁的王老吉曾孙、广州王老吉远恒济掌柜王远珍，向商标局申请了“榄线葫芦”和“王老吉公孙父子图”两种注册商标。

冠生园食品公司“特制陈皮梅”“紫罗兰梅”“猫狗”“果汁牛肉”商标

干点糖果面包类商标。冠生园股份有限公司创建于 1915 年，主营自产自销的糖果、蜜饯和各类糕点。该公司旗下注册有“特制陈皮梅”“紫罗兰梅”“猫狗”“果汁牛肉”等商标。

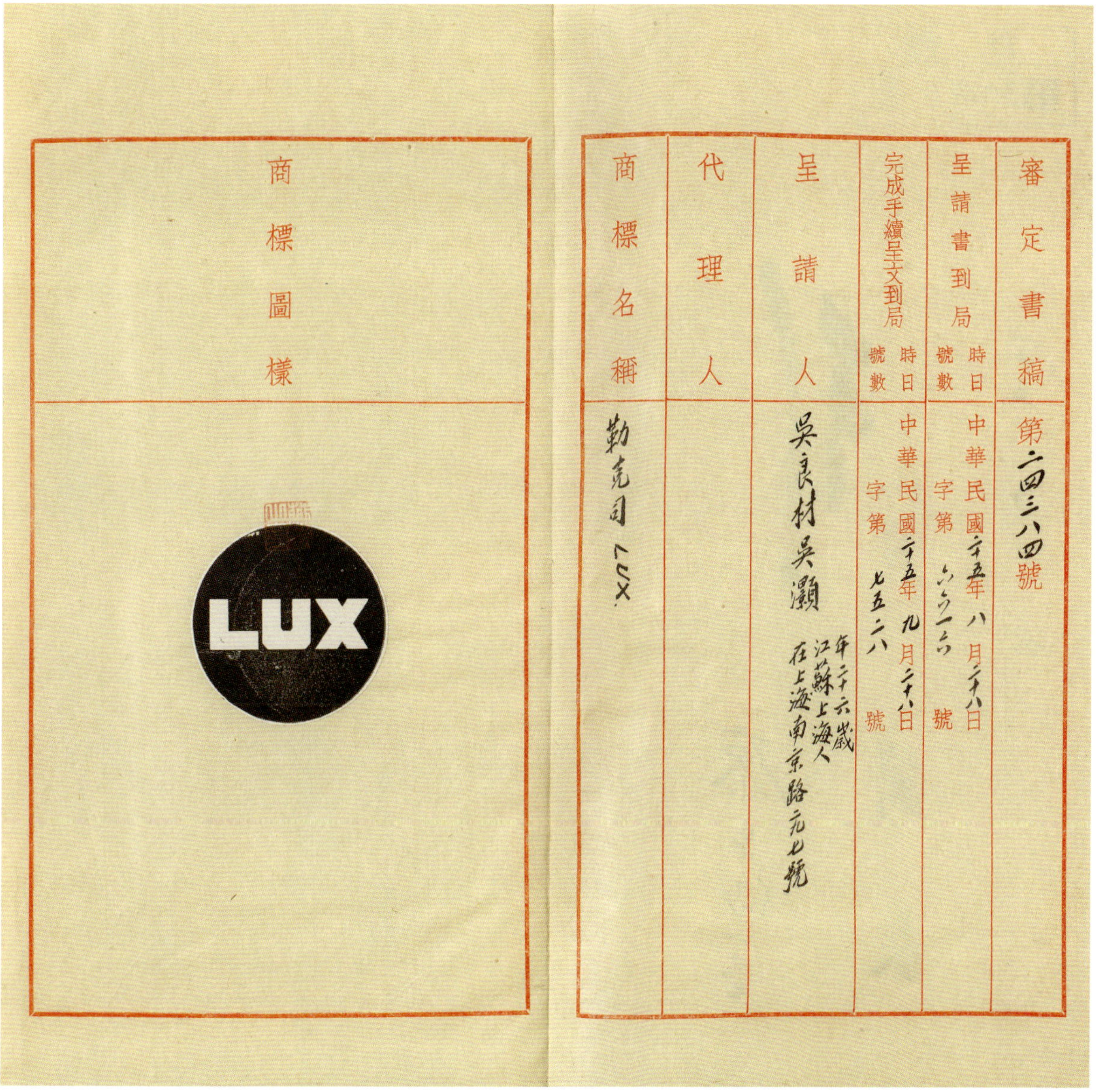
審定書稿
第二四三八四號
呈請書到局 時日 號數
中華民國二十五年八月二十八日
字第六六一六號
完成手續呈文到局 時日 號數
中華民國二十五年九月二十八日
字第七五二八號
呈請人
吳良材 吳灝
年二十六歲
江蘇上海人
在上海南京路九七號
代理人
商標名稱
勒克司 LUX
商標圖樣

吴良材眼镜公司“勒克斯 LUX”牌商标审定书稿（1936 年 9 月 28 日）

文具类商标。吴良材眼镜公司创建于 1719 年，是全国眼镜行业中历史最悠久的百年老店。该公司于 1936 年 8 月向商标局申请注册了“勒克司 LUX”牌眼镜片商标。

以上 6 组商标充分体现了民族企业的自主创新设计理念，既尽显中西合璧特色，又彰显出中华民族传统文化活泼而深远的影响力与强大的生命力，堪称民国商标设计经典。此外，民国商标档案真实记录了国民政府对民族工商业经营情况进行统一注册管理的历史，同时也反映了民国时期民族工商业的曲折发展史，颇具鲜明历史特征和时代特色。

贝叶经

两千多年前佛教诞生时，造纸术还没有发明，古印度人便采集亚热带植物贝多树的肥大叶片，经去水风干，裁制成片状，然后用炙热的铁簪将经文镌写到叶片上，从而形成了一种特殊载体的经书——贝叶经。贝叶经在镌写之后，常在镌刻凹处涂以颜料，此法可以使字迹更为清晰，而且着色更为稳定，不易褪却；另外由于贝叶经过水煮等工艺特殊处理，可以防虫、防水、防变形，经久耐用。这也是贝叶经可以保存几百年乃至上千年的原因。

贝叶经

本馆所藏贝叶经以东巴文镌书而成，是锡兰（今斯里兰卡）全国代表会赠给出访该国的国民党元老戴季陶的礼物。该贝叶经共113片，每片长61厘米，宽5.5厘米。戴季陶一生信奉佛教，对佛学有较深研究，获此至宝，自然爱不释手。至1949年初，天天诵经祈祷的戴季陶眼看国民党政权大厦将倾，万念俱灰，最终在忧郁中自尽。

时光流转，最终此件贝叶经被本馆收藏，是极为少见的特殊载体的经文类档案。

《云南勘界筹边记》刻板

《云南勘界筹边记》为清代姚文栋所撰，分上、下两卷。

姚文栋（1851—1929），字志樑，又字东木，上海南翔人，近代地理学家、藏书家。1891 年，姚文栋任盐运使衔直隶候补知府，出使俄、德等国。差满回国后，奉英法大臣薛福成之命留办边务，查探印缅商情及滇缅界务并绘图记载，最终完成任务回滇。云贵总督王文韶对姚相当赏识，认为他“志趣远大，办事诚恳”“平日讲求洋务，研究舆图”“周历东西两洋，熟谙外部情形”。考虑到“滇省近邻缅越现与英法交涉，滇缅分界、通商各事宜尚未开办，亟须熟习洋务之员相为助理”，王文韶禀呈光绪帝“俯念滇省需材孔亟，准将盐运使衔直隶候补知府姚文栋留于云南”，交其差遣委用。此后两年半间，姚文栋继续奉薛福成委令查看印缅商情及滇缅界务，远涉重洋，历经烟瘴，考核精细，艰苦备尝，历次差委均无贻误，最终因需回籍修墓，才恳请销差离滇。

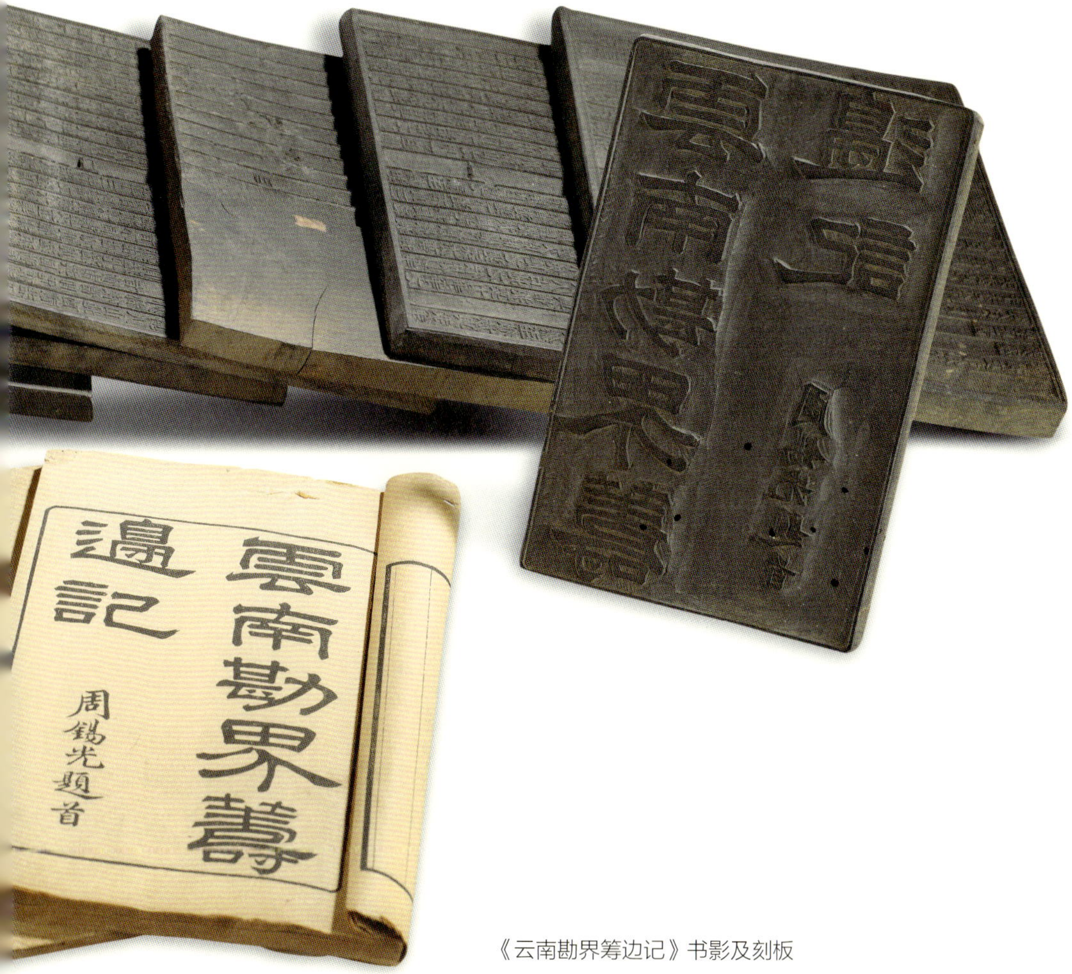

《云南勘界筹边记》书影及刻板

《云南勘界筹边记》即为此间撰写而成，其中上卷有关滇缅边境之详细情形，多为当时居缅甸瓦城之云南腾越举人张成濂所提供，下卷多为姚文栋关于勘界筹边事务的相关呈文。此书后收入《姚氏四种》《南槎杂事》《小方壶斋舆地丛钞》，并有湖南新学书局刊本。

本馆所藏《云南勘界筹边记》全套刻板共计 53 块，为木质，每块刻板长 25.3 厘米，宽 18.5 厘米，厚 1.5 厘米。刻板除首页书封单独成页外，其余均为双面整板手工雕刻，字体为宋体阳文。每面为两页折合页，两侧留白，便于线装，中缝标有简体中文页码。此刻板业经印用，留有余墨，通体漆黑，形制古朴规整，雕刻犀利精美，皮壳老辣自然，应为清末民初所制，可为研究木制刻板历史之珍品。

岳飞书法拓片

中国传统拓印技术是使用宣纸和颜料（主要为墨）将石碑、甲骨、青铜器皿上的书法文字或花纹图案进行清晰复制而形成拓片，便于永久保存的一种手段。当时光流逝，拓片则以它的特殊形式成为记录中华民族文化的重要载体。

本馆所藏清代和民国时期拓片数量众多，不乏颜真卿、怀素、张旭、苏轼等大家之作，此外还有一些各种花纹图案的拓片，如郑板桥的墨竹拓片、青铜器拓片、瓦当拓片等。其中馆藏宋代名将岳飞的书法拓片极富价值。

岳飞《文章华国　诗礼传家》书法拓片

岳飞（1103—1142），字鹏举，宋代相州汤阴县永和乡孝悌里（今河南安阳市汤阴县程岗村）人，中国历史上著名的军事家、战略家，位列南宋“中兴四将”之首。岳飞的书法以行草见长，苍劲有力，气吞山河，有《还我河山》《满江红》《前后出师表》等书法留存于世。此处，我们精选3幅岳飞书法拓片以供鉴赏。

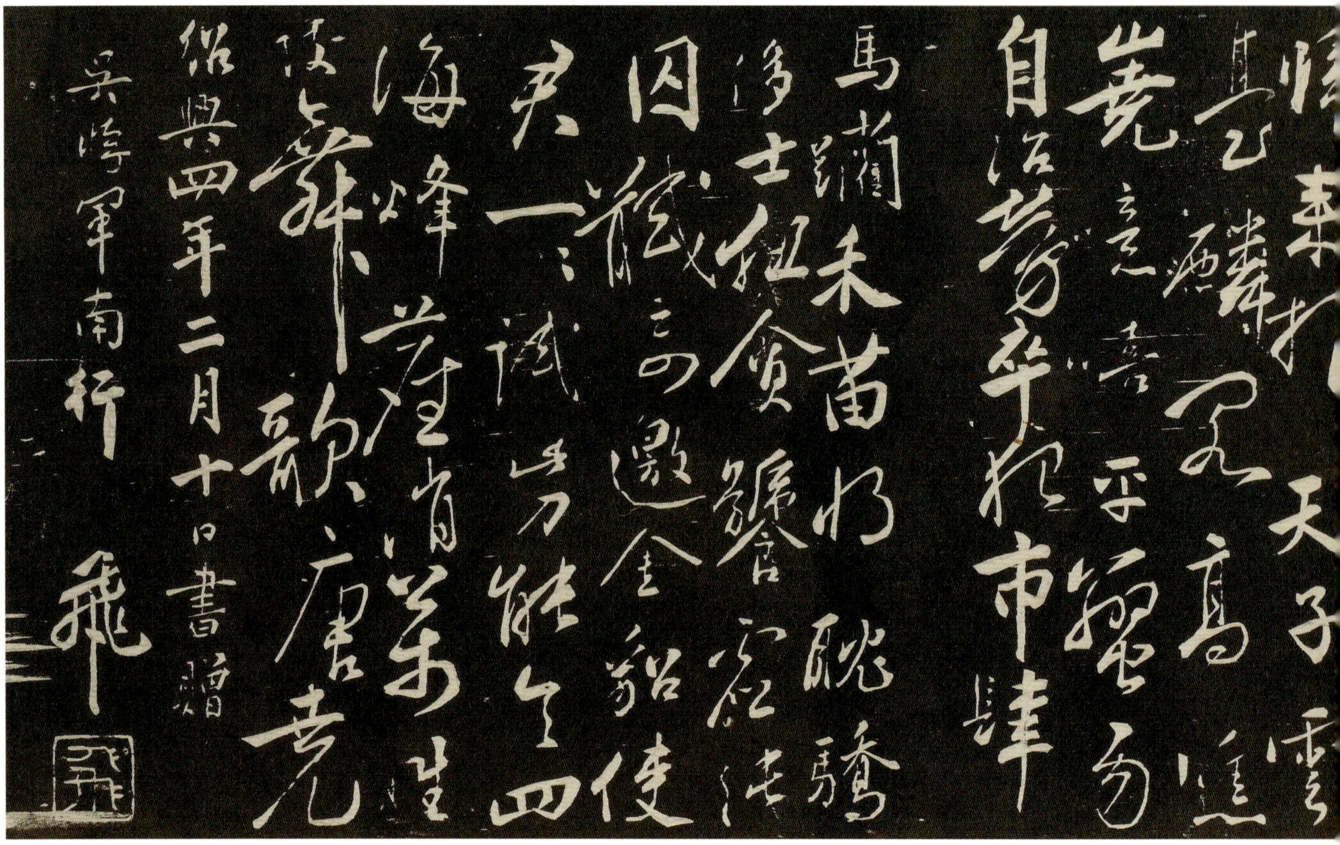

岳飞题寒山寺碑廊的行书拓片中，“文章华国　诗礼传家”8个行书大字刚劲有力、气韵生动。末有落款“岳飞题”以及“岳飞印信”篆书方印。

《宝刀歌书赠吴将军南行》为绍兴四年（1134）岳飞所书的七言古诗。从拓片题跋中可知，此幅拓片在明代即被收藏。之后，原碑损毁，清代钱塘许乃钊于道光二十三年（1843）秋八月依照拓片重新摹刻了石碑，“敬立汤阴庙中，以志景仰”。

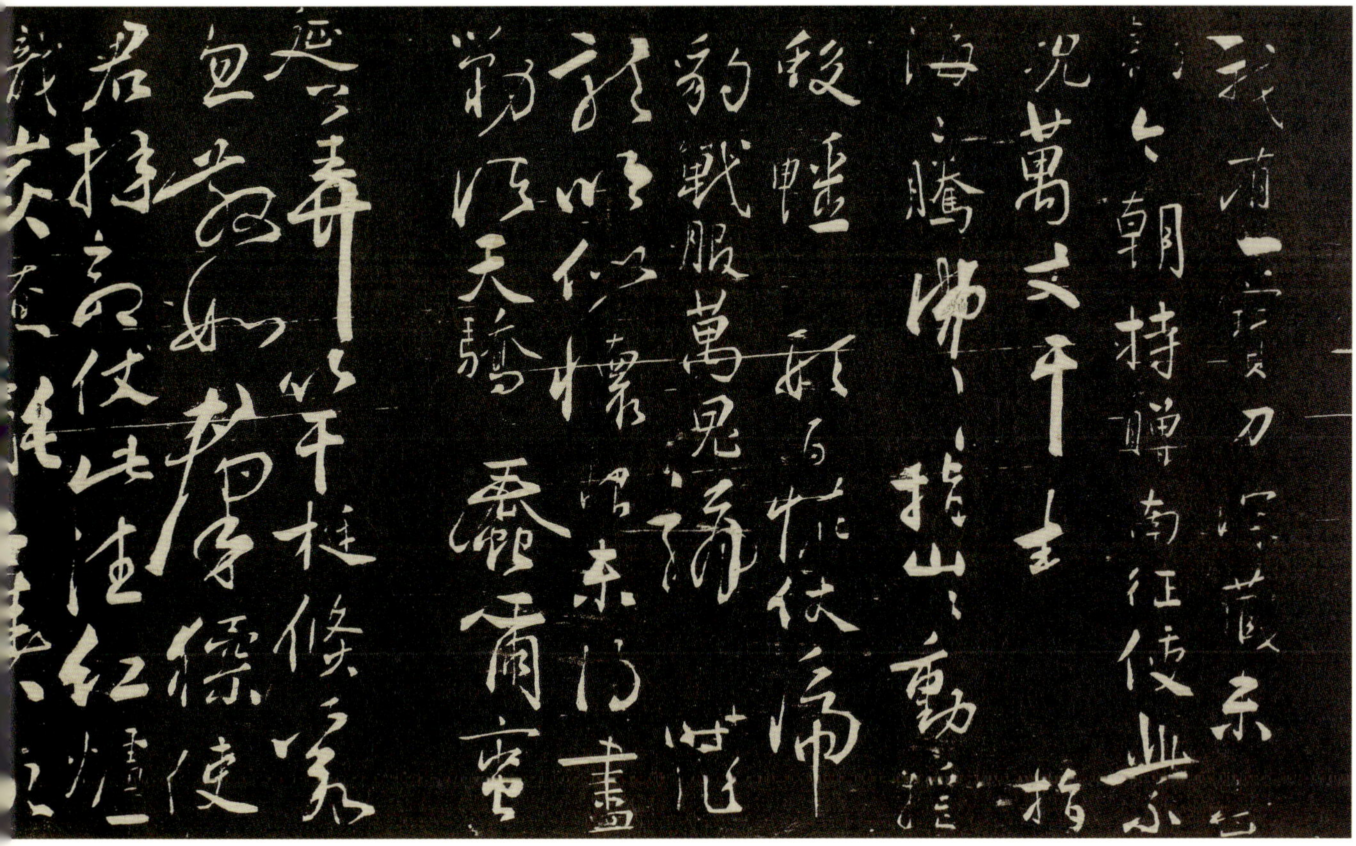

岳飞《宝刀歌书赠吴将军南行》书法拓片

《谢讲和赦表》为绍兴九年（1139）岳飞所书，文法流畅自然，间架结构舒展大气。落款“岳飞”印文为朱文。现岳庙中所存此碑为1979年依照拓片复刻还原。

拓片以其特殊形式几近真实地将原文物风貌复制于纸质载体之上，较好地保存和展现了我国拓片传统工艺的历史演变，在原文物遭受自然或人为损毁的情况下，拓片更彰显其保存和传承艺术风貌的功能，是人类艺术长河中不可多得的瑰宝。

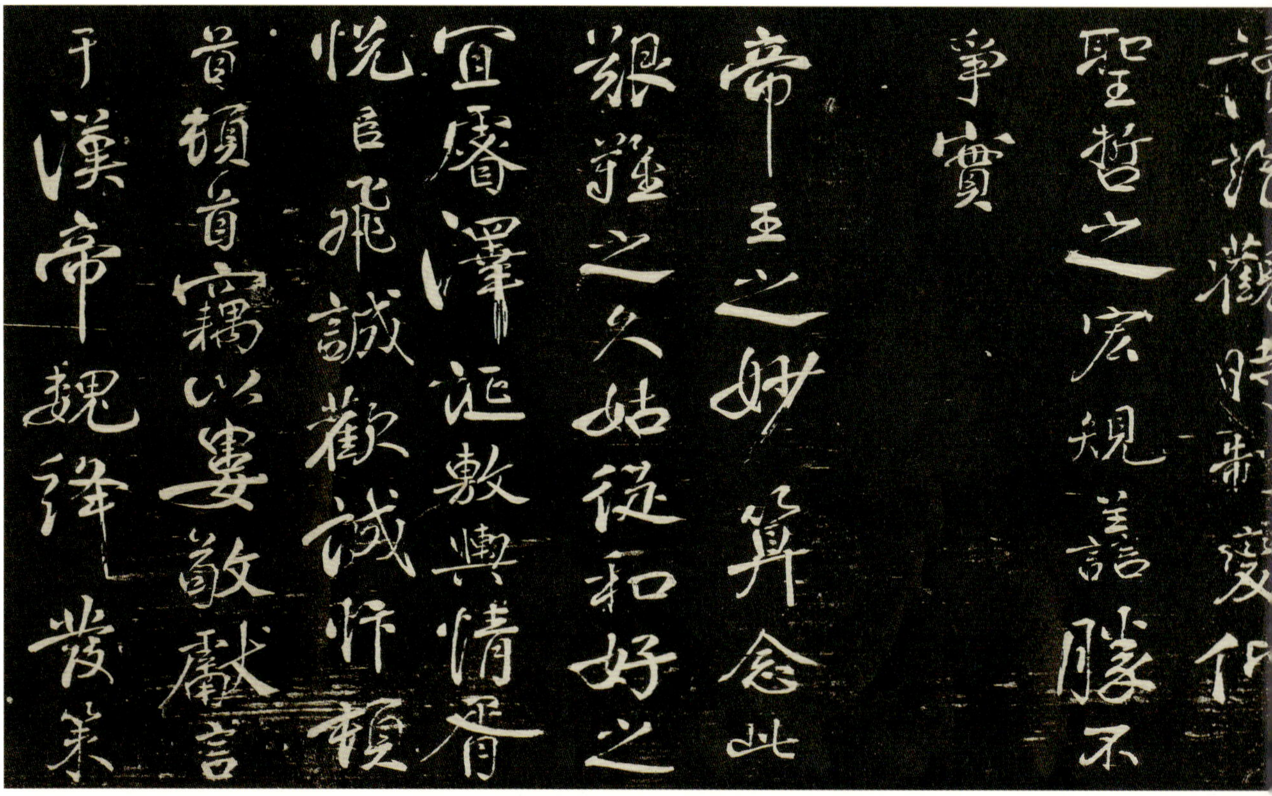

聖哲之宏規善語勝不
爭實
帝王之妙算念此
艱難之久姑從和好之
宜審擇
悅臣飛誠歡誠忭頓
首頓首竊以婁敬獻言
于漢帝魏絳發策

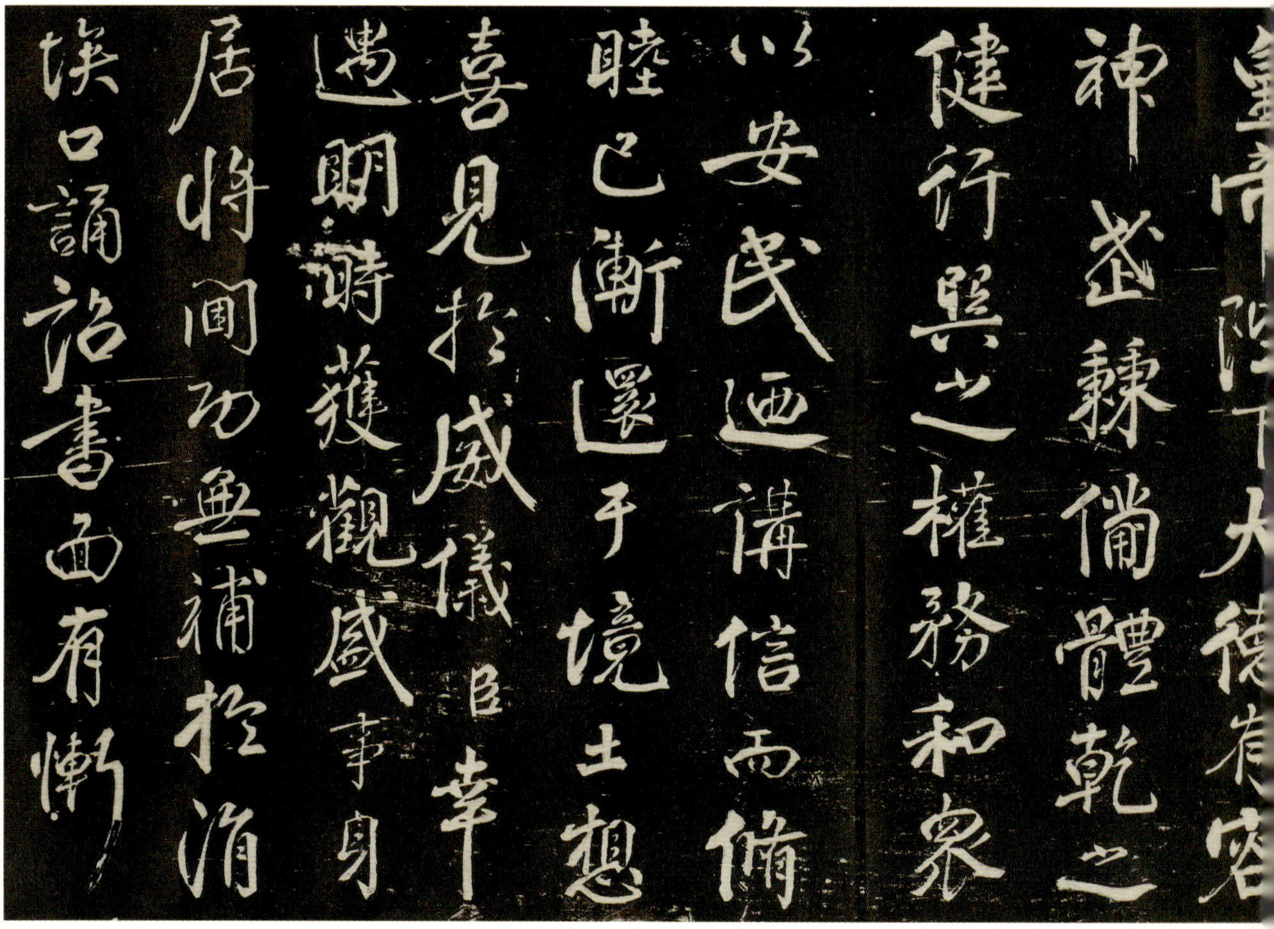

神武兼備體乾之
健行巽之權務和衆
以安民
睦已漸還于境土想
喜見於威儀臣幸
遇明時獲觀盛事身
居將閫無補於

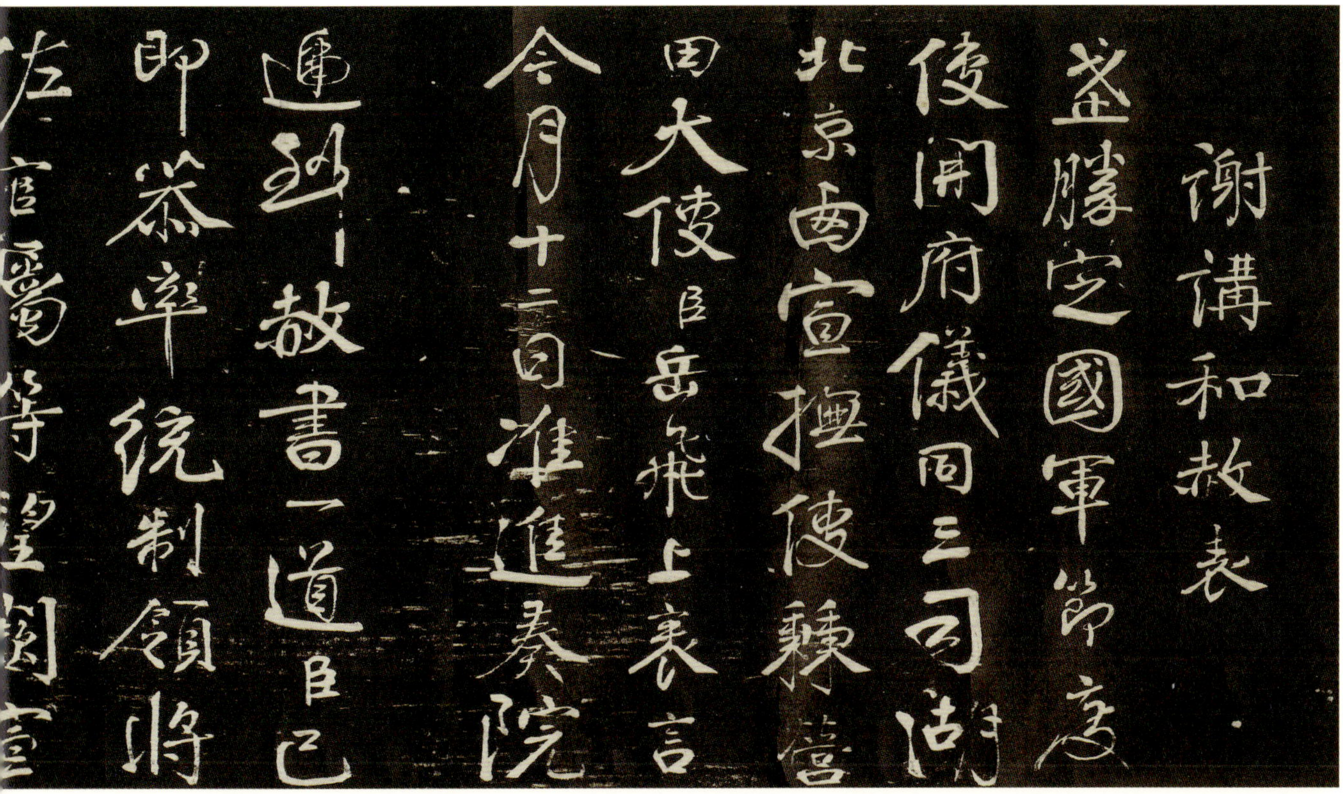

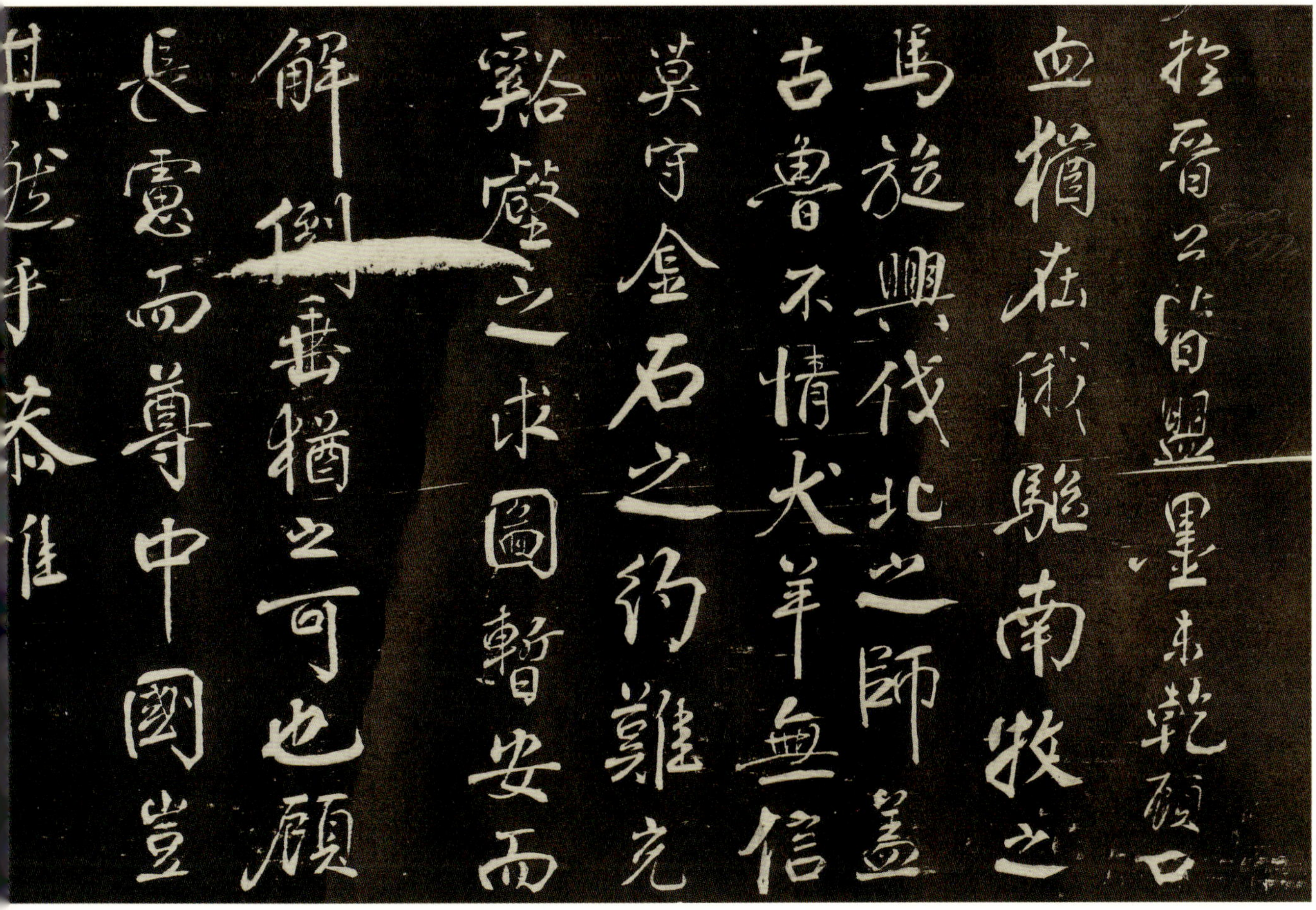

岳飞《谢讲和赦表》书法拓片节选

文物清点委员会古文物照相玻璃底片

教育部文物清点委员会古文物照相玻璃底片一组

摄影技术从无到有，经过了银版、蛋白相纸、玻璃湿版底片、玻璃干版底片、胶片、数码影像等几个阶段。19—20 世纪，玻璃底片使用较为广泛。直至 20 世纪 60 年代初，西方摄影技术传入中国，国产胶片诞生，玻璃底片才渐渐淡出历史舞台。

本馆所藏玻璃底片影像档案约 200 张，内容涉及文物、风景及旱灾场景等，国民政府教育部文物清点委员会古文物照相玻璃底片即为其中一组。此组玻璃底片保存完好，共计 27 张，其中 26 张大小一致，长 16.5 厘米，宽 11.8 厘米；1 张稍小，长 11.8 厘米，宽 8.5 厘米；所有玻璃底片厚度均为 1.5 毫米。玻璃底片所摄内容为 22 组文物，以器型分，有鼎、炉、罐、壶、瓶、盒、碗、盏、盘、洗等，其中具有明显特征、可识别出的有八卦纹三足炉、青花瓷天球瓶、青花瓷将军罐、建盏、斗笠碗等。

玻璃底片在保存时容易出现破碎和药膜面脱落等问题，因此对温湿度和放置方式等外部环境要求极高。为更好地保管保护玻璃底片，本馆进行了玻璃底片数字化工作，将底片转化成清晰的数字影像，以利于利用服务。

玻璃底片数字化显影照片一组

从转化出的数字影像可以看出，此组玻璃底片拍摄时的光线和角度选择都颇费心思，意欲以直射和投射、正面和侧面来充分展现文物的材质以及暗藏的文字、花纹等细节。这与现今文物摄影十分相似，可见当时摄影技术已十分专业与精湛。

玻璃底片是摄影技术发展史中不可或缺的重要组成部分，其所摄影像以图片的方式充分展现事物原貌，在还原历史面貌时具有不可替代的作用，而其本身亦可作为研究摄影发展史的重要遗存。

后　记

编辑出版馆藏精粹，是本馆长久以来的夙愿。2021 年恰逢建党 100 周年华诞，亦为本馆建馆 70 周年之庆，时逢佳期，得以遂愿。

在本书编辑过程中，以本馆档案保管处年轻馆员为主干的编辑团队，在相关部门的配合下，从浩繁的馆藏档案中精心选材，撰写介绍，编目配图，做了大量细致的工作，形成了初稿底本，多位研究馆员在统稿、审稿、文字润色等方面给予了指导帮助。众人齐心的努力，使本书的编纂成为一次以老带新、奖掖后进的实践良机，是为本书编辑的特色之一。

此次编辑出版的档案资料，堪称本馆档案之精粹，许多是首次全文公布，不啻为史料之饕餮盛宴。但因篇幅所限，编者选材时只能优中选优，再三取舍，更由于客观水平所限，书中内容难免尚存不当之处，敬请档案同仁、广大读者不吝指正。

本书的编辑得到了馆学术委员会委员的悉心指导，中央档案馆国家档案局领导及同行专家也给予了审读指正，在此一并致以深深的谢意！

编　者

2021 年 2 月